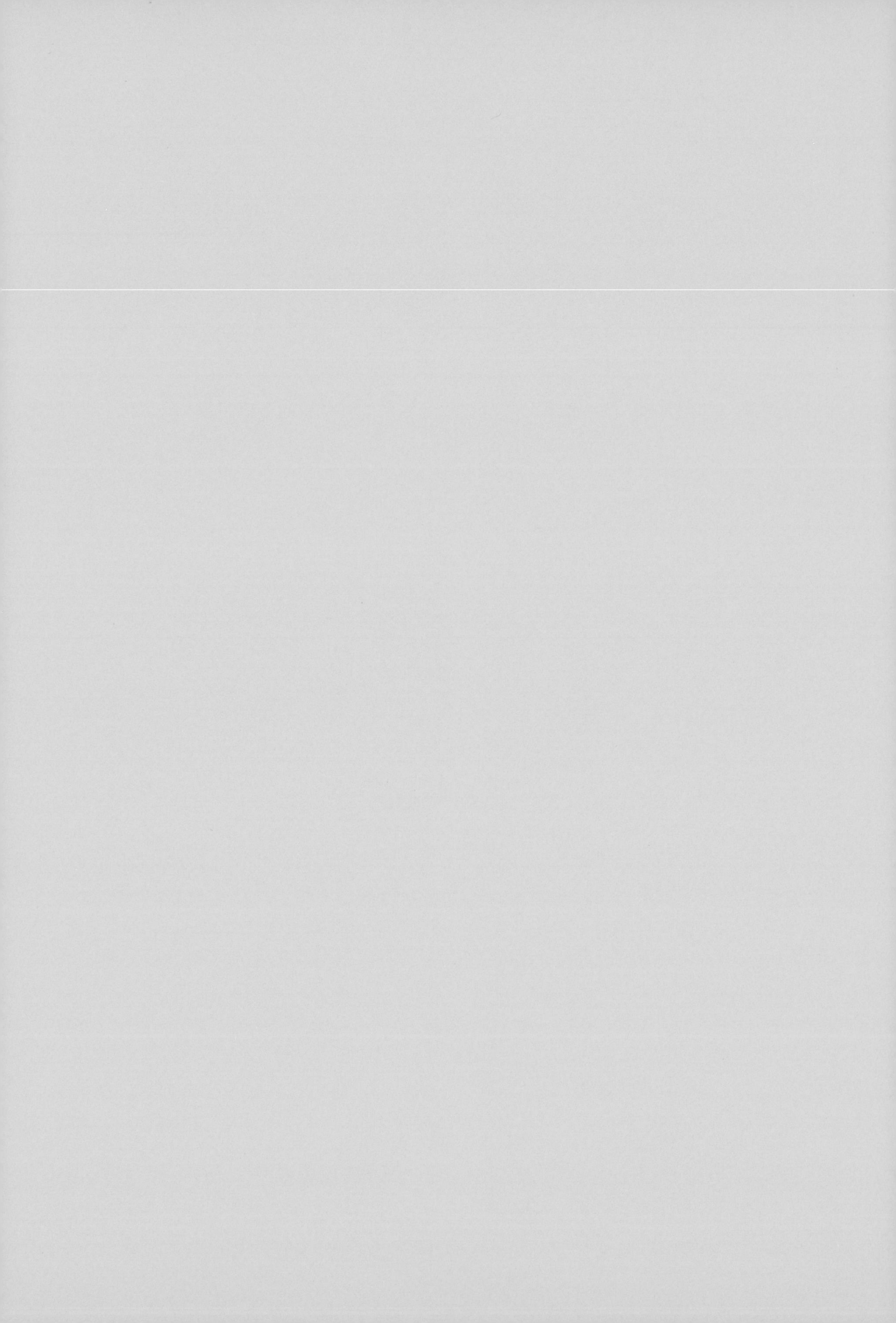

편저 **중국어공부기술연구소**

시사중국어사

착! 붙는 중국어
간체자 쓰기 600

초판 인쇄	2024년 4월 10일
초판 발행	2024년 4월 20일

편저	중국어공부기술연구소
책임 편집	최미진, 연윤영, 엄수연, 高霞
펴낸이	엄태상
디자인	진지화
일러스트	표지: eteecy
조판	이서영
콘텐츠 제작	김선웅, 장형진
마케팅본부	이승욱, 왕성석, 노원준, 조성민, 이선민
경영기획	조성근, 최성훈, 김다미, 최수진, 오희연
물류	정종진, 윤덕현, 신승진, 구윤주

펴낸곳	시사중국어사(시사북스)
주소	서울시 종로구 자하문로 300 시사빌딩
주문 및 문의	1588-1582
팩스	0502-989-9592
홈페이지	http://www.sisabooks.com
이메일	book_chinese@sisadream.com
등록일자	1988년 2월 12일
등록번호	제300 - 2014 - 89호

ISBN 979-11-5720-257-7 13720

머리말

✳✳✳

이 책은 한자 문화권에 익숙한 우리가 중국어를 배우는 데 있어서 다소 낯선 간체자를 익히는 데 도움이 되고자 만들었습니다. 중국어 간체자는 중국 및 세계 각지에서 쓰는 필획을 간소화한 한자입니다.

중국어의 간체자는 약 2,200자가 넘지만 실제로 많이 쓰이는 간체자는 1,000자 안팎이고 또 이 중 대부분은 부수를 간소화한 글자도 상당수가 있기 때문에 크게 염려할 바는 아닙니다. 다만 전혀 생소한 글자도 많이 있어 간체자의 기본 형태를 익히는 것은 중요하다고 봅니다.

우리나라 사람들은 알게 모르게 배운 한자 실력 덕분에 비교적 쉽게 중국어를 배울 수 있지만 우리가 익숙한 한자와 형태가 다른 간체자를 볼 때 어려움을 겪게 되는 것은 당연합니다.

이에 중국공자학원(中国孔子学院)과 중국국가한반(中国国家汉办)에서 대외한어교학의 규범화를 위해 연구 제작한 상용한자 1~3급 한자 600개를 이 책에 실었습니다. 그리고 그와 관련된 상용 단어와 급수별 연습문제를 실어 학습 효과를 높였습니다.

이 책을 통해 기초부터 탄탄히 공부하여 여러분의 중국어 학습에 도움이 되기를 바랍니다.

중국어공부기술연구소

목차

* 이 책의 구성

간체자 쓰기

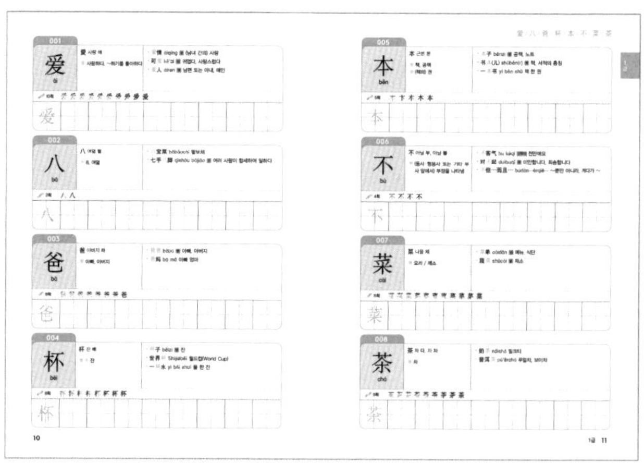

- 1급 150자, 2급 150자, 3급 300자 총 600자의 상용한자를 수록하였습니다.
- 간체자와 번체자를 병기하여 비교하며 학습할 수 있습니다.
- 필순을 보며 쓰기 연습과 함께 연계된 상용 단어를 학습할 수 있습니다.

급수별 연습문제

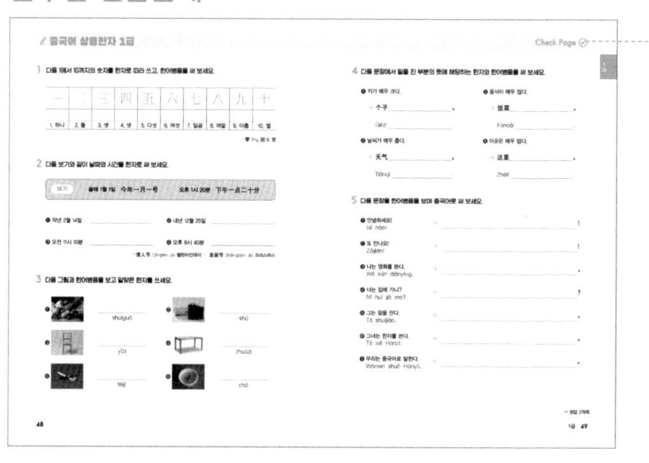

- 급수별 Check Page를 통해 단어의 뜻과 용법을 학습할 수 있습니다.

부록

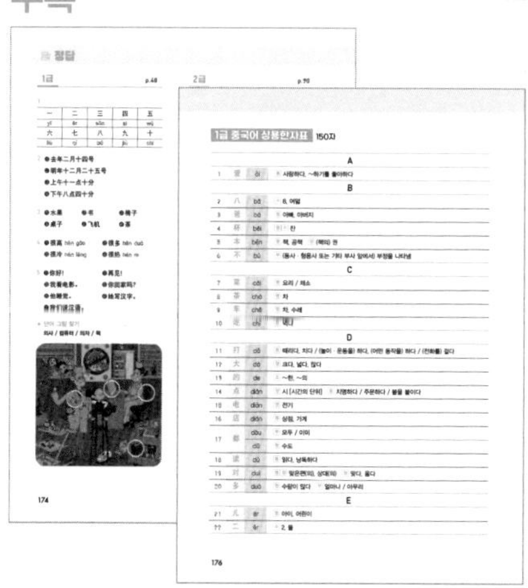

- 부록에 Check Page 정답, 색인을 수록하였습니다.

특별부록

상용 단어 600개 쓰기 연습장 PDF 파일 다운로드 제공

* 간체자와 번체자

중국어를 접하게 되면 가장 먼저 드는 생각이 '중국어 한자는 한자는 한자인데, 평소 우리가 접하던 한자와 다르다'일 겁니다. 그럼 중국어 한자는 무엇일까요?
현재 중국에서 쓰고 있는 중국어 한자는 예전에 쓰던 복잡한 한자인 번체자(繁体字)를 간소화시킨 간체자(简体字)입니다. 한자가 어렵고 복잡하여 중국 내 문맹률이 점점 높아지게 되자, 1956년 중국 정부에서는 복잡한 한자의 필획을 줄이고 자형을 간단하게 만드는 ≪한자간화방안(汉字简化方案)≫을 발표하게 되었습니다. 이때 만들어진 한자가 바로 오늘날 중국에서 사용하고 있는 한자인 간체자입니다. 하지만 '중국어 한자 = 간체자'는 아닙니다. 간단히 할 필요가 없는 원래 간단한 한자도 있기 때문에, '중국어 한자'라는 말은 필획을 간단히 만든 '간체자'와 원래 획이 간단한 '정자'를 통칭한다고 이해하면 쉽습니다.

간체자란? '简(간단)体(모양)字(글자)'

간체자는 중국에서 사용되고 있으며, 한자의 구조나 필획을 간략하게 하여 사용하기 편리하도록 만든 글자이다.

번체자란? '繁(복잡)体(모양)字(글자)'

번체자는 한국 · 대만 · 홍콩 · 마카오에서 사용되고 있으며, 간화 되기 이전의 필획이 복잡한 한자를 뜻한다.

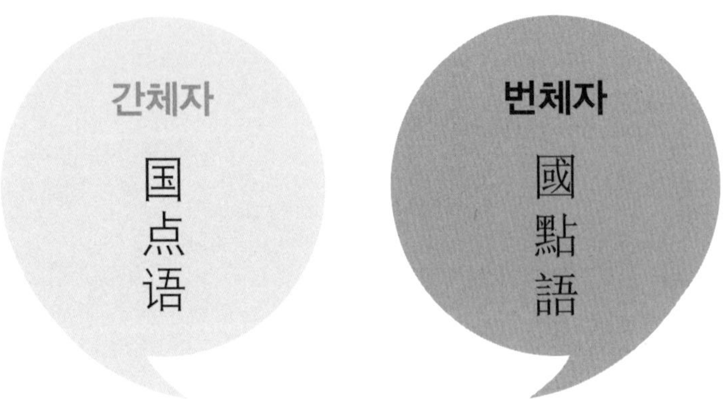

* 간체자를 만드는 8가지 방식

간체자라고 해서 무조건 한자를 간단하게 줄이는 것이 아니라, 특정한 원리나 방법을 가지고 줄입니다. 따라서 특정 글자의 간체자를 기억하면, 뒤에 이어 나오는 많은 글자들은 그 방법에 따라 같이 간화 되기 때문에 쉽게 간체자를 익힐 수 있습니다.

다음 간체자를 만드는 8가지 방식을 같이 살펴봅시다.

1	일부 특징적인 부분만 남겨 씀	開 → 开 聲 → 声 廣 → 广 氣 → 气 飛 → 飞 電 → 电
2	복잡한 부분을 간단한 부호로 대신해 씀	風 → 风 區 → 区 劉 → 刘 對 → 对 賣 → 卖 漢 → 汉
3	속자나 고자를 차용하여 씀	國 → 国 萬 → 万 個 → 个 長 → 长 書 → 书 東 → 东
4	같은 음을 가진 한자로 대신하여 씀	裏 → 里 幹 → 干 豊 → 丰 發 → 发 優 → 优 藥 → 药
5	성부(소리를 나타내는 부분)를 간단히 바꾸어 씀	種 → 种 鐘 → 钟 礎 → 础
6	획수가 적은 회의자로 조합해 만들어 씀	體 → 体 陰 → 阴 陽 → 阳
7	이미 간화된 글자/부수를 기본으로 간화하여 씀	車 → 车 : 連 → 连 庫 → 库 貝 → 贝 : 敗 → 败 貧 → 贫 門 → 门 : 問 → 问 間 → 间 見 → 见 : 觀 → 观 覺 → 觉 馬 → 马 : 嗎 → 吗 媽 → 妈 金 → 钅 : 鐵 → 铁 銹 → 锈 食 → 饣 : 飯 → 饭 餓 → 饿 言 → 讠 : 語 → 语 說 → 说 糸 → 纟 : 編 → 编 糾 → 纠
8	별도로 새로운 글자를 만들어 씀	義 → 义 關 → 关 畢 → 毕

* 중국어 한자의 필순 기본 규칙

위 ▸ 아래 ▸ 좌 ▸ 우

1	위에서 아래로	二	不	车		
2	왼쪽에서 오른쪽으로	儿	八	川		
3	획이 겹칠 때는 가로획 → 세로획	干	十	大		
4	삐침과 파임이 만날 때는 삐침을 먼저	人	入	天		
5	위로 둘러싼 모양은 바깥쪽을 먼저	网	肉	周		
6	아래로 둘러싼 모양은 안쪽을 먼저	画	脑	幽		
7	전체가 둘러 쌓인 글자의 입구는 마지막에	国	回	四		
8	글자 전체를 꿰뚫는 획은 나중에	中	书	手		
9	좌우가 대칭되거나 가운데가 돌출한 획은 가운데 먼저	小	水	山		
10	오른쪽 위의 점은 나중에	成	我	发		
11	받침은 나중에 ***받침 중에서도 '走/是' 등은 먼저**	这	边	还	起	题

* 품사 약어표

명	**명사**	이름·개념 등을 나타냄	조	**조사**	시제·상태·어감을 표현함
대	**대명사**	인칭·지시·의문 대명사 등을 가리킴	접	**접속사**	단어·구·절을 연결함
수	**수사**	숫자 표현을 가리킴	전	**전치사 (개사)**	명사와 대명사 앞에 쓰여 시간·장소·대상 등을 나타냄
양	**양사**	사람이나 사물 등의 수를 세는 단위를 가리킴			
동	**동사**	동작이나 상태를 설명함	감	**감탄사**	감정을 나타내는 말을 가리킴
조동	**조동사**	동사 앞에서 의미를 더함	접두	**접두사**	어떤 단어의 앞에 첨가되어 새 단어를 이룸
형	**형용사**	성질·모습·상태를 설명함	접미	**접미사**	어떤 단어의 앞에 첨가되어 새 단어를 이룸
부	**부사**	동사와 형용사 앞에서 정도·시간·상태 등을 나타냄	성	**성어**	교훈이나 유래를 나타냄

*

1급

상용한자

150자

1급 원어민 발음 듣기

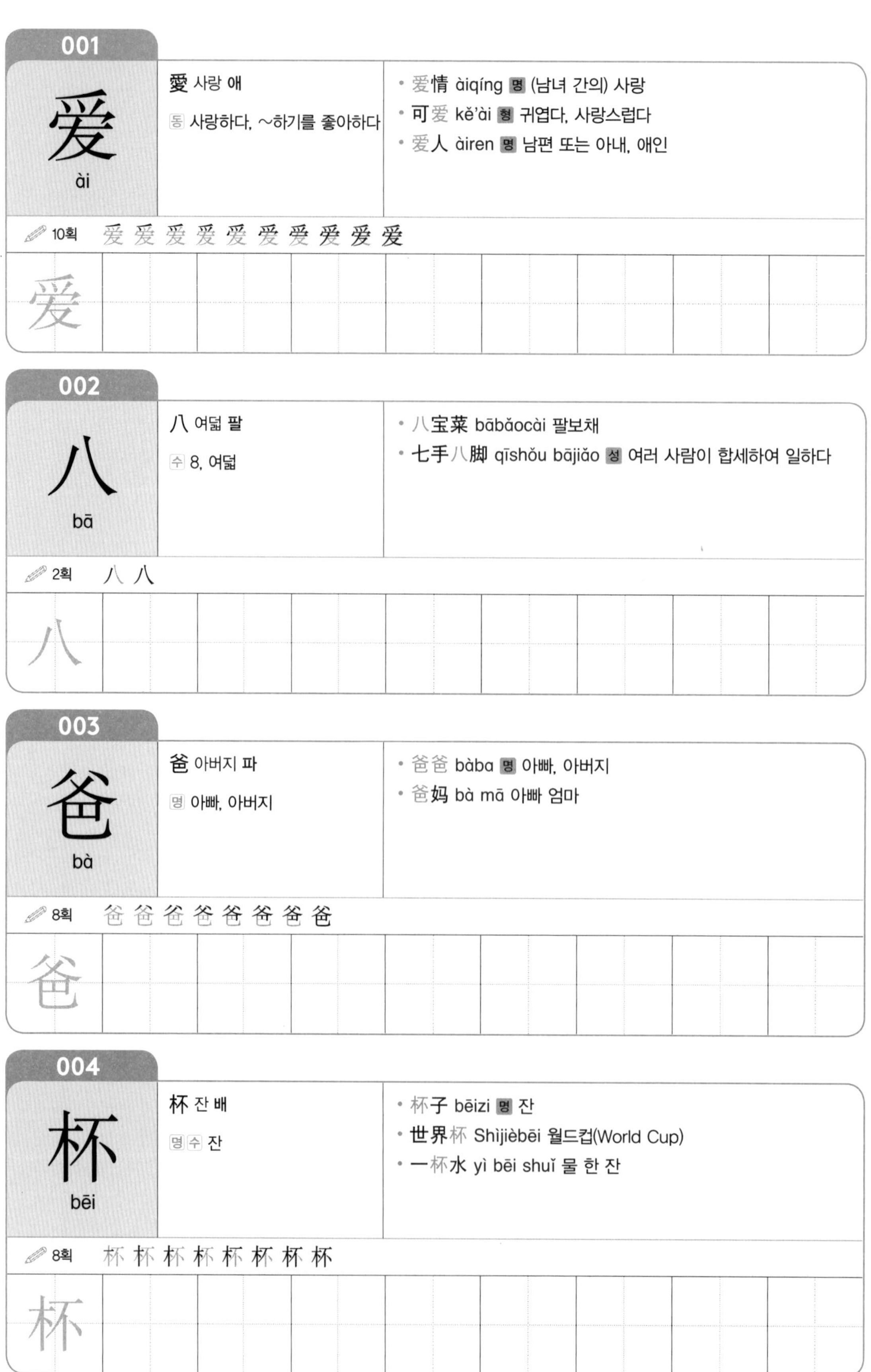

001

爱
àì

愛 사랑 애

동 사랑하다, ~하기를 좋아하다

- 爱情 àiqíng 명 (남녀 간의) 사랑
- 可爱 kě'ài 형 귀엽다, 사랑스럽다
- 爱人 àiren 명 남편 또는 아내, 애인

10획 爱 爱 爱 爱 爱 爱 爱 爱 爱 爱

爱

002

八
bā

八 여덟 팔

수 8, 여덟

- 八宝菜 bābǎocài 팔보채
- 七手八脚 qīshǒu bājiǎo 성 여러 사람이 합세하여 일하다

2획 八 八

八

003

爸
bà

爸 아버지 파

명 아빠, 아버지

- 爸爸 bàba 명 아빠, 아버지
- 爸妈 bà mā 아빠 엄마

8획 爸 爸 爸 爸 爸 爸 爸 爸

爸

004

杯
bēi

杯 잔 배

명 수 잔

- 杯子 bēizi 명 잔
- 世界杯 Shìjièbēi 월드컵(World Cup)
- 一杯水 yì bēi shuǐ 물 한 잔

8획 杯 杯 杯 杯 杯 杯 杯 杯

杯

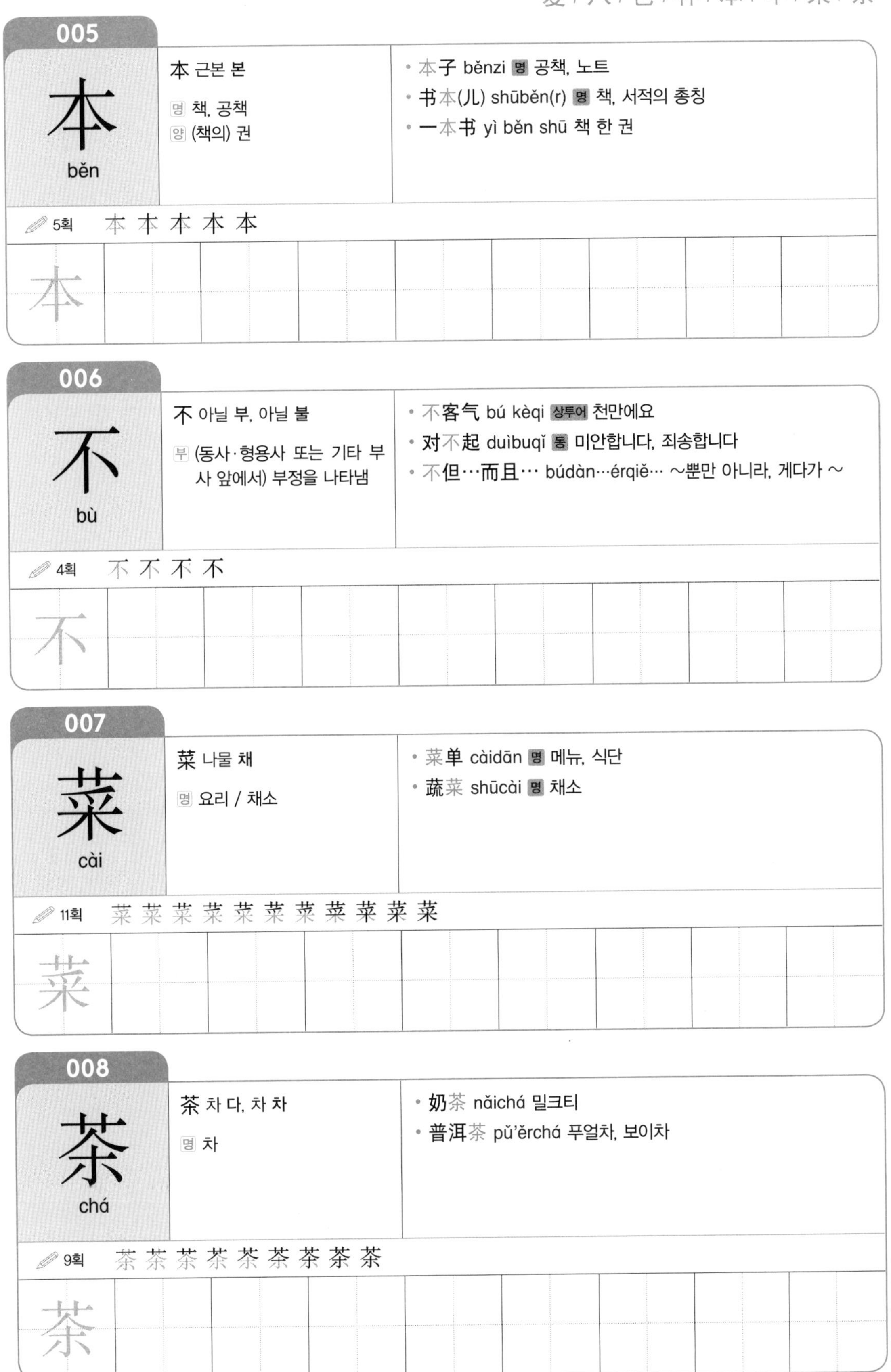

005

本

běn

本 근본 본

명 책, 공책

양 (책의) 권

- 本子 běnzi 명 공책, 노트
- 书本(儿) shūběn(r) 명 책, 서적의 총칭
- 一本书 yì běn shū 책 한 권

5획 本 本 本 本 本

006

不

bù

不 아닐 부, 아닐 불

부 (동사·형용사 또는 기타 부사 앞에서) 부정을 나타냄

- 不客气 bú kèqi 상투어 천만에요
- 对不起 duìbuqǐ 동 미안합니다, 죄송합니다
- 不但…而且… búdàn…érqiě… ~뿐만 아니라, 게다가 ~

4획 不 不 不 不

007

菜

cài

菜 나물 채

명 요리 / 채소

- 菜单 càidān 명 메뉴, 식단
- 蔬菜 shūcài 명 채소

11획 菜 菜 菜 菜 菜 菜 菜 菜 菜 菜 菜

008

茶

chá

茶 차 다, 차 차

명 차

- 奶茶 nǎichá 밀크티
- 普洱茶 pǔ'ěrchá 푸얼차, 보이차

9획 茶 茶 茶 茶 茶 茶 茶 茶 茶

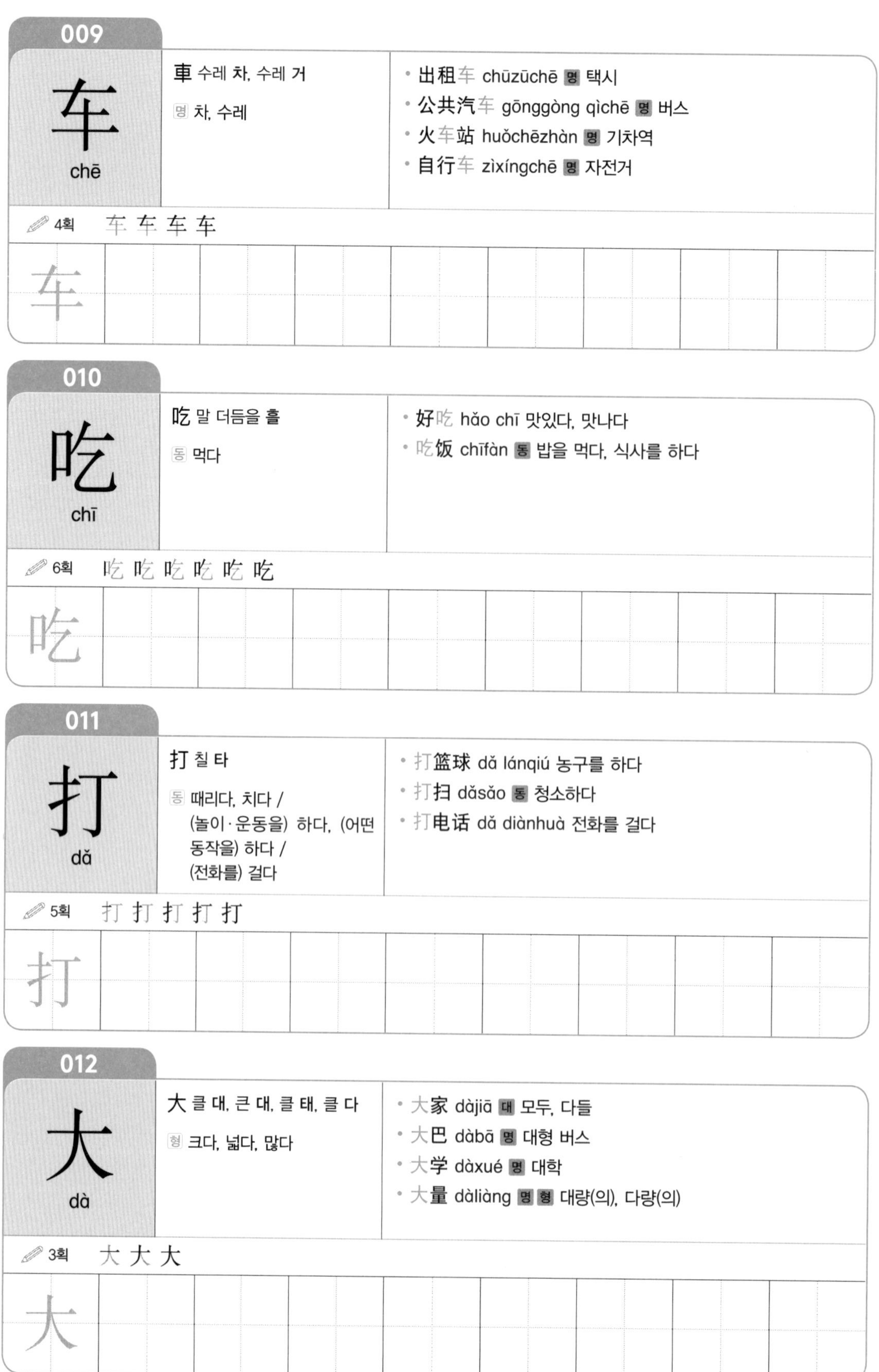

009

车

chē

車 수레 차, 수레 거

명 차, 수레

- 出租车 chūzūchē 명 택시
- 公共汽车 gōnggòng qìchē 명 버스
- 火车站 huǒchēzhàn 명 기차역
- 自行车 zìxíngchē 명 자전거

4획 车 车 车 车

车

010

吃

chī

吃 말 더듬을 흘

동 먹다

- 好吃 hǎo chī 맛있다, 맛나다
- 吃饭 chīfàn 동 밥을 먹다, 식사를 하다

6획 吃 吃 吃 吃 吃 吃

吃

011

打

dǎ

打 칠 타

동 때리다, 치다 / (놀이·운동을) 하다, (어떤 동작을) 하다 / (전화를) 걸다

- 打篮球 dǎ lánqiú 농구를 하다
- 打扫 dǎsǎo 동 청소하다
- 打电话 dǎ diànhuà 전화를 걸다

5획 打 打 打 打 打

打

012

大

dà

大 클 대, 큰 대, 클 태, 클 다

형 크다, 넓다, 많다

- 大家 dàjiā 대 모두, 다들
- 大巴 dàbā 명 대형 버스
- 大学 dàxué 명 대학
- 大量 dàliàng 명 형 대량(의), 다량(의)

3획 大 大 大

大

013

的

de

的 과녁 적

조 ~한, ~의

- 我的 wǒ de 나의, 나의 것
- 漂亮的… piàoliang de… 예쁜 ~

8획 的 的 的 的 的 的 的 的

的

014

点

diǎn

點 점 점, 시들 다

양 시 [시간의 단위]

동 지명하다 / 주문하다 / 불을 붙이다

- 十点 shí diǎn 10시
- 点名 diǎnmíng 동 출석을 부르다
- 点菜 diǎncài 동 요리를 주문하다
- 点火 diǎnhuǒ 동 점화하다, 불을 붙이다(켜다)

9획 点 点 点 点 点 点 点 点 点

点

015

电

diàn

電 번개 전

명 전기

- 电脑 diànnǎo 명 컴퓨터
- 电视 diànshì 명 텔레비전
- 电影 diànyǐng 명 영화

5획 电 电 电 电 电

电

016

店

diàn

店 가게 점

명 상점, 가게

- 商店 shāngdiàn 명 상점
- 饭店 fàndiàn 명 호텔, 식당
- 店员 diànyuán 명 점원

8획 店 店 店 店 店 店 店 店

店

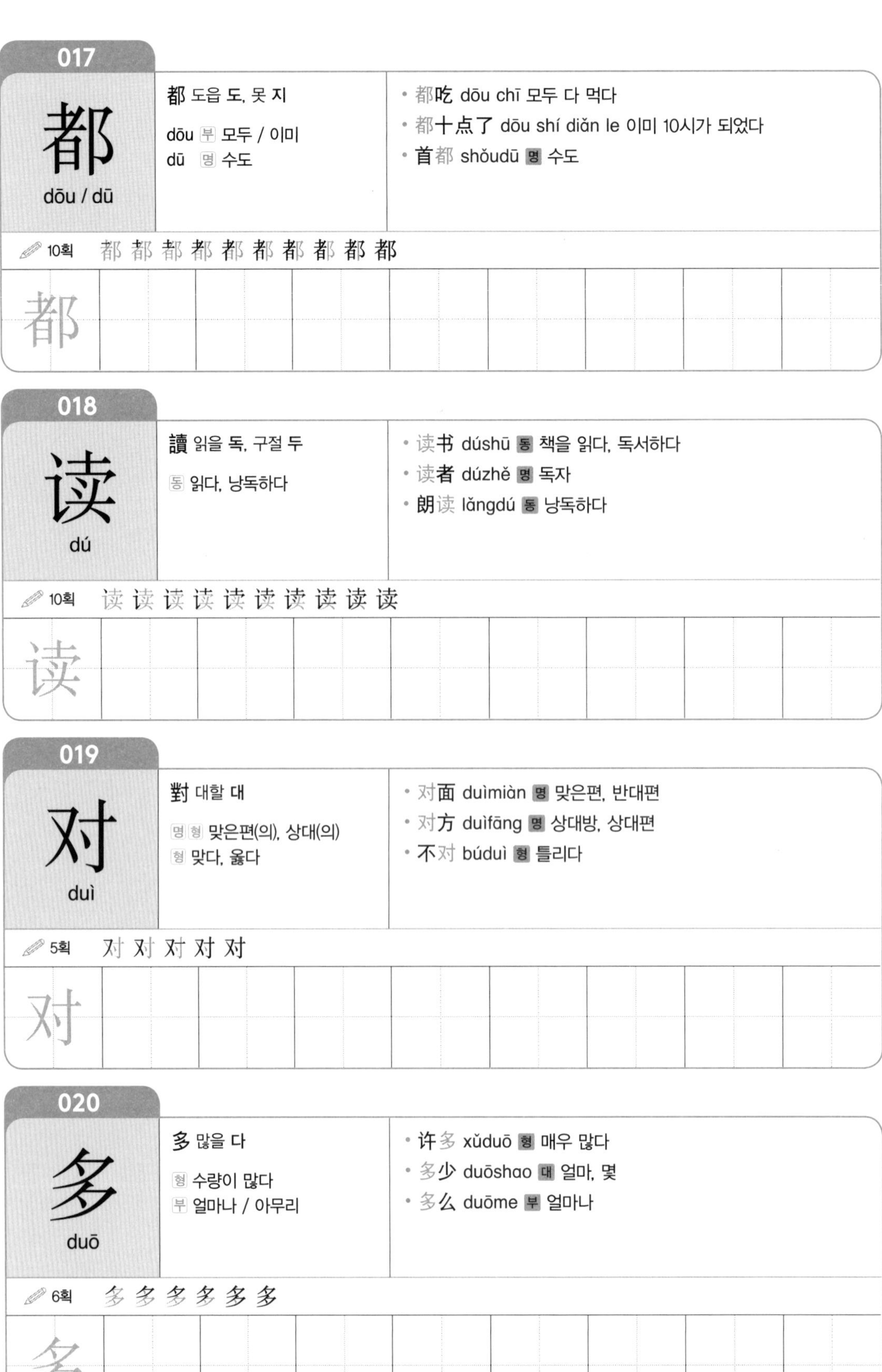

017 都 dōu / dū

都 도읍 도, 못 지

dōu 부 모두 / 이미
dū 명 수도

- 都吃 dōu chī 모두 다 먹다
- 都十点了 dōu shí diǎn le 이미 10시가 되었다
- 首都 shǒudū 명 수도

10획 都 都 都 都 都 都 都 都 都 都

018 读 dú

讀 읽을 독, 구절 두

동 읽다, 낭독하다

- 读书 dúshū 동 책을 읽다, 독서하다
- 读者 dúzhě 명 독자
- 朗读 lǎngdú 동 낭독하다

10획 读 读 读 读 读 读 读 读 读 读

019 对 duì

對 대할 대

명 형 맞은편(의), 상대(의)
형 맞다, 옳다

- 对面 duìmiàn 명 맞은편, 반대편
- 对方 duìfāng 명 상대방, 상대편
- 不对 búduì 형 틀리다

5획 对 对 对 对 对

020 多 duō

多 많을 다

형 수량이 많다
부 얼마나 / 아무리

- 许多 xǔduō 형 매우 많다
- 多少 duōshao 대 얼마, 몇
- 多么 duōme 부 얼마나

6획 多 多 多 多 多 多

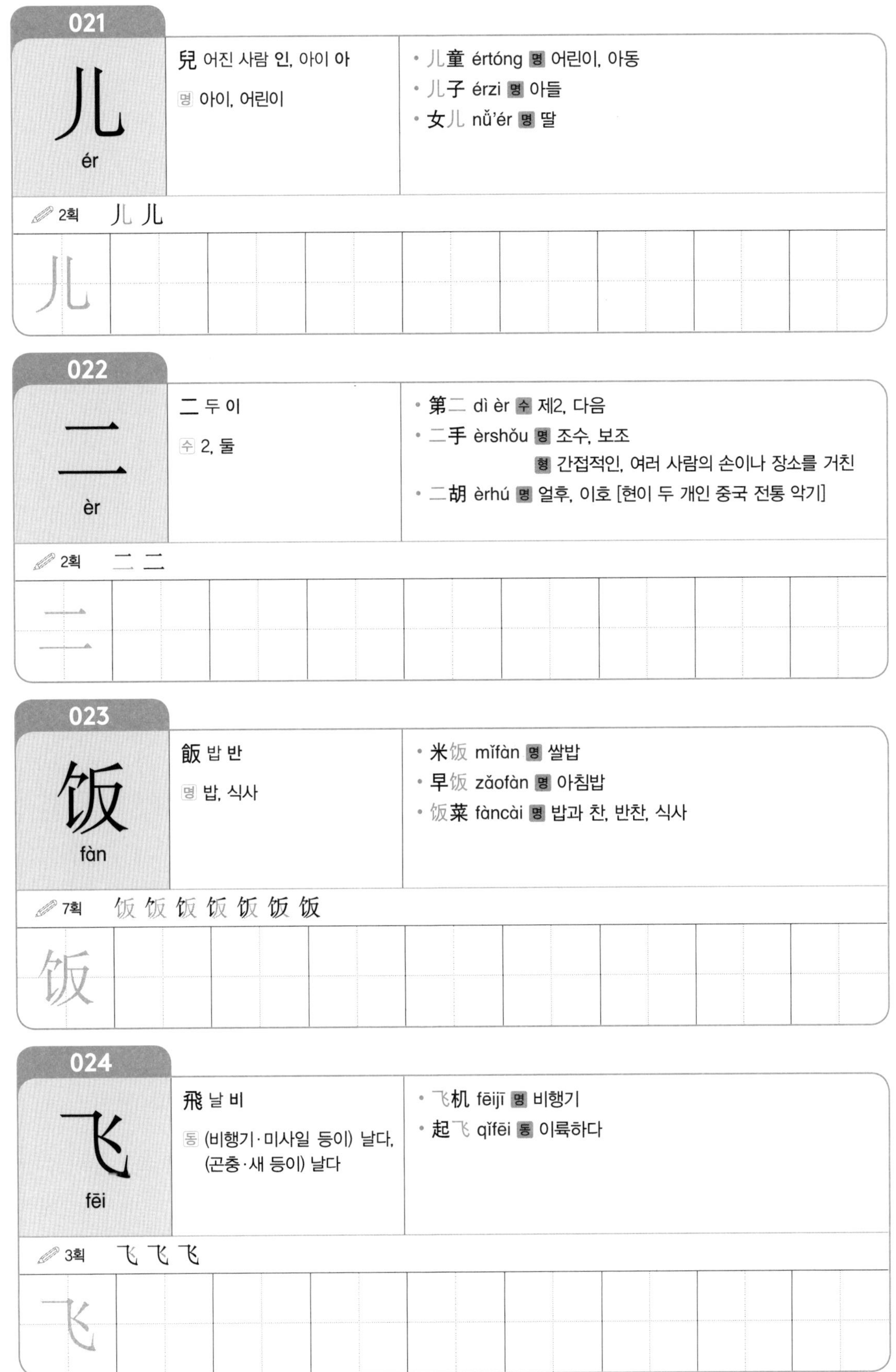

021

儿 ér

兒 어진 사람 인, 아이 아

명 아이, 어린이

- 儿童 értóng 명 어린이, 아동
- 儿子 érzi 명 아들
- 女儿 nǚ'ér 명 딸

2획 儿 儿

022

二 èr

二 두 이

수 2, 둘

- 第二 dì èr 수 제2, 다음
- 二手 èrshǒu 명 조수, 보조
  형 간접적인, 여러 사람의 손이나 장소를 거친
- 二胡 èrhú 명 얼후, 이호 [현이 두 개인 중국 전통 악기]

2획 二 二

023

饭 fàn

飯 밥 반

명 밥, 식사

- 米饭 mǐfàn 명 쌀밥
- 早饭 zǎofàn 명 아침밥
- 饭菜 fàncài 명 밥과 찬, 반찬, 식사

7획 饭 饭 饭 饭 饭 饭 饭

024

飞 fēi

飛 날 비

동 (비행기·미사일 등이) 날다, (곤충·새 등이) 날다

- 飞机 fēijī 명 비행기
- 起飞 qǐfēi 동 이륙하다

3획 飞 飞 飞

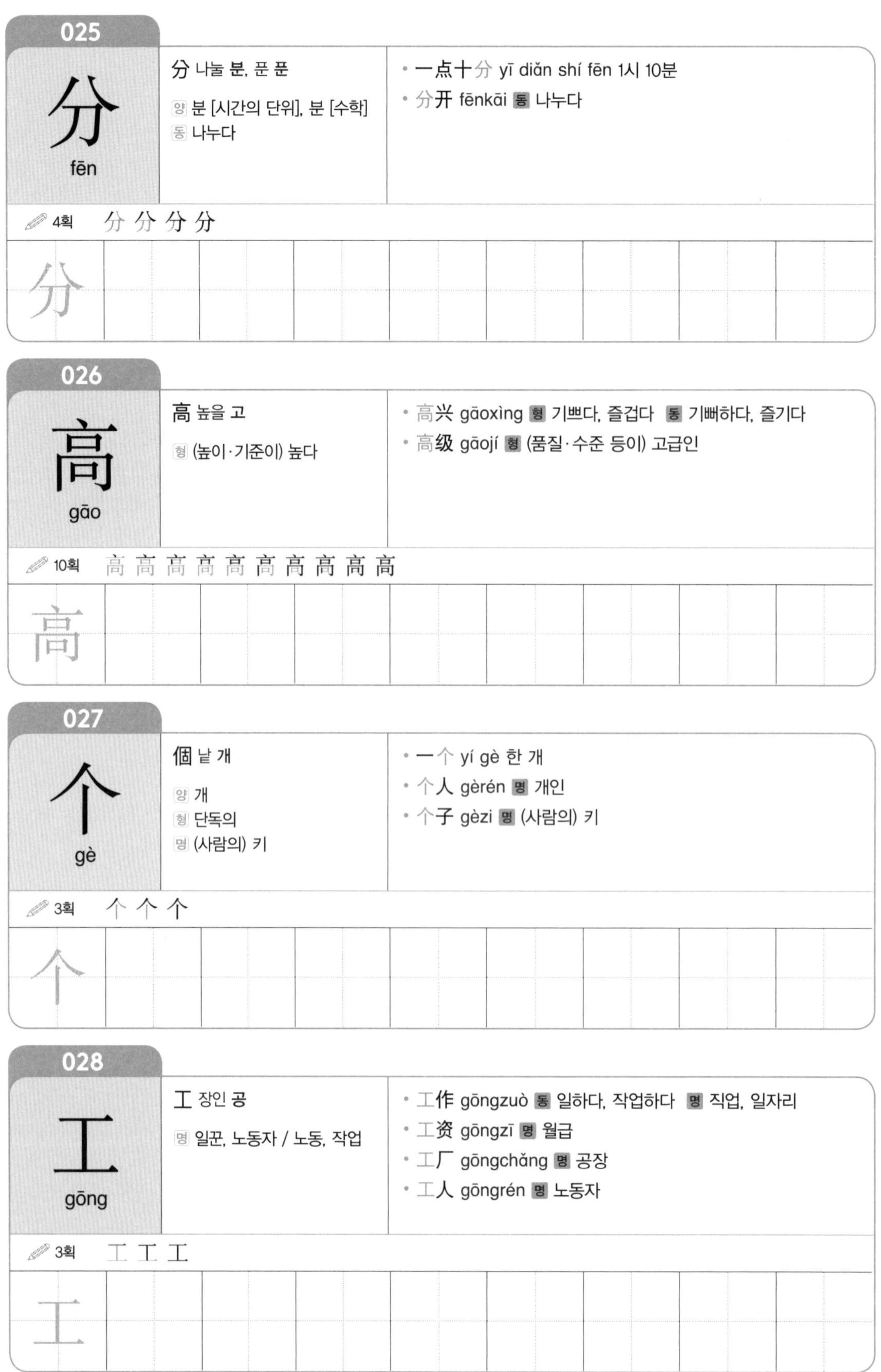

025

分 fēn

分 나눌 분, 푼 푼

양 분 [시간의 단위], 분 [수학]
동 나누다

- 一点十分 yī diǎn shí fēn 1시 10분
- 分开 fēnkāi 동 나누다

4획 分 分 分 分

分

026

高 gāo

高 높을 고

형 (높이·기준이) 높다

- 高兴 gāoxìng 형 기쁘다, 즐겁다 동 기뻐하다, 즐기다
- 高级 gāojí 형 (품질·수준 등이) 고급인

10획 高 高 高 高 高 高 高 高 高 高

高

027

个 gè

個 낱 개

양 개
형 단독의
명 (사람의) 키

- 一个 yí gè 한 개
- 个人 gèrén 명 개인
- 个子 gèzi 명 (사람의) 키

3획 个 个 个

个

028

工 gōng

工 장인 공

명 일꾼, 노동자 / 노동, 작업

- 工作 gōngzuò 동 일하다, 작업하다 명 직업, 일자리
- 工资 gōngzī 명 월급
- 工厂 gōngchǎng 명 공장
- 工人 gōngrén 명 노동자

3획 工 工 工

工

029

国
guó

國 나라 국

명 국가, 나라

- 国家 guójiā 명 국가, 나라
- 国籍 guójí 명 (사람의) 국적
- 中国 Zhōngguó 중국

8획 国 国 国 国 国 国 国 国

国

030

果
guǒ

果 실과 과, 열매 과

명 과실, 열매 / (사물의) 귀결, 결과

- 水果 shuǐguǒ 명 과일, 과실
- 苹果 píngguǒ 명 사과
- 结果 jiéguǒ 명 결과 부 결국, 끝내

8획 果 果 果 果 果 果 果 果

果

031

汉
hàn

漢 한수 한, 한나라 한

명 한 [유방(刘邦)이 세운 나라 (B.C.206~A.D.220)]

- 汉语 Hànyǔ 명 중국어, 한어
- 汉族 Hànzú 명 한족
- 汉朝 hàncháo 명 한나라
- 汉服 hànfú 명 중국 한족 전통 의복

5획 汉 汉 汉 汉 汉

汉

032

好
hǎo / hào

好 좋을 호

hǎo 형 좋다, 낫다
hào 동 좋아하다

- 好人 hǎorén 명 좋은 사람, 착한 사람
- 好看 hǎokàn 형 아름답다, 근사하다, 보기 좋다
- 爱好 àihào 동 애호하다 명 취미, 애호

6획 好 好 好 好 好 好

好

033

号

hào

號 이름 호, 부르짖을 호

명 번호

- 号码 hàomǎ 명 번호, 숫자
- 房号 fánghào 명 방 번호
- 学号 xuéhào 명 학번

5획 号 号 号 号 号

号

034

喝

hē

喝 꾸짖을 갈, 목이 멜 애

동 마시다

- 喝水 hē shuǐ 물을 마시다
- 喝茶 hē chá 차를 마시다
- 喝酒 hē jiǔ 술을 마시다

12획 喝 喝 喝 喝 喝 喝 喝 喝 喝 喝 喝 喝

喝

035

和

hé

和 화할 화

접 ~와(과)

형 평화롭다 / 부드럽다

- 我和你 wǒ hé nǐ 나와 너
- 和平 hépíng 명 평화
- 温和 wēnhé 형 (기후·성품·태도가) 온화하다, 따뜻하다, 부드럽다

8획 和 和 和 和 和 和 和 和

和

036

很

hěn

很 패려궂을 흔

부 매우, 대단히, 아주

- 很好 hěn hǎo 매우 좋다, 대단하다, 훌륭하다
- 很快 hěn kuài 아주 빠르다

9획 很 很 很 很 很 很 很 很 很

很

037

后
hòu

後 뒤 후, 임금 후

명 (시·공간의) 뒤, 후, 다음

- 后面 hòumiàn 명 뒤, 뒤쪽, 뒷면
- 后来 hòulái 명 그 후, 그 뒤, 그 다음
- 最后 zuìhòu 형 최후의
- 然后 ránhòu 접 그런 후에, 그 다음에

6획 后 后 后 后 后 后

后

038

话
huà

話 말씀 화

동 말하다, 이야기하다
명 말

- 说话 shuōhuà 동 말하다
- 对话 duìhuà 동 대화하다, 담판하다
- 笑话 xiàohua 명 우스운 이야기 동 비웃다

8획 话 话 话 话 话 话 话 话

话

039

回
huí

迴 돌아올 회

양 번, 회
동 돌아오다(가다) / 회답하다

- 一回 yì huí 일회, 한 번
- 回家 huíjiā 동 집으로 돌아가다(오다), 귀가하다
- 回答 huídá 동 대답하다, 회답하다

6획 回 回 回 回 回 回

回

040

会
huì

會 모일 회

조동 (배워서) ~을 할 수 있다
동 모이다
명 모임 / 기회

- 会议 huìyì 명 회의
- 社会 shèhuì 명 사회
- 机会 jīhuì 명 기회

6획 会 会 会 会 会 会

会

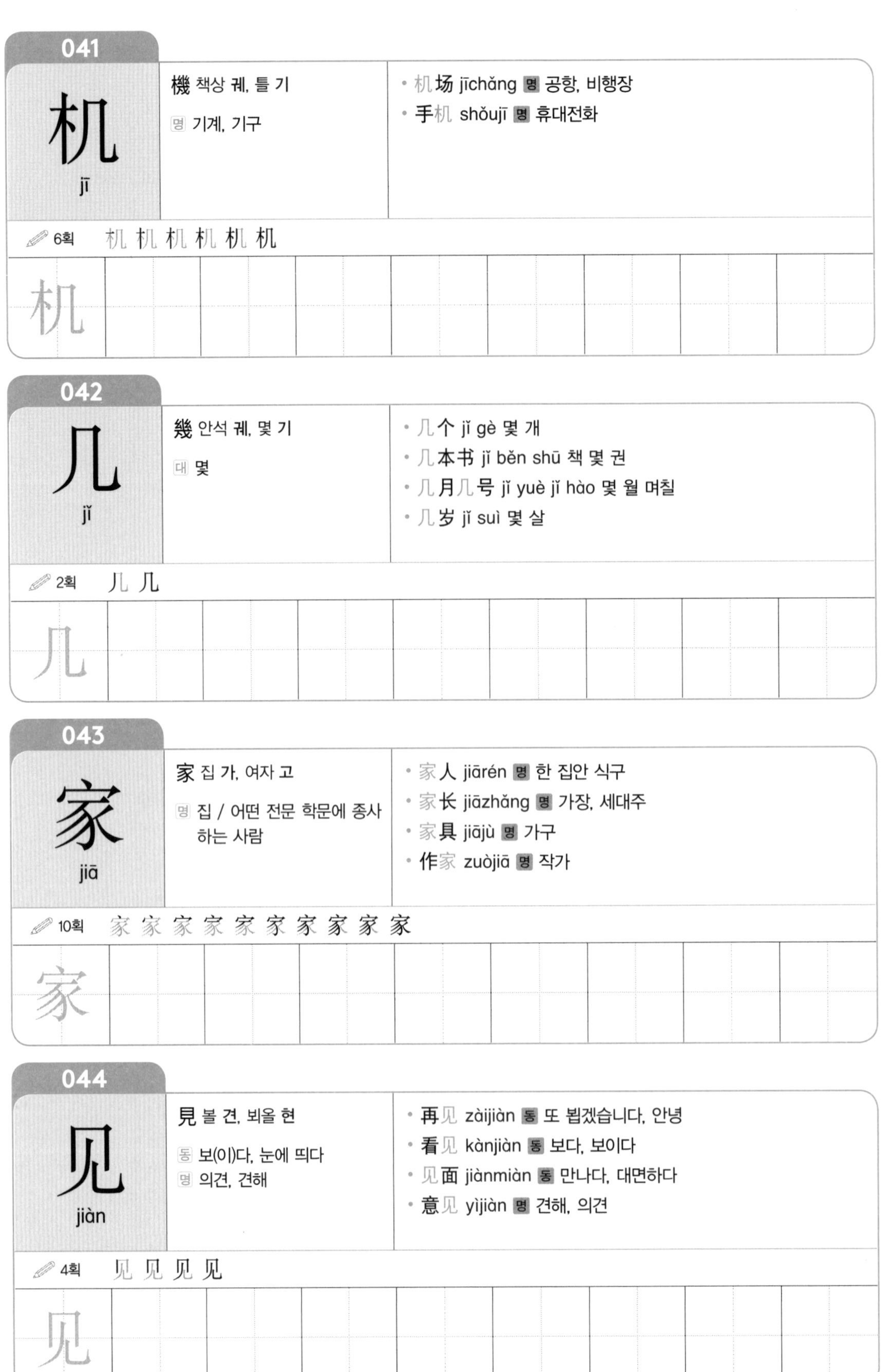

041

机 jī

機 책상 궤, 틀 기

명 기계, 기구

- 机场 jīchǎng 명 공항, 비행장
- 手机 shǒujī 명 휴대전화

6획 机 机 机 机 机 机

042

几 jǐ

幾 안석 궤, 몇 기

대 몇

- 几个 jǐ gè 몇 개
- 几本书 jǐ běn shū 책 몇 권
- 几月几号 jǐ yuè jǐ hào 몇 월 며칠
- 几岁 jǐ suì 몇 살

2획 几 几

043

家 jiā

家 집 가, 여자 고

명 집 / 어떤 전문 학문에 종사하는 사람

- 家人 jiārén 명 한 집안 식구
- 家长 jiāzhǎng 명 가장, 세대주
- 家具 jiājù 명 가구
- 作家 zuòjiā 명 작가

10획 家 家 家 家 家 家 家 家 家 家

044

见 jiàn

見 볼 견, 뵈올 현

동 보(이)다, 눈에 띄다
명 의견, 견해

- 再见 zàijiàn 동 또 뵙겠습니다, 안녕
- 看见 kànjiàn 동 보다, 보이다
- 见面 jiànmiàn 동 만나다, 대면하다
- 意见 yìjiàn 명 견해, 의견

4획 见 见 见 见

045

叫

jiào

叫 부르짖을 규

동 (~라고) 하다, 부르다

- 叫做 jiàozuò 동 ~라고 부르다(불리다), ~이다
- 叫喊 jiàohǎn 동 큰 소리로 외치다, 소리치다, 고함치다

5획 叫 叫 叫 叫 叫

叫

046

觉

jiào / jué

覺 깨달을 각, 깰 교

jiào 명 잠, 수면
jué 명 감각, 느낌
동 느끼다

- 睡觉 shuìjiào 동 자다
- 感觉 gǎnjué 명 감각, 느낌 동 느끼다
- 觉得 juéde 동 ~라고 느끼다, ~라고 여기다

9획 觉 觉 觉 觉 觉 觉 觉 觉 觉

觉

047

姐

jiě

姐 누이 저, 교만할 저

명 누나, 언니

- 姐姐 jiějie 명 누나, 언니
- 姐妹 jiěmèi 명 자매
- 小姐 xiǎojiě 명 아가씨

8획 姐 姐 姐 姐 姐 姐 姐 姐

姐

048

今

jīn

今 이제 금

명 지금, 이제, 오늘
형 지금의, 현재의

- 今天 jīntiān 명 오늘
- 今年 jīnnián 명 올해, 금년

4획 今 今 今 今

今

049

九

jiǔ

九 아홉 구, 모을 규

수 9, 아홉

- 九死一生 jiǔsǐ yìshēng 성 구사일생

2획 九 九

050

开

kāi

開 열 개

동 열다, 켜다 / 개업하다, 개설하다

- 开门 kāimén 동 문을 열다, 영업을 시작하다
- 开关 kāiguān 명 스위치
- 开心 kāixīn 형 기쁘다, 즐겁다

4획 开 开 开 开

051

看

kàn

看 볼 간

동 보다 / ~라고 생각하다 / 방문하다

- 看法 kànfǎ 명 견해
- 看望 kànwàng 동 방문하다, 문안하다

9획 看 看 看 看 看 看 看 看 看

052

客

kè

客 손 객

명 손님

- 客人 kèrén 명 손님, 고객
- 客厅 kètīng 명 객실, 응접실
- 好客 hàokè 형 손님 접대를 좋아하다

9획 客 客 客 客 客 客 客 客 客

053

块

kuài

塊 덩어리 괴

양 덩이, 조각, 장, 위안 [위안화의 기본 단위]

부 함께

- 一块 yí kuài 한 덩어리, 한 조각

7획 块 块 块 块 块 块 块

块

054

来

lái

來 올 래(내)

동 오다

- 过来 guòlái 동 오다
- 来自 láizì ~로부터 오다, ~에서 나오다

7획 来 来 来 来 来 来 来

来

055

老

lǎo

老 늙을 로(노)

형 늙다 / 오래된, 옛부터의

- 老人 lǎorén 명 노인
- 老朋友 lǎo péngyou 오랜 친구, 옛 친구

6획 老 老 老 老 老 老

老

056

了

le

了 마칠 료(요), 밝을 료(요)

조 행위의 완성을 나타냄

- 完了 wán le 끝났다, 끝마쳤다

2획 了 了

了

057

冷
lěng

冷 찰 랭(냉), 물소리 령(영)

형 춥다

- 冰冷 bīnglěng 형 얼음같이 차다, 매우 차다
- 冷静 lěngjìng 형 냉정하다, 침착하다
- 冷淡 lěngdàn 형 쌀쌀하다, 냉담하다

7획 冷 冷 冷 冷 冷 冷 冷

冷

058

里
lǐ

裏 마을 리(이), 속 리(이)

명 가운데, 안쪽, 내부
양 리 [500m를 1리(里)로 함]

- 里面 lǐmiàn 명 안, 안쪽, 속
- 公里 gōnglǐ 양 킬로미터(km)

7획 里 里 里 里 里 里 里

里

059

六
liù

六 여섯 륙(육)

수 6, 여섯

- 星期六 xīngqīliù 명 토요일

4획 六 六 六 六

六

060

妈
mā

媽 어머니 마, 어머니 모

명 엄마, 어머니

- 妈妈 māma 명 엄마, 어머니
- 姑妈 gūmā 명 고모

6획 妈 妈 妈 妈 妈 妈

妈

061 吗 ma

嗎 약 이름 마

조 의문의 어기를 나타냄

- 去吗? qù ma? 가니?
- 吃吗? chī ma? 먹을래?

6획 吗 吗 吗 吗 吗 吗

吗

062 买 mǎi

買 살 매

동 사다, 구매하다

- 买单 mǎidān 동 계산하다, 지불하다
- 买卖 mǎimai 명 장사, 매매
- 买家 mǎijiā 명 구매자

6획 买 买 买 买 买 买

买

063 么 me

麼 작을 요, 작을 마

접미 접미사의 하나

- 什么 shénme 대 무엇, 무슨
- 为什么 wèishénme 대 왜, 어째서

3획 么 么 么

么

064 没 méi

沒 빠질 몰

동 없다
부 ~않다

- 没有 méiyǒu 동 ~이 없다 [소유·존재 등]
- 没关系 méi guānxi 괜찮다, 상관없다
- 没吃 méi chī 먹지 않았다

7획 没 没 没 没 没 没 没

没

065

们
men

們 들 문

접미 ~들 [사람을 지칭하는 명사나 대명사의 뒤에 쓰여 복수를 나타냄]

• 咱们 zánmen 대 우리(들)

5획 们 们 们 们 们

066

米
mǐ

米 쌀 미

명 쌀
양 미터(m)

• 大米 dàmǐ 명 쌀
• 玉米 yùmǐ 명 옥수수
• 厘米 límǐ 양 센티미터(cm)

6획 米 米 米 米 米 米

067

面
miàn

麵 낯 면, 밀가루 면

접미 쪽, 측면, 측
명 (곡물의) 가루, 분말

• 前面 qiánmiàn 명 앞(쪽)
• 面包 miànbāo 명 빵

9획 面 面 面 面 面 面 面 面 面

068

名
míng

名 이름 명

명 이름, 명칭

• 名字 míngzi 명 이름, 성명
• 名片 míngpiàn 명 명함
• 有名 yǒumíng 형 유명하다
• 报名 bàomíng 동 신청하다, 지원하다

6획 名 名 名 名 名 名

069

明

míng

明 밝을 명

명 (올해·오늘의) 다음
형 밝다, 환하다 / 명백하다, 분명하다

- 明天 míngtiān 명 내일, 명일
- 明月 míngyuè 명 명월, 밝은 달
- 明确 míngquè 형 명확하다

8획

明

070

哪

nǎ

哪 어찌 나, 역귀 쫓는 소리 나

대 어느, 어느 것

- 哪个 nǎge 대 어느 (것), 어떤
- 哪里 nǎlǐ 대 어디, 어느 곳
- 哪儿 nǎr 대 어디

9획

哪

071

那

nà

那 어찌 나, 어조사 내

대 저, 그, 저것, 그것

- 那个 nàge 대 그, 저, 그것, 저것
- 那里 nàlǐ 대 그곳, 저곳

6획

那

072

呢

ne

呢 소곤거릴 니(이)

조 의문·지속을 나타냄

- 是什么呢? shì shénme ne? 뭔가요?
- 吃着呢 chī zhe ne 먹고 있다

8획

呢

073

能 néng

能 능할 능, 견딜 내

조동 ~할 수 있다
명 재능, 재간

- 可能 kěnéng 형 가능하다 명 가능성, 가망 조동 아마도
- 能力 nénglì 명 능력
- 能干 nénggàn 형 유능하다

10획 能 能 能 能 能 能 能 能 能 能

074

你 nǐ

你 너 니(이)

대 너, 당신

- 你们 nǐmen 대 너희들, 당신들, 자네들

7획 你 你 你 你 你 你 你

075

年 nián

年 해 년(연), 아첨할 녕(영)

명 년, 해 / 나이, 연령

- 去年 qùnián 명 작년
- 年级 niánjí 명 학년
- 年轻 niánqīng 형 젊다, 어리다
- 年龄 niánlíng 명 연령

6획 年 年 年 年 年 年

076

女 nǚ

女 여자 녀(여)

명 여자

- 女性 nǚxìng 명 여성
- 女士 nǚshì 명 여사, 숙녀, 부인
- 妇女 fùnǚ 명 부녀자

3획 女 女 女

077

朋
péng

朋 벗 붕

명 벗, 동무, 친구

• 朋友 péngyou 명 친구

8획 朋 朋 朋 朋 朋 朋 朋 朋

朋

078

七
qī

七 일곱 칠

수 7, 일곱

• 七夕 qīxī 명 칠석

2획 七 七

七

079

气
qì

氣 기운 기, 보낼 희, 빌 걸

명 기체, 가스 / 공기 / 기후 / 기질

명 동 성(내다), 화(내다)

• 空气 kōngqì 명 공기
• 天气 tiānqì 명 날씨, 일기
• 小气 xiǎoqi 형 인색하다, 박하다, 좀스럽다
• 生气 shēngqì 동 화내다

4획 气 气 气 气

气

080

前
qián

前 앞 전, 자를 전

명 (공간·순서의) 앞 / (시간) 전, 그전

• 以前 yǐqián 명 이전, 예전
• 从前 cóngqián 명 이전, 옛날
• 目前 mùqián 명 지금, 현재

9획 前 前 前 前 前 前 前 前 前

前

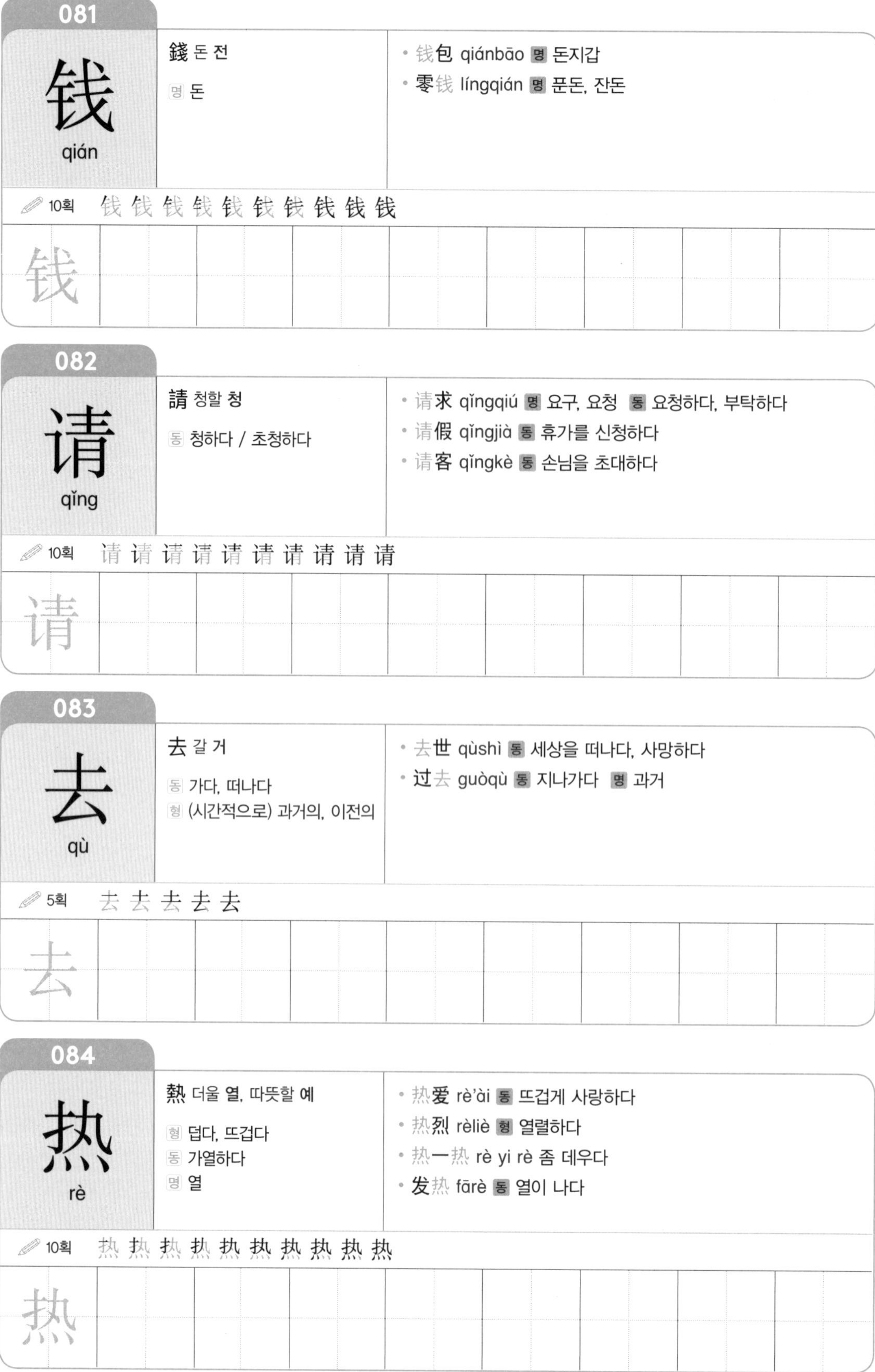

081

钱

qián

錢 돈 전

명 돈

- 钱包 qiánbāo 명 돈지갑
- 零钱 língqián 명 푼돈, 잔돈

10획 钱 钱 钱 钱 钱 钱 钱 钱 钱 钱

钱

082

请

qǐng

請 청할 청

동 청하다 / 초청하다

- 请求 qǐngqiú 명 요구, 요청 동 요청하다, 부탁하다
- 请假 qǐngjià 동 휴가를 신청하다
- 请客 qǐngkè 동 손님을 초대하다

10획 请 请 请 请 请 请 请 请 请 请

请

083

去

qù

去 갈 거

동 가다, 떠나다
형 (시간적으로) 과거의, 이전의

- 去世 qùshì 동 세상을 떠나다, 사망하다
- 过去 guòqù 동 지나가다 명 과거

5획 去 去 去 去 去

去

084

热

rè

熱 더울 열, 따뜻할 예

형 덥다, 뜨겁다
동 가열하다
명 열

- 热爱 rè'ài 동 뜨겁게 사랑하다
- 热烈 rèliè 형 열렬하다
- 热一热 rè yi rè 좀 데우다
- 发热 fārè 동 열이 나다

10획 热 热 热 热 热 热 热 热 热 热

热

085

人
rén

人 사람 인

명 사람, 인간

- 人们 rénmen 명 사람들
- 别人 biérén 대 다른 사람
- 人才 réncái 명 인재
- 人口 rénkǒu 명 인구

2획 人 人

086

认
rèn

認 인정할 인

동 (물건·사람·글자 등을) 분간하다, 식별(분별)하다 / 인정하다

- 认识 rènshi 동 알다, 인식하다
- 认为 rènwéi 동 ~라고 여기다, ~라고 생각하다
- 确认 quèrèn 동 확인하다
- 承认 chéngrèn 동 승인하다, 인정하다, 시인하다

4획 认 认 认 认

087

三
sān

三 석 삼

수 3, 셋

- 三岁 sān suì 세 살
- 再三 zàisān 부 재삼, 몇 번씩, 여러 번

3획 三 三 三

088

商
shāng

商 장사 상

명 상업, 장사
동 상의하다, 토의하다

- 商品 shāngpǐn 명 상품
- 商业 shāngyè 명 상업, 비즈니스
- 商量 shāngliang 동 상의하다, 의논하다, 협의하다

11획 商 商 商 商 商 商 商 商 商 商 商

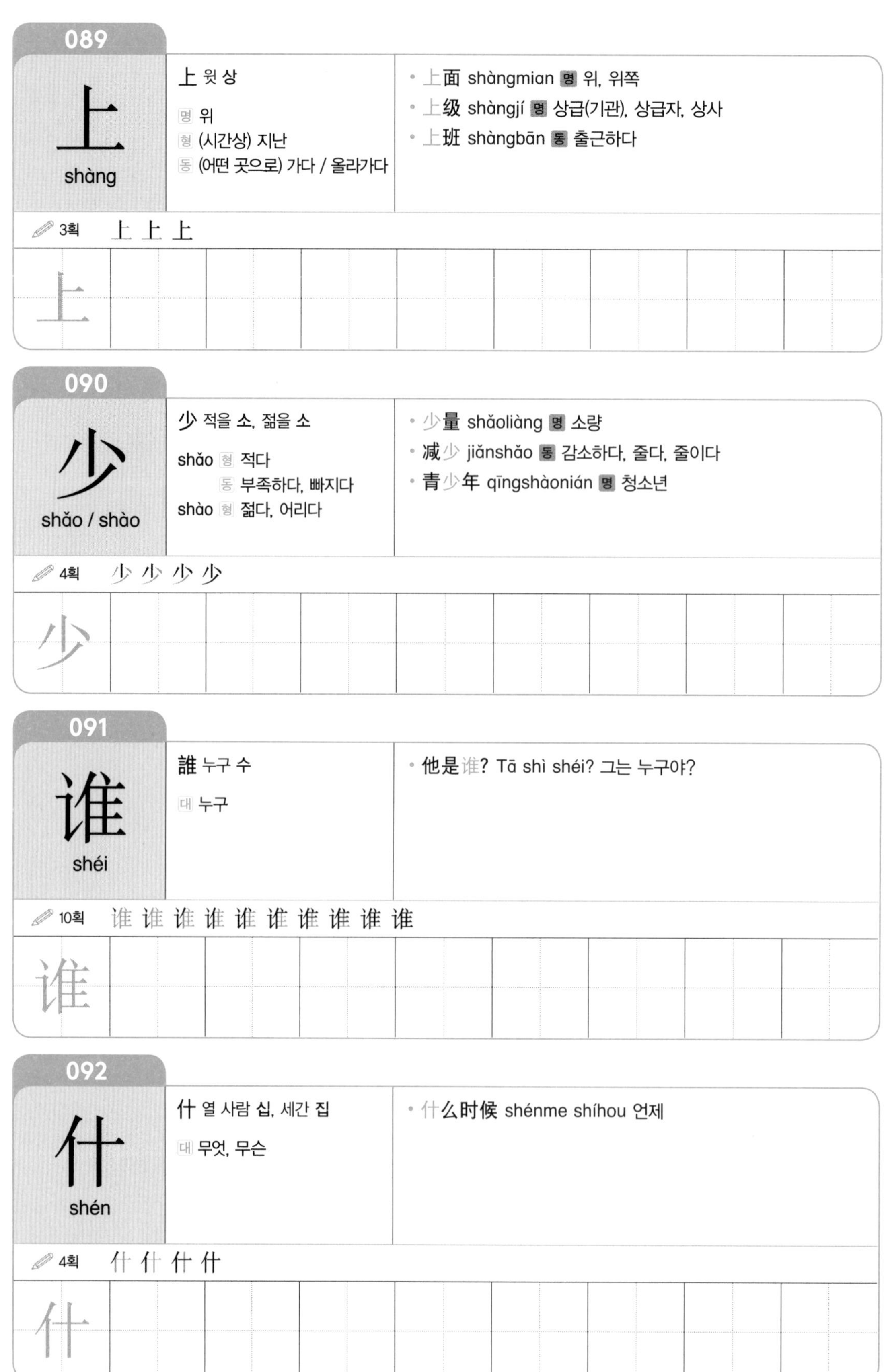

089

上

shàng

上 윗 상

명 위
형 (시간상) 지난
동 (어떤 곳으로) 가다 / 올라가다

- 上面 shàngmian 명 위, 위쪽
- 上级 shàngjí 명 상급(기관), 상급자, 상사
- 上班 shàngbān 동 출근하다

3획 上 上 上

上

090

少

shǎo / shào

少 적을 소, 젊을 소

shǎo 형 적다
동 부족하다, 빠지다
shào 형 젊다, 어리다

- 少量 shǎoliàng 명 소량
- 减少 jiǎnshǎo 동 감소하다, 줄다, 줄이다
- 青少年 qīngshàonián 명 청소년

4획 少 少 少 少

少

091

谁

shéi

誰 누구 수

대 누구

- 他是谁? Tā shì shéi? 그는 누구야?

10획 谁 谁 谁 谁 谁 谁 谁 谁 谁 谁

谁

092

什

shén

什 열 사람 십, 세간 집

대 무엇, 무슨

- 什么时候 shénme shíhou 언제

4획 什 什 什 什

什

093

生
shēng

生 날 생

동 낳다, 태어나다 / 생기다, 자라다
명 배우는 사람, 생도

- 生日 shēngrì 명 생일
- 发生 fāshēng 동 생기다, 발생하다
- 学生 xuéshēng 명 학생

5획 生 生 生 生 生

生

094

师
shī

師 스승 사

명 스승, 선생
접미 ~가, ~사 [전문적인 지식 또는 기술을 가진 사람]

- 老师 lǎoshī 명 선생님, 스승
- 师生 shīshēng 명 스승과 제자, 사제
- 师傅 shīfu 명 스승, 사부, 선생님
- 工程师 gōngchéngshī 명 엔지니어, 기술자

6획 师 师 师 师 师 师

师

095

十
shí

十 열 십

수 10, 열
형 완전한

- 十天 shí tiān 10일, 열흘
- 十全十美 shíquán shíměi 성 완전무결하다

2획 十 十

十

096

时
shí

時 때 시

명 때, 시기, (정해진) 시간

- 时候 shíhou 명 때, 시각
- 时间 shíjiān 명 시간
- 小时 xiǎoshí 명 시간

7획 时 时 时 时 时 时 时

时

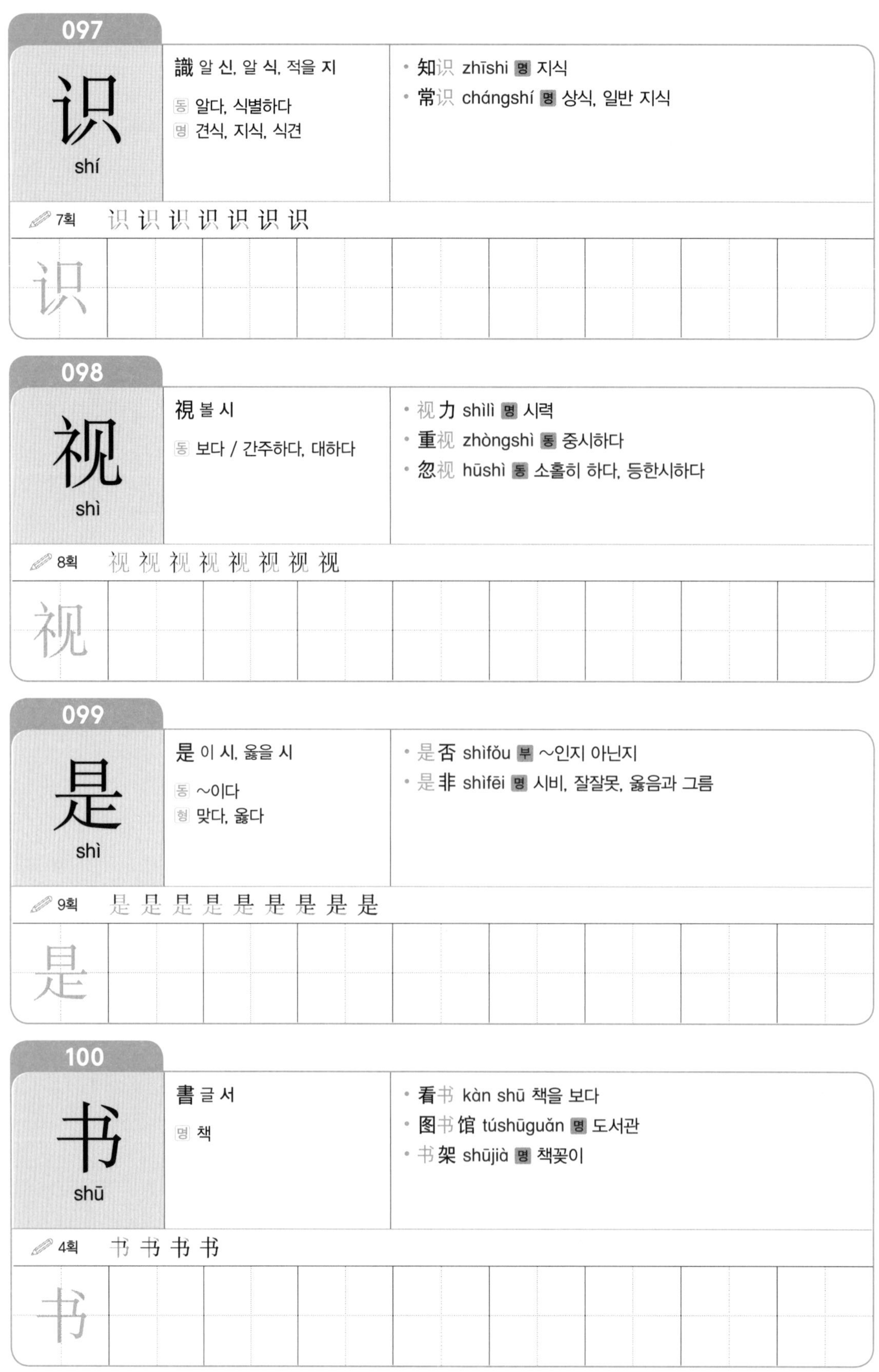

097

识
shí

識 알 신, 알 식, 적을 지

동 알다, 식별하다
명 견식, 지식, 식견

- 知识 zhīshi 명 지식
- 常识 chángshí 명 상식, 일반 지식

7획 识 识 识 识 识 识 识

098

视
shì

視 볼 시

동 보다 / 간주하다, 대하다

- 视力 shìlì 명 시력
- 重视 zhòngshì 동 중시하다
- 忽视 hūshì 동 소홀히 하다, 등한시하다

8획 视 视 视 视 视 视 视 视

099

是
shì

是 이 시, 옳을 시

동 ~이다
형 맞다, 옳다

- 是否 shìfǒu 부 ~인지 아닌지
- 是非 shìfēi 명 시비, 잘잘못, 옳음과 그름

9획 是 是 是 是 是 是 是 是 是

100

书
shū

書 글 서

명 책

- 看书 kàn shū 책을 보다
- 图书馆 túshūguǎn 명 도서관
- 书架 shūjià 명 책꽂이

4획 书 书 书 书

101

水
shuǐ

水 물 수

명 물

- 矿泉水 kuàngquánshuǐ 명 광천수, 생수
- 开水 kāishuǐ 명 끓인 물
- 冰水 bīngshuǐ 명 냉수

4획 水 水 水 水

水

102

睡
shuì

睡 졸음 수

동 (잠을) 자다 / 눕다
명 잠, 수면

- 入睡 rùshuì 동 잠들다
- 睡衣 shuìyī 명 잠옷

13획 睡 睡 睡 睡 睡 睡 睡 睡 睡 睡 睡 睡 睡

睡

103

说
shuō

說 말씀 설, 달랠 세

동 말하다, 설명하다

- 说明 shuōmíng 동 설명하다, 해설하다
- 说谎 shuōhuǎng 동 거짓말하다
- 小说 xiǎoshuō 명 소설

9획 说 说 说 说 说 说 说 说 说

说

104

四
sì

四 넉 사

수 4, 넷

- 四季 sìjì 명 사계절
- 四面八方 sìmiàn bāfāng 성 사면팔방

5획 四 四 四 四 四

四

105

岁
suì

歲 해 세

양 살, 세

- 岁数 suìshu 명 나이, 연령, 연세
- 岁月 suìyuè 명 세월

6획 岁 岁 岁 岁 岁 岁

岁

106

他
tā

他 다를 타

대 그, 그 사람 / 다른

- 他们 tāmen 대 그들, 그(저) 사람들
- 其他 qítā 대 기타, 그 외

5획 他 他 他 他 他

他

107

她
tā

她 아가씨 저, 그녀 타

대 그녀

- 她们 tāmen 대 그녀들, 그(저) 여자들

6획 她 她 她 她 她 她

她

108

太
tài

太 클 태

부 대단히, 매우, 지나치게
형 크다, 넓다

- 太高 tài gāo 너무 높다
- 太空 tàikōng 명 우주, 매우 높은 하늘
- 太阳 tàiyáng 명 태양, 해

4획 太 太 太 太

太

109

天

tiān

天 하늘 천

명 하늘 / 하루, 날, 일
형 타고난

- 天空 tiānkōng 명 하늘
- 星期天 xīngqītiān 명 일요일
- 天性 tiānxìng 명 천성, 타고난 성격

4획 天 天 天 天

天

110

听

tīng

聽 들을 청, 입 벌린 모양 이

동 듣다, 듣고 따르다

- 听说 tīngshuō 동 듣기로는 ~이라 한다
- 听写 tīngxiě 명 동 받아쓰기(를 하다)
- 听力 tīnglì 명 청력, 듣기 능력
- 打听 dǎting 동 물어보다, 알아보다

7획 听 听 听 听 听 听 听

听

111

同

tóng

同 한가지 동

형 같다
동 ~와(과) 같다

- 同学 tóngxué 명 동창, 학우, 학교 친구
- 同事 tóngshì 명 동료
- 同意 tóngyì 동 동의하다
- 相同 xiāngtóng 형 서로 같다, 일치하다

6획 同 同 同 同 同 同

同

112

我

wǒ

我 나 아

대 나, 저

- 我们 wǒmen 대 우리(들)

7획 我 我 我 我 我 我 我

我

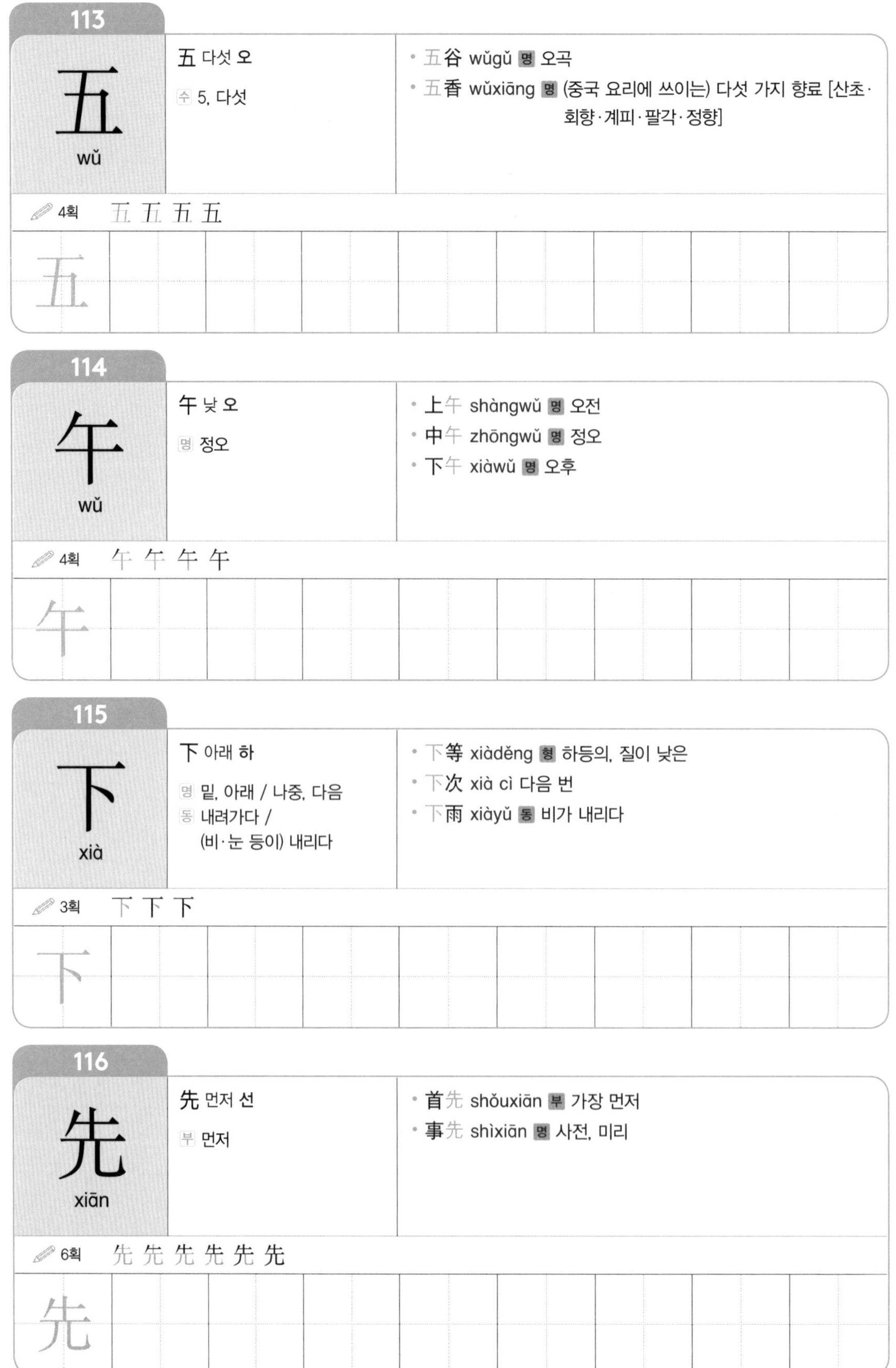

113

五

wǔ

五 다섯 오

수 5, 다섯

- 五谷 wǔgǔ 명 오곡
- 五香 wǔxiāng 명 (중국 요리에 쓰이는) 다섯 가지 향료 [산초·회향·계피·팔각·정향]

4획 五 五 五 五

114

午

wǔ

午 낮 오

명 정오

- 上午 shàngwǔ 명 오전
- 中午 zhōngwǔ 명 정오
- 下午 xiàwǔ 명 오후

4획 午 午 午 午

115

下

xià

下 아래 하

명 밑, 아래 / 나중, 다음
동 내려가다 / (비·눈 등이) 내리다

- 下等 xiàděng 형 하등의, 질이 낮은
- 下次 xià cì 다음 번
- 下雨 xiàyǔ 동 비가 내리다

3획 下 下 下

116

先

xiān

先 먼저 선

부 먼저

- 首先 shǒuxiān 부 가장 먼저
- 事先 shìxiān 명 사전, 미리

6획 先 先 先 先 先 先

117

现
xiàn

現 나타날 현

명 현재, 지금
동 나타나다

- 现在 xiànzài 명 현재
- 现代 xiàndài 명 현대
- 现实 xiànshí 명 현실 형 현실적이다
- 实现 shíxiàn 동 실현하다, 달성하다

8획 现 现 现 现 现 现 现 现

现

118

想
xiǎng

想 생각 상

동 생각하다, 그리워하다
조동 ~하고 싶다

- 想念 xiǎngniàn 동 그리워하다, 생각하다
- 想像 xiǎngxiàng 명 동 상상(하다)
- 思想 sīxiǎng 명 사상, 의식
- 理想 lǐxiǎng 명 이상 형 이상적이다

13획 想 想 想 想 想 想 想 想 想 想 想 想 想

想

119

小
xiǎo

小 작을 소

형 작다, 어리다

- 大小 dàxiǎo 명 대소 / 크기
- 小吃 xiǎochī 명 간단한 먹을 거리, 간식
- 小伙子 xiǎohuǒzi 명 젊은 청년, 총각

3획 小 小 小

小

120

校
xiào

校 학교 교

명 학교

- 学校 xuéxiào 명 학교
- 校长 xiàozhǎng 명 교장

10획 校 校 校 校 校 校 校 校 校 校

校

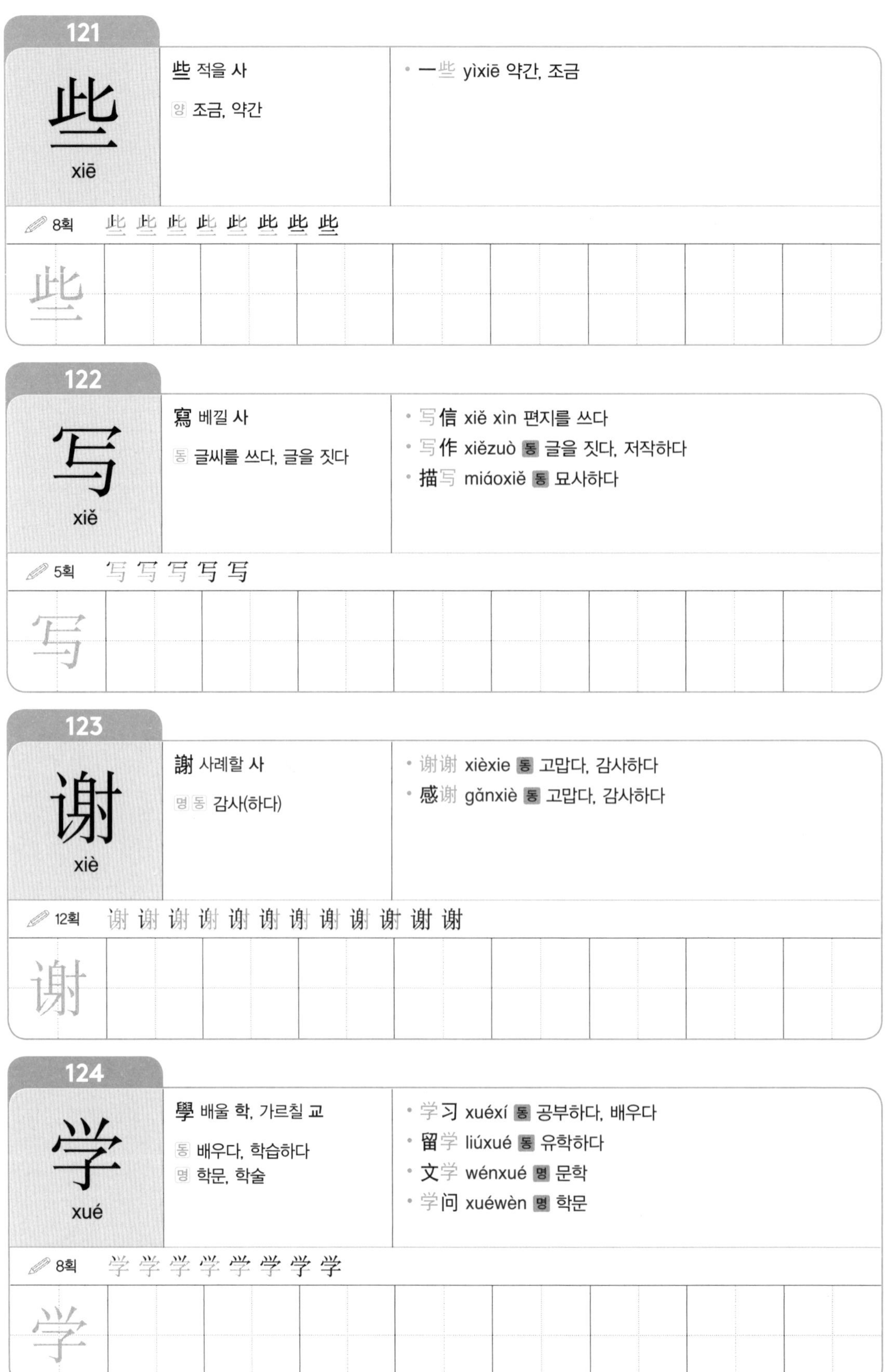

121
些
xiē
些 적을 사
양 조금, 약간
• 一些 yìxiē 약간, 조금
8획 些 些 些 些 些 些 些 些

122
写
xiě
寫 베낄 사
동 글씨를 쓰다, 글을 짓다
• 写信 xiě xìn 편지를 쓰다
• 写作 xiězuò 동 글을 짓다, 저작하다
• 描写 miáoxiě 동 묘사하다
5획 写 写 写 写 写

123
谢
xiè
謝 사례할 사
명 동 감사(하다)
• 谢谢 xièxie 동 고맙다, 감사하다
• 感谢 gǎnxiè 동 고맙다, 감사하다
12획 谢 谢 谢 谢 谢 谢 谢 谢 谢 谢 谢 谢

124
学
xué
學 배울 학, 가르칠 교
동 배우다, 학습하다
명 학문, 학술
• 学习 xuéxí 동 공부하다, 배우다
• 留学 liúxué 동 유학하다
• 文学 wénxué 명 문학
• 学问 xuéwèn 명 학문
8획 学 学 学 学 学 学 学 学

125

样 yàng

樣 모양 양

명 모양, 꼴 / 본보기, 견본
양 종류, 형태

- 样子 yàngzi 명 모양, 모습
- 样式 yàngshì 명 형식, 양식
- 一样 yíyàng 형 같다

10획 样 样 样 样 样 样 样 样 样 样

样

126

一 yī

一 한 일

수 1, 하나

- 一下(儿) yíxià(r) 양 한번 ~하다 [동사 뒤에 보어로 쓰임]
  부 금방, 금새
- 一边 yìbiān 명 한쪽, 한 편 부 ~하면서 (~하다)
- 统一 tǒngyī 동 통일하다
- 唯一 wéiyī 형 유일한

1획 一

一

127

衣 yī

衣 옷 의

명 옷, 의복

- 衣服 yīfu 명 옷, 의복
- 衣架 yījià 명 옷걸이
- 大衣 dàyī 명 외투

6획 衣 衣 衣 衣 衣 衣

衣

128

医 yī

醫 의원 의, 동개 예

명 의사 / 의학
동 치료하다

- 医生 yīshēng 명 의사
- 医院 yīyuàn 명 병원
- 医疗 yīliáo 동 의료하다

7획 医 医 医 医 医 医 医

医

129

椅
yǐ

椅 의자 의

명 의자

• 椅子 yǐzi 명 의자

12획 椅 椅 椅 椅 椅 椅 椅 椅 椅 椅 椅 椅

椅

130

影
yǐng

影 그림자 영

명 그림자 / 사진

• 影子 yǐngzi 명 그림자
• 合影 héyǐng 동 함께 사진을 찍다 명 단체사진
• 摄影 shèyǐng 동 사진을 찍다, 촬영하다

15획 影 影 影 影 影 影 影 影 影 影 影 影 影 影 影

影

131

友
yǒu

友 벗 우

명 친구, 벗
형 친하다, 사이가 좋다

• 友谊 yǒuyì 명 우의, 우정
• 友好 yǒuhǎo 형 우호적이다

4획 友 友 友 友

友

132

有
yǒu

有 있을 유

동 있다

• 有趣 yǒuqù 형 재미있다
• 所有 suǒyǒu 형 모든, 전부의
• 有利 yǒulì 형 유리하다, 유익하다

6획 有 有 有 有 有 有

有

133

雨

yǔ

雨 비 우

명 비

- 雨季 yǔjì 명 장마철, 우계, 우기
- 雨衣 yǔyī 명 우의, 비옷

8획 雨 雨 雨 雨 雨 雨 雨 雨

雨

134

语

yǔ

語 말씀 어

명 동 말(하다)
명 구(句), 둘 이상의 단어가 결합된 것 / 속담, 성어

- 语法 yǔfǎ 명 어법
- 语言 yǔyán 명 언어
- 词语 cíyǔ 명 단어, 어휘
- 成语 chéngyǔ 명 성어

9획 语 语 语 语 语 语 语 语 语

语

135

院

yuàn

院 집 원

명 뜰 / 어떤 기관 또는 공공장소

- 院子 yuànzi 명 뜰, 정원
- 学院 xuéyuàn 명 (단과) 대학, 학부
- 法院 fǎyuàn 명 법원

9획 院 院 院 院 院 院 院 院 院

院

136

月

yuè

月 달 월

명 달, 월

- 月饼 yuèbǐng 월병(mooncake)
- 月亮 yuèliang 명 달
- 正月 zhēngyuè 명 정월

4획 月 月 月 月

月

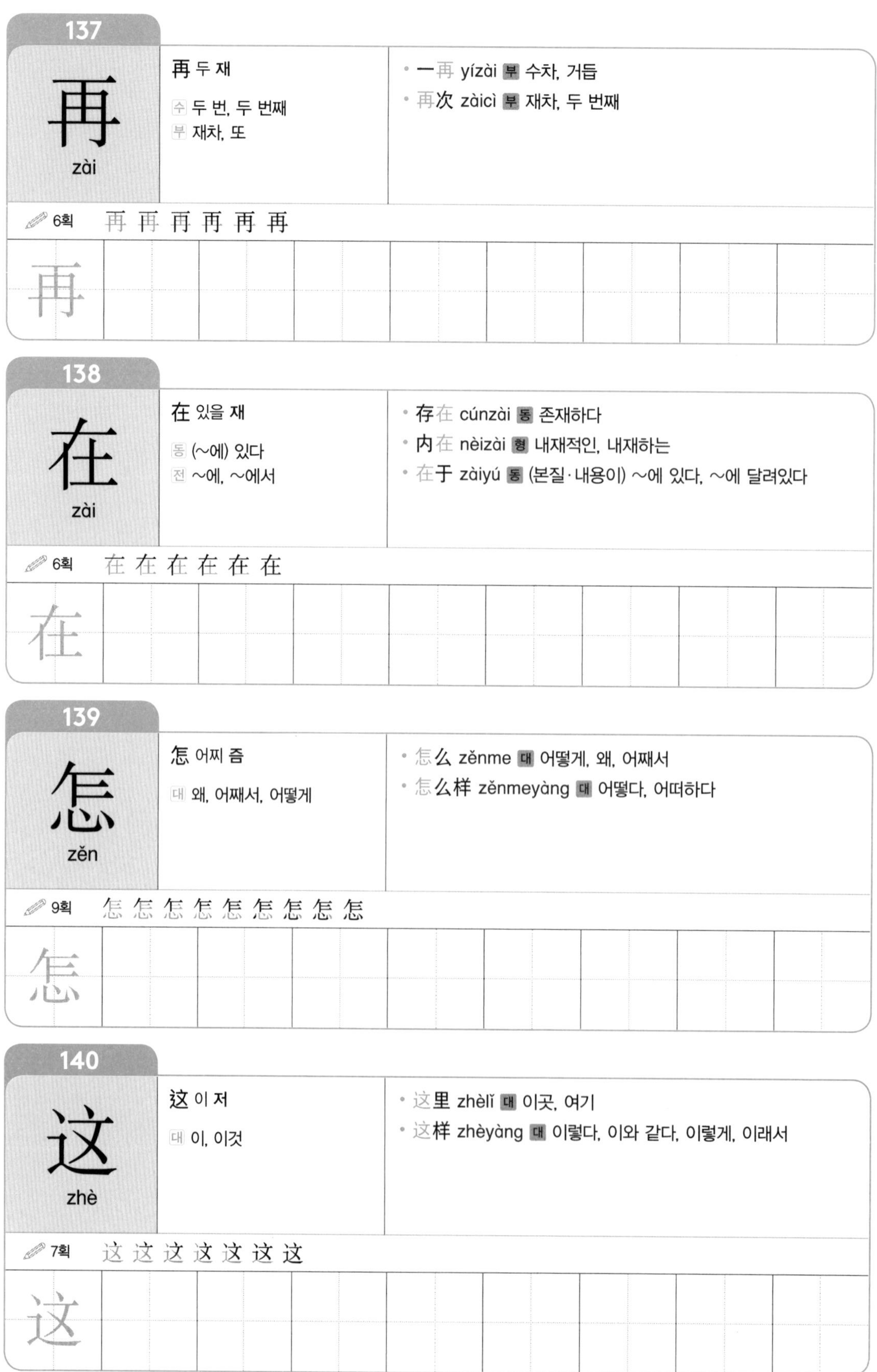

137

再

zài

再 두 재

수 두 번, 두 번째
부 재차, 또

- 一再 yízài 부 수차, 거듭
- 再次 zàicì 부 재차, 두 번째

6획 再 再 再 再 再 再

再

138

在

zài

在 있을 재

동 (~에) 있다
전 ~에, ~에서

- 存在 cúnzài 동 존재하다
- 内在 nèizài 형 내재적인, 내재하는
- 在于 zàiyú 동 (본질·내용이) ~에 있다, ~에 달려있다

6획 在 在 在 在 在 在

在

139

怎

zěn

怎 어찌 즘

대 왜, 어째서, 어떻게

- 怎么 zěnme 대 어떻게, 왜, 어째서
- 怎么样 zěnmeyàng 대 어떻다, 어떠하다

9획 怎 怎 怎 怎 怎 怎 怎 怎 怎

怎

140

这

zhè

这 이 저

대 이, 이것

- 这里 zhèlǐ 대 이곳, 여기
- 这样 zhèyàng 대 이렇다, 이와 같다, 이렇게, 이래서

7획 这 这 这 这 这 这 这

这

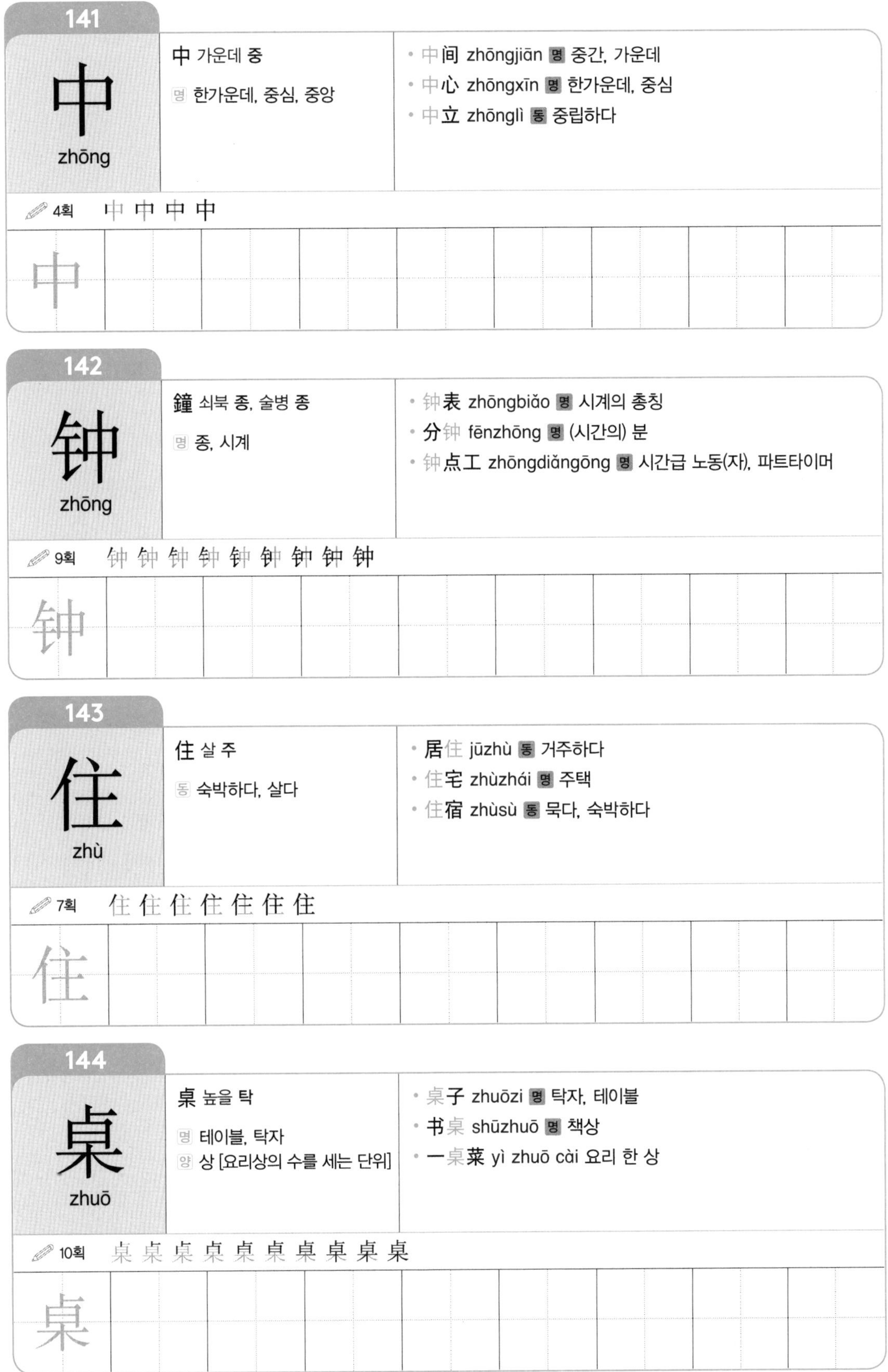

141

中

zhōng

中 가운데 중

명 한가운데, 중심, 중앙

- 中间 zhōngjiān 명 중간, 가운데
- 中心 zhōngxīn 명 한가운데, 중심
- 中立 zhōnglì 동 중립하다

4획 中 中 中 中

142

钟

zhōng

鐘 쇠북 종, 술병 종

명 종, 시계

- 钟表 zhōngbiǎo 명 시계의 총칭
- 分钟 fēnzhōng 명 (시간의) 분
- 钟点工 zhōngdiǎngōng 명 시간급 노동(자), 파트타이머

9획 钟 钟 钟 钟 钟 钟 钟 钟 钟

143

住

zhù

住 살 주

동 숙박하다, 살다

- 居住 jūzhù 동 거주하다
- 住宅 zhùzhái 명 주택
- 住宿 zhùsù 동 묵다, 숙박하다

7획 住 住 住 住 住 住 住

144

桌

zhuō

桌 높을 탁

명 테이블, 탁자

양 상 [요리상의 수를 세는 단위]

- 桌子 zhuōzi 명 탁자, 테이블
- 书桌 shūzhuō 명 책상
- 一桌菜 yì zhuō cài 요리 한 상

10획 桌 桌 桌 桌 桌 桌 桌 桌 桌 桌

145

子

zǐ

子 아들 자

명 아들 / 사내아이

• 子女 zǐnǚ 명 자녀, 자식
• 王子 wángzǐ 명 왕자

3획 子 子 子

146

字

zì

字 글자 자

명 문자, 글자

• 数字 shùzì 명 숫자
• 文字 wénzì 명 문자, 서면어, 문장
• 字母 zìmǔ 명 자모
• 简体字 jiǎntǐzì 명 간화자, 간체자(↔繁体字 번체자)

6획 字 字 字 字 字 字

147

昨

zuó

昨 어제 작

명 어제 / 과거, 옛날, 이전

• 昨天 zuótiān 명 어제

9획 昨 昨 昨 昨 昨 昨 昨 昨 昨

148

作

zuò

作 지을 작, 만들 주

동 실행하다, 하다 / 글을 쓰다, 창작하다, 제작하다
명 작품

• 作业 zuòyè 명 숙제, 과제
• 作者 zuòzhě 명 저자, 필자
• 作文 zuòwén 명 작문
• 作品 zuòpǐn 명 작품

7획 作 作 作 作 作 作 作

149

坐
zuò

坐 앉을 좌

동 앉다 / (탈 것에) 타다

- 坐车 zuò chē 차를 타다
- 乘坐 chéngzuò 동 (자동차·배·비행기 등을) 타다, 탑승하다

7획 坐 坐 坐 坐 坐 坐 坐

坐

150

zuò

做 지을 주

동 하다 / 만들다 / ~이 되다

- 做事 zuòshì 동 일을 하다
- 做菜 zuò cài 음식을 만들다, 요리하다
- 做客 zuòkè 동 손님이 되다, 방문하다
- 做伴 zuòbàn 동 (길)동무가 되다, 짝이 되다, 함께 하다

11획 做 做 做 做 做 做 做 做 做 做 做

1 다음 1에서 10까지의 숫자를 한자로 따라 쓰고, 한어병음을 써 보세요.

一	二	三	四	五	六	七	八	九	十
1. 하나	2. 둘	3. 셋	4. 넷	5. 다섯	6. 여섯	7. 일곱	8. 여덟	9. 아홉	10. 열

• 零 líng 수 0. 영

2 다음 보기와 같이 날짜와 시간을 한자로 써 보세요.

보기 올해 1월 1일 今年一月一号 오후 1시 20분 下午一点二十分

❶ 작년 2월 14일 ______________ ❷ 내년 12월 25일 ______________

❸ 오전 11시 10분 ______________ ❹ 오후 8시 40분 ______________

• 情人节 Qíngrén Jié 밸런타인데이 | 圣诞节 Shèngdàn Jié 크리스마스

3 다음 그림과 한어병음을 보고 알맞은 한자를 쓰세요.

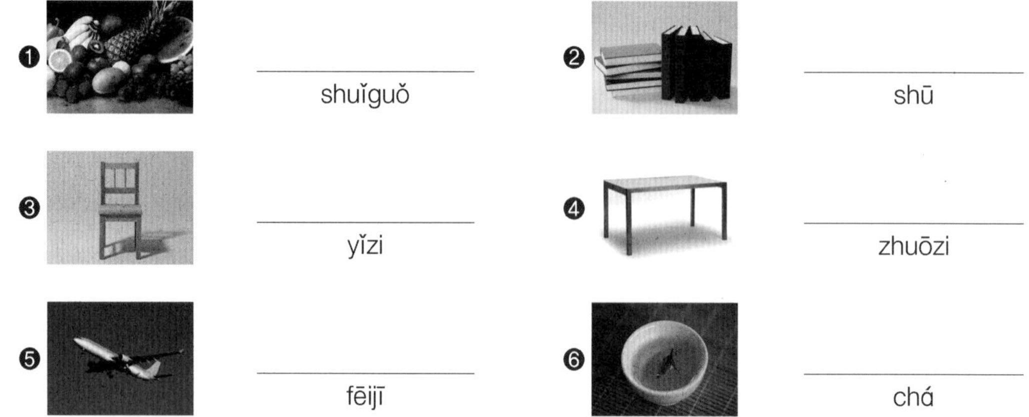

❶ ______________ shuǐguǒ

❷ ______________ shū

❸ ______________ yǐzi

❹ ______________ zhuōzi

❺ ______________ fēijī

❻ ______________ chá

4 다음 문장에서 밑줄 친 부분의 뜻에 해당하는 한자와 한어병음을 써 보세요.

❶ 키가 매우 크다.

→ 个子 ______________。

Gèzi ______________.

❷ 음식이 매우 많다.

→ 饭菜 ______________。

Fàncài ______________.

❸ 날씨가 매우 춥다.

→ 天气 ______________。

Tiānqì ______________.

❹ 이곳은 매우 덥다.

→ 这里 ______________。

Zhèlǐ ______________.

5 다음 문장을 한어병음을 보며 중국어로 써 보세요.

❶ 안녕하세요!
Nǐ hǎo!
→ ______________!

❷ 또 만나요!
Zàijiàn!
→ ______________!

❸ 나는 영화를 본다.
Wǒ kàn diànyǐng.
→ ______________。

❹ 너는 집에 가니?
Nǐ huí jiā ma?
→ ______________?

❺ 그는 잠을 잔다.
Tā shuìjiào.
→ ______________。

❻ 그녀는 한자를 쓴다.
Tā xiě Hànzì.
→ ______________。

❼ 우리는 중국어로 말한다.
Wǒmen shuō Hànyǔ.
→ ______________。

➡ 정답 278쪽

단어 그림 찾기

다음 단어에 해당하는 그림을 찾아보세요.

医生 / 电脑 / 椅子 / 书

➡ 정답 174쪽

*

2급

상용한자

150자

2급 원어민 발음 듣기

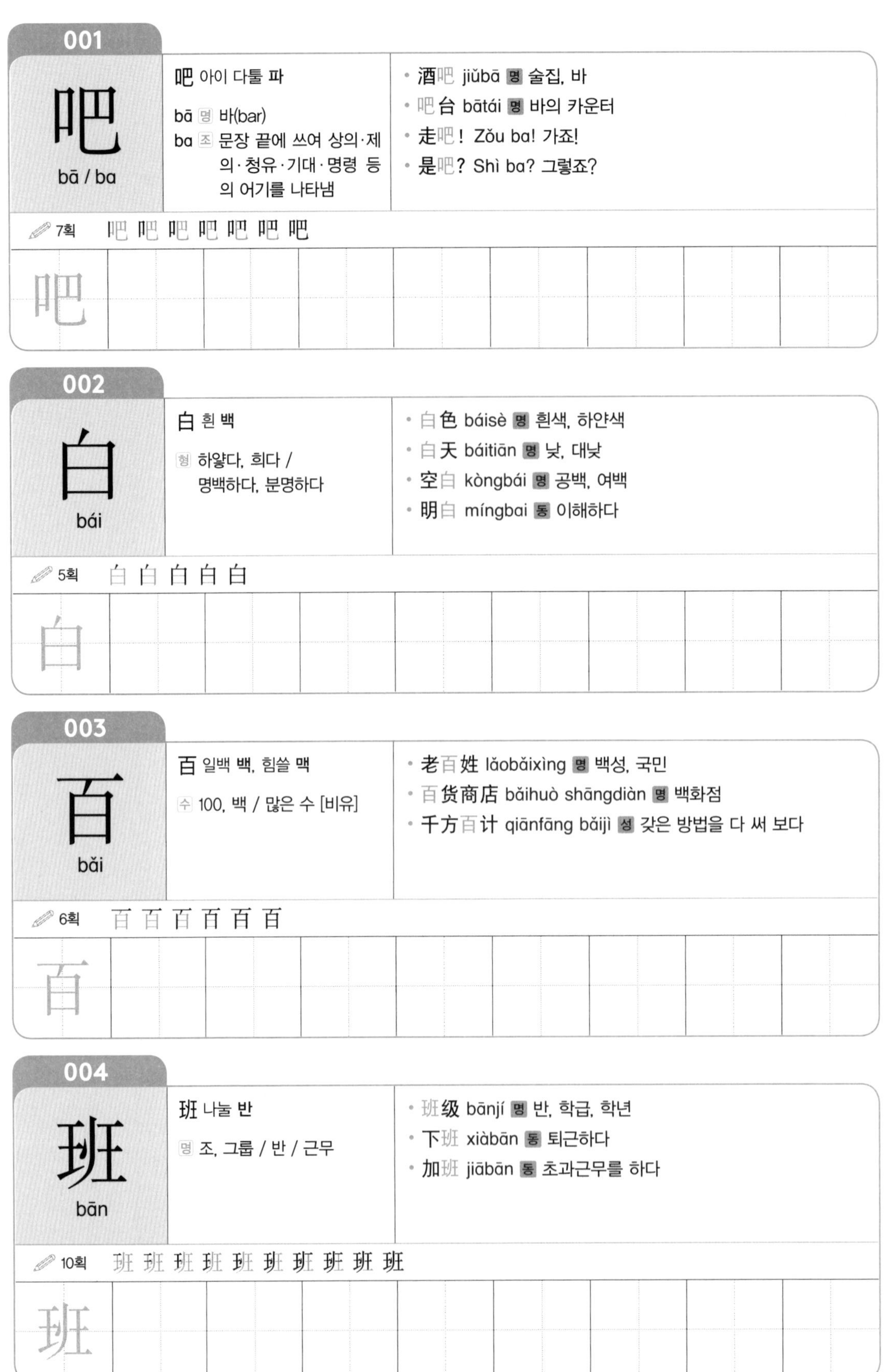

001

吧 bā / ba

吧 아이 다툴 파

bā 명 바(bar)
ba 조 문장 끝에 쓰여 상의·제의·청유·기대·명령 등의 어기를 나타냄

- 酒吧 jiǔbā 명 술집, 바
- 吧台 bātái 명 바의 카운터
- 走吧! Zǒu ba! 가죠!
- 是吧? Shì ba? 그렇죠?

7획 吧 吧 吧 吧 吧 吧 吧

吧

002

白 bái

白 흰 백

형 하얗다, 희다 / 명백하다, 분명하다

- 白色 báisè 명 흰색, 하얀색
- 白天 báitiān 명 낮, 대낮
- 空白 kòngbái 명 공백, 여백
- 明白 míngbai 동 이해하다

5획 白 白 白 白 白

白

003

百 bǎi

百 일백 백, 힘쓸 맥

수 100, 백 / 많은 수 [비유]

- 老百姓 lǎobǎixìng 명 백성, 국민
- 百货商店 bǎihuò shāngdiàn 명 백화점
- 千方百计 qiānfāng bǎijì 성 갖은 방법을 다 써 보다

6획 百 百 百 百 百 百

百

004

班 bān

班 나눌 반

명 조, 그룹 / 반 / 근무

- 班级 bānjí 명 반, 학급, 학년
- 下班 xiàbān 동 퇴근하다
- 加班 jiābān 동 초과근무를 하다

10획 班 班 班 班 班 班 班 班 班 班

班

005

帮
bāng

幫 도울 방

동 돕다, 거들어 주다

- 帮助 bāngzhù 동 돕다, 원조하다 명 도움, 원조
- 帮忙 bāngmáng 동 일손을 돕다, 거들다

9획 帮 帮 帮 帮 帮 帮 帮 帮 帮

帮

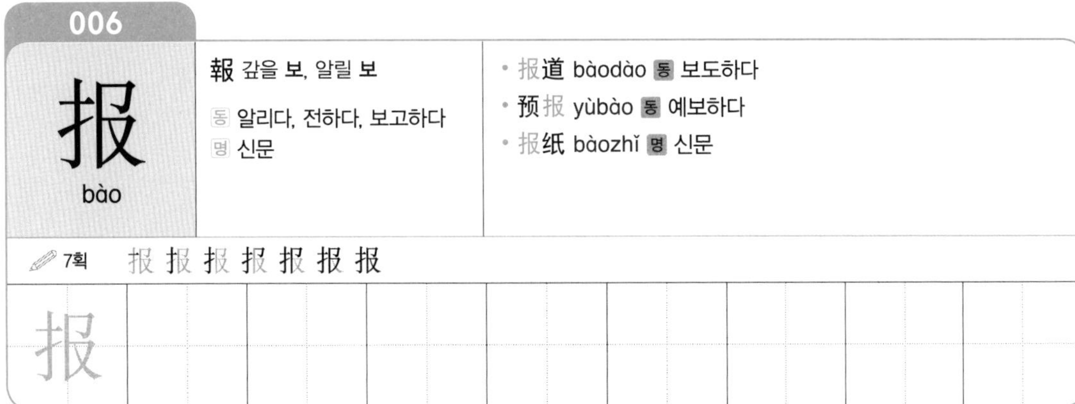

006

报
bào

報 갚을 보, 알릴 보

동 알리다, 전하다, 보고하다
명 신문

- 报道 bàodào 동 보도하다
- 预报 yùbào 동 예보하다
- 报纸 bàozhǐ 명 신문

7획 报 报 报 报 报 报 报

报

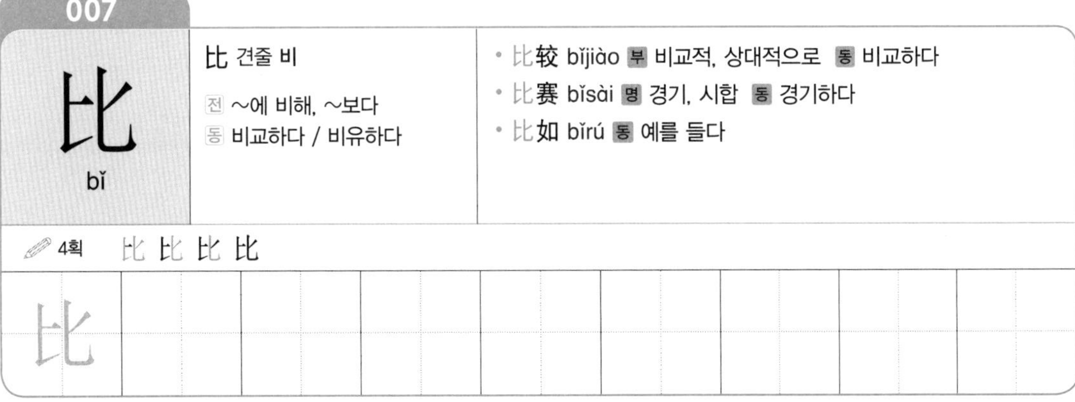

007

比
bǐ

比 견줄 비

전 ~에 비해, ~보다
동 비교하다 / 비유하다

- 比较 bǐjiào 부 비교적, 상대적으로 동 비교하다
- 比赛 bǐsài 명 경기, 시합 동 경기하다
- 比如 bǐrú 동 예를 들다

4획 比 比 比 比

比

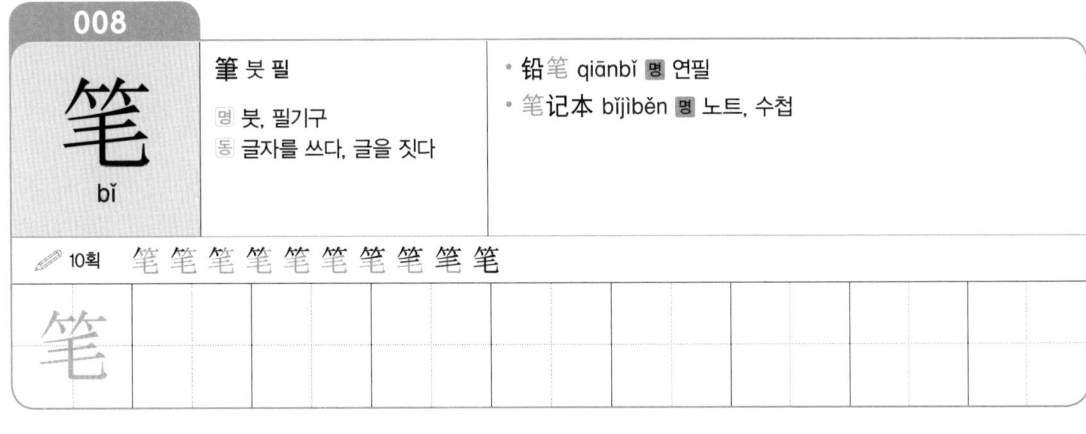

008

笔
bǐ

筆 붓 필

명 붓, 필기구
동 글자를 쓰다, 글을 짓다

- 铅笔 qiānbǐ 명 연필
- 笔记本 bǐjìběn 명 노트, 수첩

10획 笔 笔 笔 笔 笔 笔 笔 笔 笔 笔

笔

009

边

biān

邊 가 변

명 변, 가장자리 / 주위, 근방
부 ~하면서 ~하다

- 旁边 pángbiān 명 옆, 곁
- 海边 hǎibiān 명 해변
- 边走边看 biān zǒu biān kàn 걸으면서 보다

5획 边 边 边 边 边

边

010

便

biàn

便 편할 편, 똥오줌 변

형 편리하다
명 편리한 때

- 方便 fāngbiàn 형 편리하다 동 편리하게 하다
- 顺便 shùnbiàn 부 ~하는 김에

9획 便 便 便 便 便 便 便 便 便

便

011

表

biǎo

錶 겉 표, 시계 표

명 겉, 표면 / 용모 / 시계
동 (생각·감정을) 드러내다

- 表情 biǎoqíng 명 표정
- 手表 shǒubiǎo 명 손목시계
- 表演 biǎoyǎn 동 상연하다, 공연하다 명 공연, 연기

8획 表 表 表 表 表 表 表 表

表

012

别

bié

別 나눌 별

부 ~하지 마라
형 별개의, 다른
명 종류 / 차별, 차이

- 别去! Bié qù! 가지 마!
- 特别 tèbié 형 특별하다 부 특히
- 性别 xìngbié 명 성별

7획 别 别 别 别 别 别 别

别

013

病
bìng

病 병 병

명 병 / 결함, 과실, 흠

- 生病 shēngbìng 동 병이 나다, 발병하다
- 病毒 bìngdú 명 병원체, 병균, 바이러스
- 毛病 máobìng 명 문제 / 고장 / 결점 / 질병

10획 病 病 病 病 病 病 病 病 病 病

病

014

bù

步 걸음 보

명 걸음, 보폭 /
(일의 진행되는) 단계, 순서
동 걷다

- 散步 sànbù 동 산보하다, 산책하다
- 进步 jìnbù 동 진보하다 형 진보적이다 명 진보, 발전
- 退步 tuìbù 동 퇴보하다
- 步行 bùxíng 동 걸어서 가다, 도보로 가다

7획 步 步 步 步 步 步 步

015

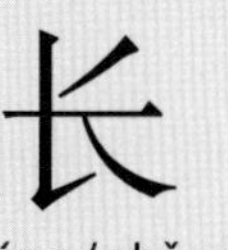
cháng / zhǎng

長 길 장, 어른 장

cháng 형 (길이가) 길다
zhǎng 동 자라다, 생기다

- 长城 Chángchéng 만리장성
- 长江 Chángjiāng 창장, 양쯔장(扬子江)
- 长大 zhǎngdà 동 성장하다, 자라다
- 成长 chéngzhǎng 동 성장하다, 자라다

4획 长 长 长 长

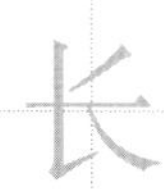

016

cháng

常 떳떳할 상, 항상 상

형 일반적인, 보통의
부 자주, 언제나, 늘

- 正常 zhèngcháng 형 정상(적)이다
- 平常 píngcháng 형 보통이다 명 평소
- 日常 rìcháng 형 일상의
- 经常 jīngcháng 부 언제나, 늘

11획 常 常 常 常 常 常 常 常 常 常 常

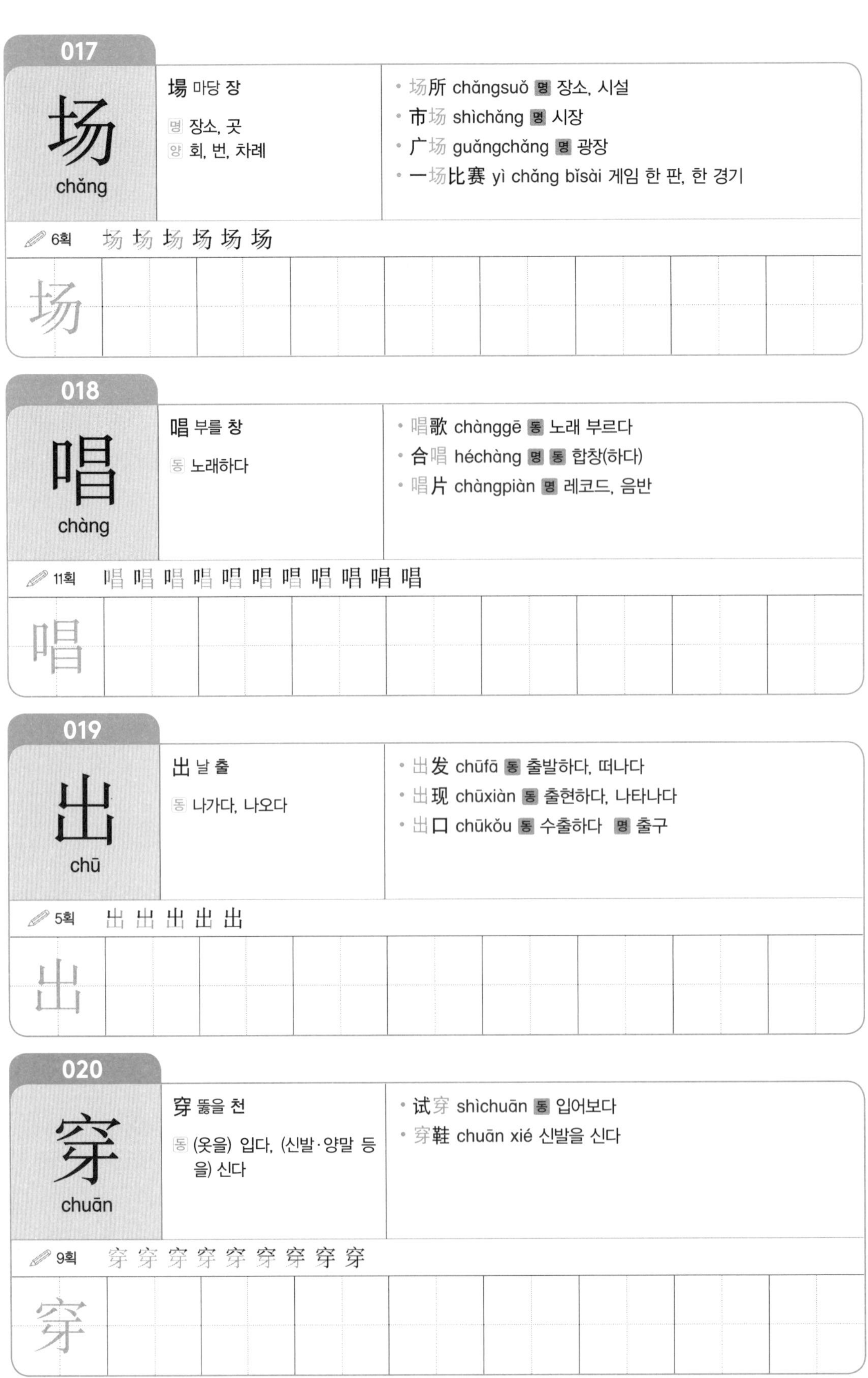

017

场
chǎng

場 마당 장

명 장소, 곳
양 회, 번, 차례

- 场所 chǎngsuǒ 명 장소, 시설
- 市场 shìchǎng 명 시장
- 广场 guǎngchǎng 명 광장
- 一场比赛 yì chǎng bǐsài 게임 한 판, 한 경기

6획 场 场 场 场 场 场

场

018

唱
chàng

唱 부를 창

동 노래하다

- 唱歌 chànggē 동 노래 부르다
- 合唱 héchàng 명 동 합창(하다)
- 唱片 chàngpiàn 명 레코드, 음반

11획 唱 唱 唱 唱 唱 唱 唱 唱 唱 唱 唱

唱

019

出
chū

出 날 출

동 나가다, 나오다

- 出发 chūfā 동 출발하다, 떠나다
- 出现 chūxiàn 동 출현하다, 나타나다
- 出口 chūkǒu 동 수출하다 명 출구

5획 出 出 出 出 出

出

020

穿
chuān

穿 뚫을 천

동 (옷을) 입다, (신발·양말 등을) 신다

- 试穿 shìchuān 동 입어보다
- 穿鞋 chuān xié 신발을 신다

9획 穿 穿 穿 穿 穿 穿 穿 穿 穿

穿

021

床
chuáng

床 평상 상

명 침대
양 자리, 채 [침구를 세는 단위]

- 起床 qǐchuáng 동 (잠자리에서) 일어나다
- 单人床 dānrénchuáng 명 일인용 침대
- 双人床 shuāngrénchuáng 명 이인용 침대
- 床单(儿) chuángdān(r) 명 침대보, 깔개

7획 床 床 床 床 床 床 床

床

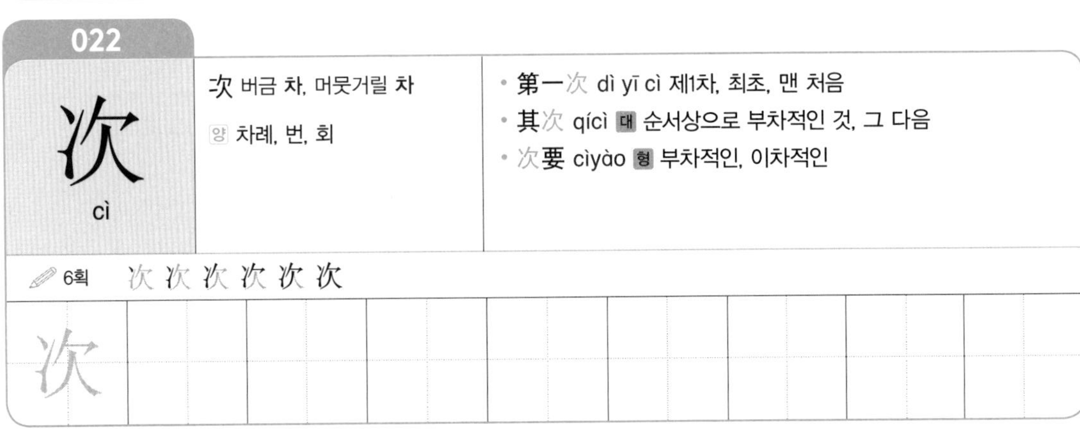

022

次
cì

次 버금 차, 머뭇거릴 차

양 차례, 번, 회

- 第一次 dì yī cì 제1차, 최초, 맨 처음
- 其次 qícì 대 순서상으로 부차적인 것, 그 다음
- 次要 cìyào 형 부차적인, 이차적인

6획 次 次 次 次 次 次

次

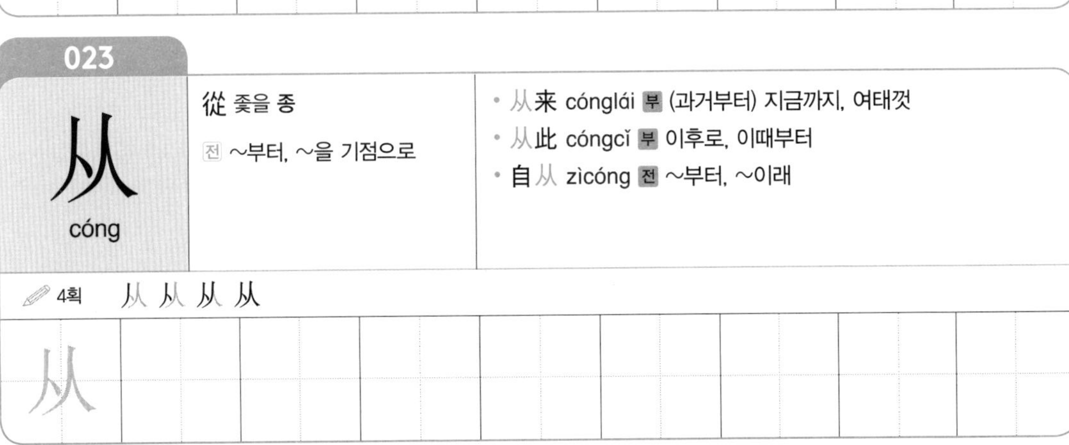

023

从
cóng

從 좇을 종

전 ~부터, ~을 기점으로

- 从来 cónglái 부 (과거부터) 지금까지, 여태껏
- 从此 cóngcǐ 부 이후로, 이때부터
- 自从 zìcóng 전 ~부터, ~이래

4획 从 从 从 从

从

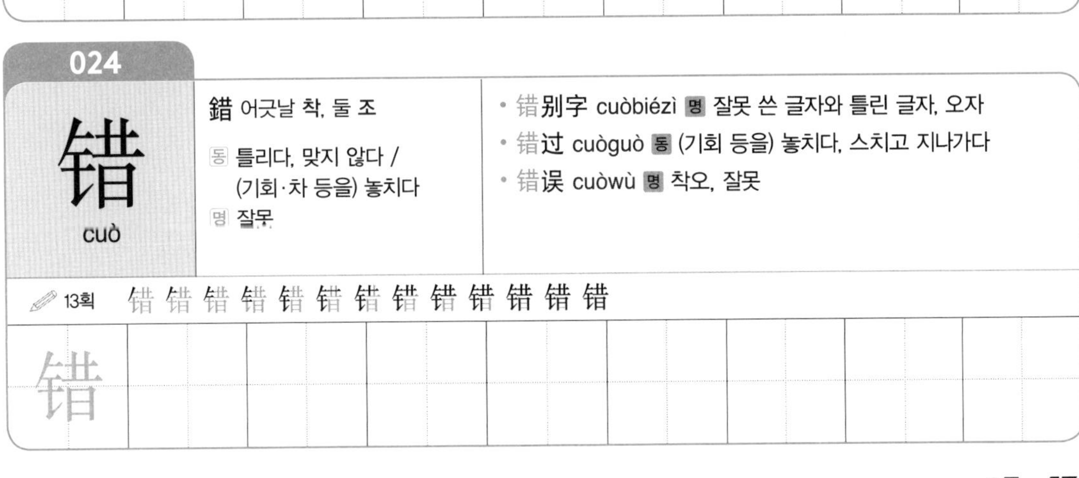

024

错
cuò

錯 어긋날 착, 둘 조

동 틀리다, 맞지 않다 / (기회·차 등을) 놓치다
명 잘못

- 错别字 cuòbiézì 명 잘못 쓴 글자와 틀린 글자, 오자
- 错过 cuòguò 동 (기회 등을) 놓치다, 스치고 지나가다
- 错误 cuòwù 명 착오, 잘못

13획 错 错 错 错 错 错 错 错 错 错 错 错 错

错

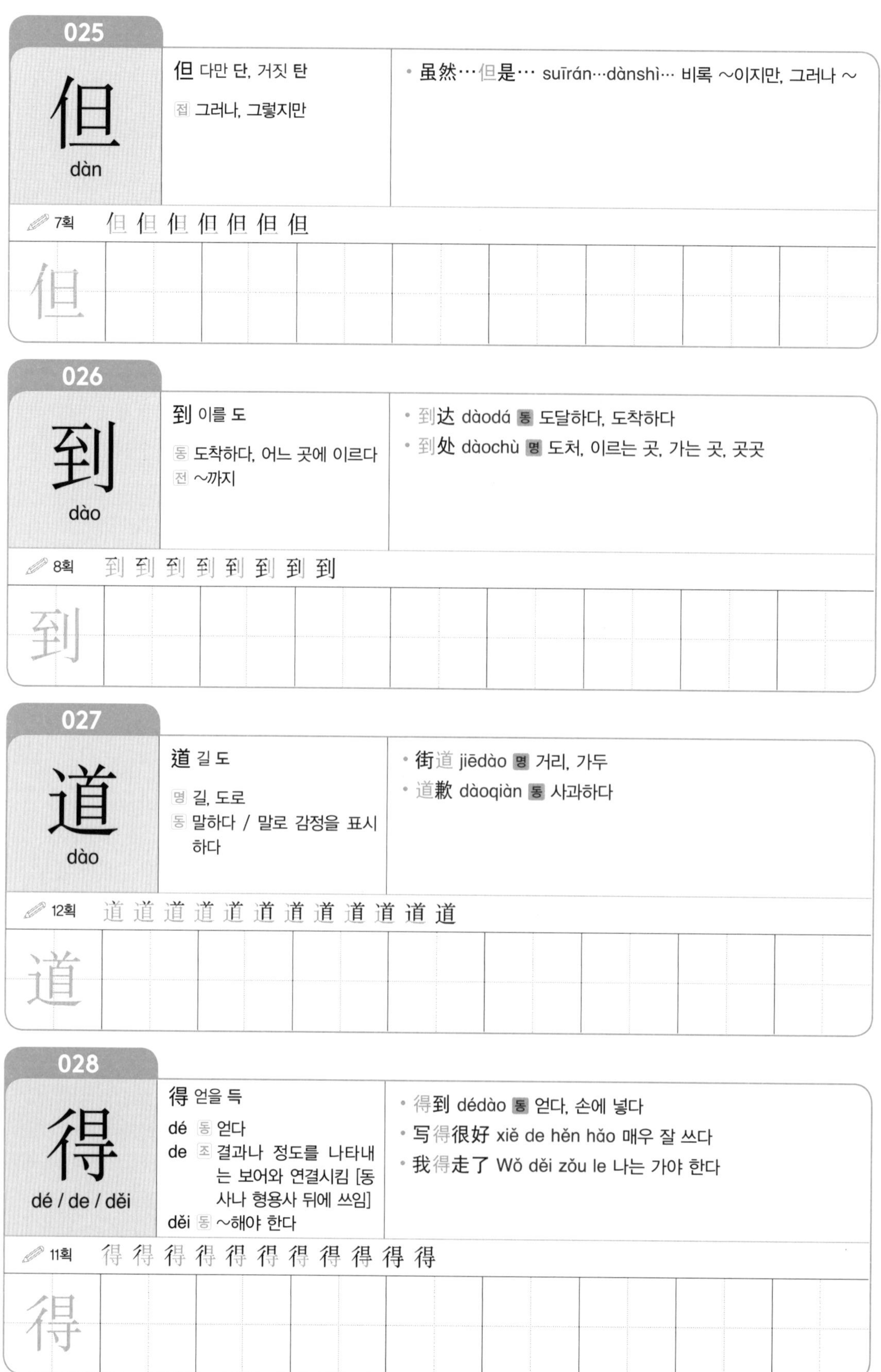

025

但
dàn

但 다만 단, 거짓 탄

접 그러나, 그렇지만

- 虽然…但是… suīrán…dànshì… 비록 ~이지만, 그러나 ~

7획 但 但 但 但 但 但 但

026

到
dào

到 이를 도

동 도착하다, 어느 곳에 이르다
전 ~까지

- 到达 dàodá 동 도달하다, 도착하다
- 到处 dàochù 명 도처, 이르는 곳, 가는 곳, 곳곳

8획 到 到 到 到 到 到 到 到

027

道
dào

道 길 도

명 길, 도로
동 말하다 / 말로 감정을 표시하다

- 街道 jiēdào 명 거리, 가두
- 道歉 dàoqiàn 동 사과하다

12획 道 道 道 道 道 道 道 道 道 道 道 道

028

得
dé / de / děi

得 얻을 득

dé 동 얻다
de 조 결과나 정도를 나타내는 보어와 연결시킴 [동사나 형용사 뒤에 쓰임]
děi 동 ~해야 한다

- 得到 dédào 동 얻다, 손에 넣다
- 写得很好 xiě de hěn hǎo 매우 잘 쓰다
- 我得走了 Wǒ děi zǒu le 나는 가야 한다

11획 得 得 得 得 得 得 得 得 得 得 得

029

等
děng

等 무리 등

동 기다리다
형 (정도·수량이) 같다

- 等一下 děng yíxià 잠깐 기다리다
- 等待 děngdài 동 기다리다
- 等于 děngyú 동 수량이 ~과(와) 같다
- 平等 píngděng 형 동일한 대우를 받다 명 평등

12획 等 等 等 等 等 等 等 等 等 等 等 等

等

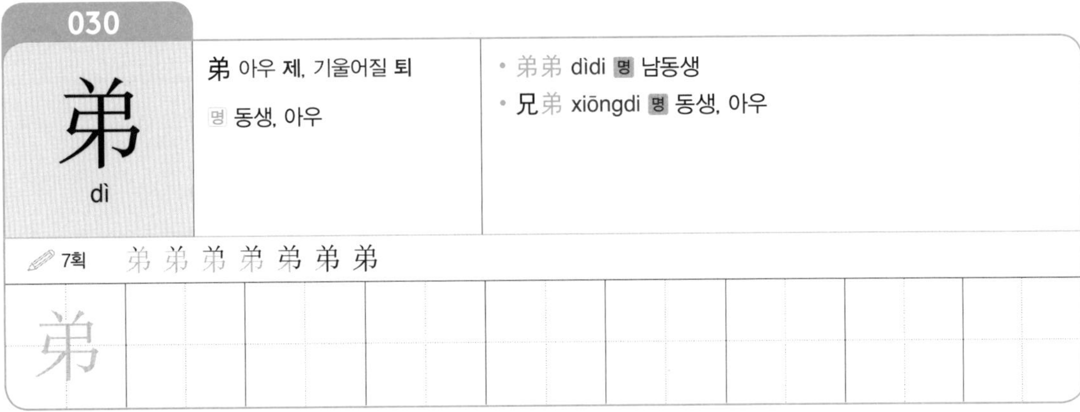

030

弟
dì

弟 아우 **제**, 기울어질 **퇴**

명 동생, 아우

- 弟弟 dìdi 명 남동생
- 兄弟 xiōngdi 명 동생, 아우

7획 弟 弟 弟 弟 弟 弟 弟

弟

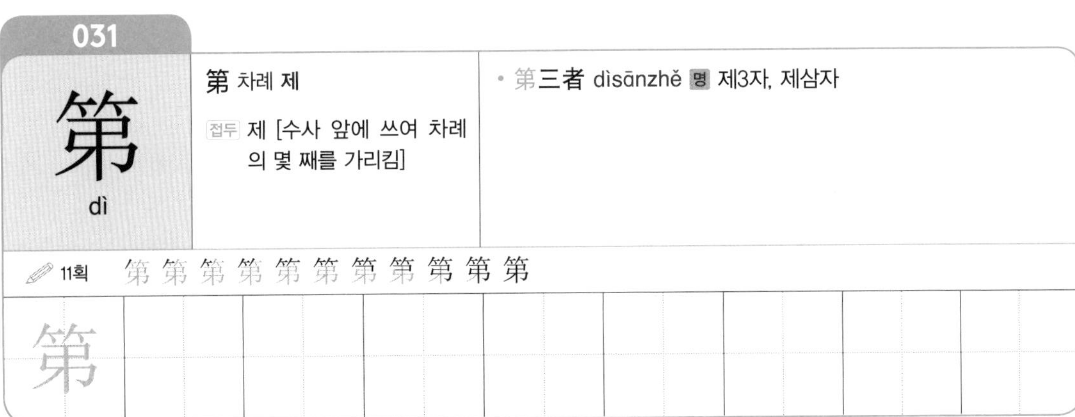

031

第
dì

第 차례 **제**

접두 제 [수사 앞에 쓰여 차례의 몇 째를 가리킴]

- 第三者 dìsānzhě 명 제3자, 제삼자

11획 第 第 第 第 第 第 第 第 第 第 第

第

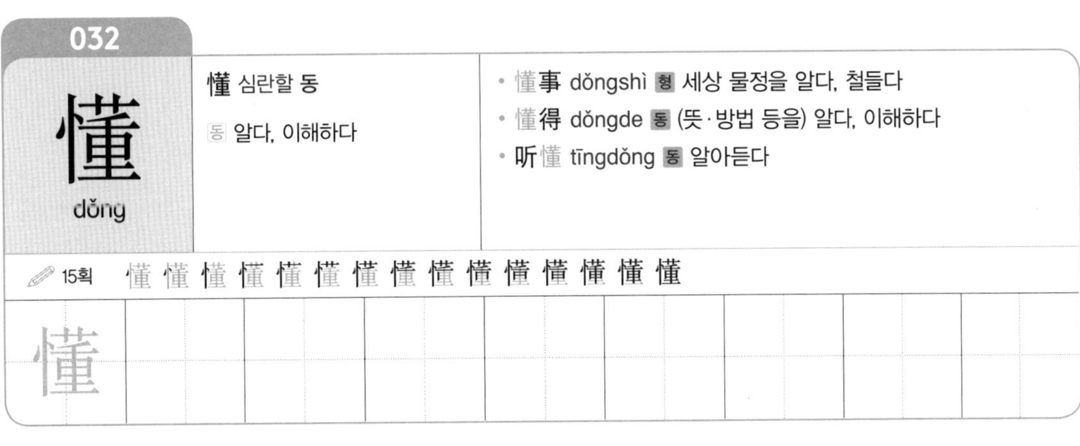

032

懂
dǒng

懂 심란할 **동**

동 알다, 이해하다

- 懂事 dǒngshì 형 세상 물정을 알다, 철들다
- 懂得 dǒngde 동 (뜻·방법 등을) 알다, 이해하다
- 听懂 tīngdǒng 동 알아듣다

15획 懂 懂 懂 懂 懂 懂 懂 懂 懂 懂 懂 懂 懂 懂 懂

懂

033

动
dòng

動 움직일 동

동 움직이다 / 감동시키다

- 运动 yùndòng 동 운동하다 명 운동, 캠페인
- 活动 huódòng 동 몸을 움직이다, 운동하다, 활동하다
- 动物 dòngwù 명 동물
- 感动 gǎndòng 동 감동하다, 감동시키다

6획 动 动 动 动 动 动

动

034

房
fáng

房 방 방

명 집, 주택 / 방

- 房子 fángzi 명 집, 건물
- 房东 fángdōng 명 집주인
- 房间 fángjiān 명 방
- 厨房 chúfáng 명 주방, 부엌

8획 房 房 房 房 房 房 房 房

房

035

非
fēi

非 아닐 비, 비방할 비

동 ~이(가) 아니다

- 非卖品 fēimàipǐn 명 비매품
- 非常 fēicháng 부 대단히, 매우, 아주
  형 예사롭지 않은, 비상한, 특별한

8획 非 非 非 非 非 非 非 非

非

036

告
gào

告 고할 고, 뵙고 청할 곡

동 말하다, 알리다

- 告诉 gàosu 동 말하다, 알리다
- 广告 guǎnggào 명 광고
- 报告 bàogào 명 보고서, 리포트 동 보고하다

7획 告 告 告 告 告 告 告

告

037

哥

gē

哥 성씨 가

명 형, 오빠

- 哥哥 gēge 명 형, 오빠
- 表哥 biǎogē 명 사촌형, 사촌오빠

10획 哥 哥 哥 哥 哥 哥 哥 哥 哥 哥

哥

038

歌

gē

歌 노래 가

명 노래
동 노래하다, 노래를 부르다

- 国歌 guógē 명 국가
- 歌手 gēshǒu 명 가수
- 歌声 gēshēng 명 노랫소리

14획 歌 歌 歌 歌 歌 歌 歌 歌 歌 歌 歌 歌 歌 歌

歌

039

给

gěi

給 줄 급

동 주다
전 ~에게

- 给面子 gěi miànzi 체면을 세워주다

9획 给 给 给 给 给 给 给 给 给

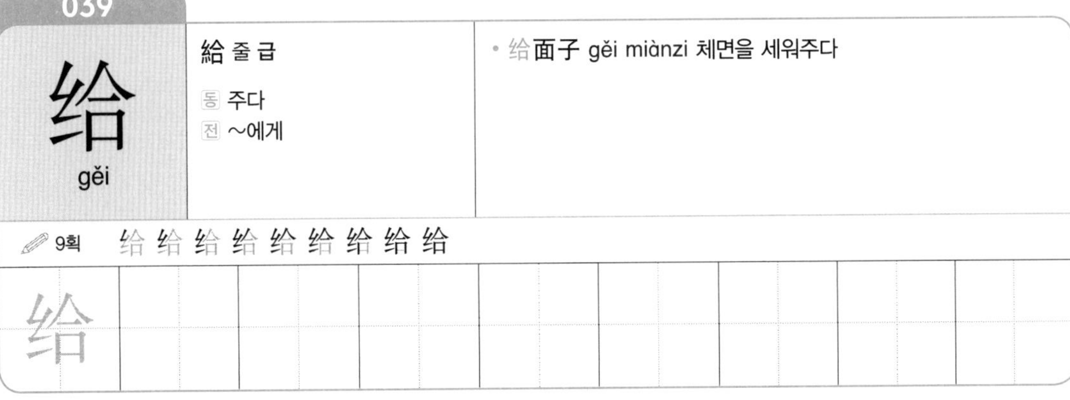

040

公

gōng

公 공평할 공

형 공공의, 공동의 / 공평하다, 공정하다
명 공무, 사무

- 公园 gōngyuán 명 공원
- 公平 gōngpíng 형 공평하다
- 办公室 bàngōngshì 명 사무실

4획 公 公 公 公

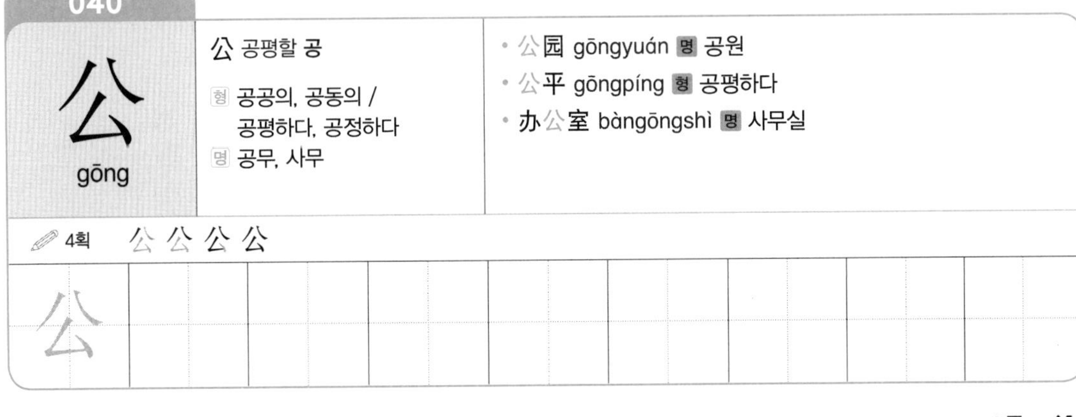

041

共
gòng

共 한가지 공

부 함께, 같이
형 공통의, 같은, 동일한

- 一共 yígòng 부 모두, 전부
- 共同 gòngtóng 형 공동의, 공통의 부 모두, 함께

6획 共 共 共 共 共 共

共

042

狗
gǒu

狗 개 구

명 개

- 小狗 xiǎogǒu 명 강아지

8획 狗 狗 狗 狗 狗 狗 狗 狗

狗

043

瓜
guā

瓜 오이 과

명 박과 식물(의 과실)

- 西瓜 xīguā 명 수박
- 瓜子(儿) guāzǐ(r) 명 수박씨·해바라기씨·호박씨 등을 통틀어 일컫는 말

5획 瓜 瓜 瓜 瓜 瓜

瓜

044

贵
guì

貴 귀할 귀

형 귀하다 / 비싸다

- 贵姓 guìxìng 명 성씨(姓氏) [존칭·존댓말]
- 贵宾 guìbīn 명 귀빈, 귀중한 손님
- 宝贵 bǎoguì 형 귀중하다

9획 贵 贵 贵 贵 贵 贵 贵 贵 贵

贵

045

过 guò / guo

過 지날 과, 가 변

guò 동 지나다, 경과하다 / 겪다, 경험하다
guo 조 ~한 적이 있다

- 经过 jīngguò 동 경유하다, 통과하다
- 吃过 chī guo 먹어 본 적이 있다
- 去过 qù guo 가 본 적 있다

6획 过 过 过 过 过 过

过

046

还 hái / huán

還 돌아올 환, 돌 선

hái 부 역시 / 아직, 여전히 / 또, 더
huán 동 돌려주다, 갚다 / 돌아가다, 돌아오다

- 还是 háishì 접 또는, 아니면 부 여전히, 아직, 그래도
- 还钱 huán qián 돈을 돌려주다
- 讨价还价 tǎojià huánjià 성 값을 흥정하다

7획 还 还 还 还 还 还 还

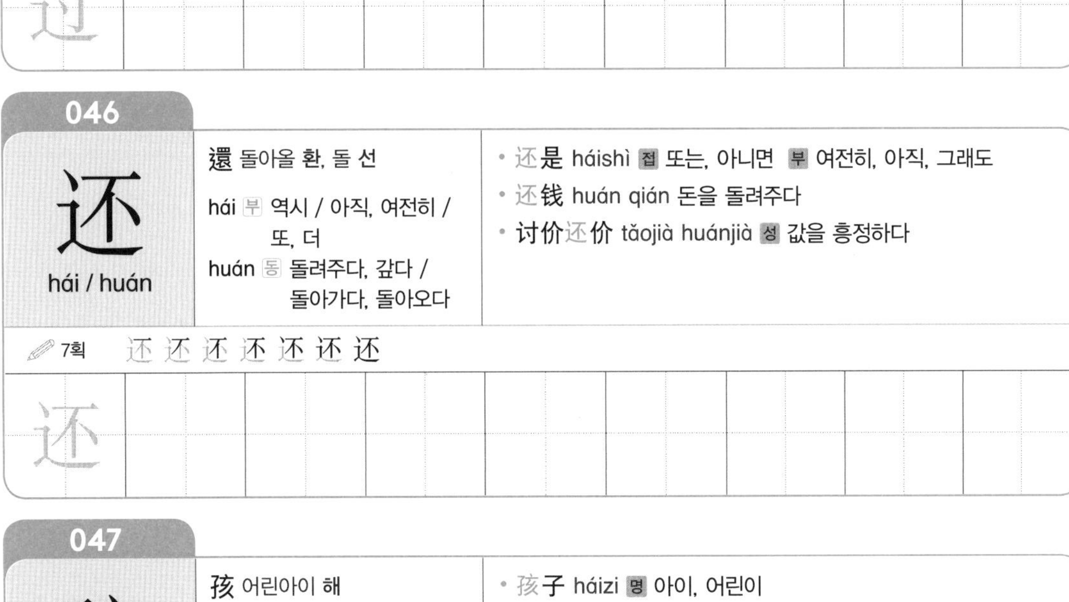

047

孩 hái

孩 어린아이 해

명 어린이, 자녀

- 孩子 háizi 명 아이, 어린이
- 男孩 nánhái 명 사내아이, 남자아이
- 女孩 nǚhái 명 여아, 여자아이

9획 孩 孩 孩 孩 孩 孩 孩 孩 孩

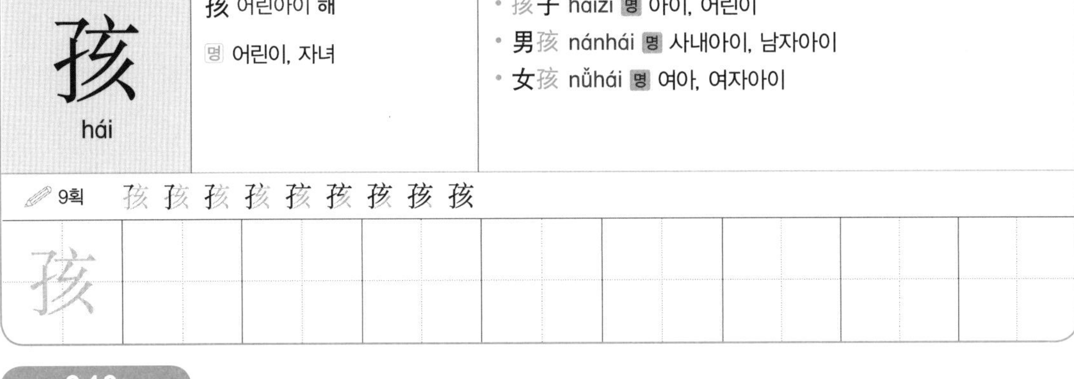

048

黑 hēi

黑 검을 흑

형 검다, 까맣다

- 黑板 hēibǎn 명 칠판
- 黑色 hēisè 명 검은색

12획 黑 黑 黑 黑 黑 黑 黑 黑 黑 黑 黑 黑

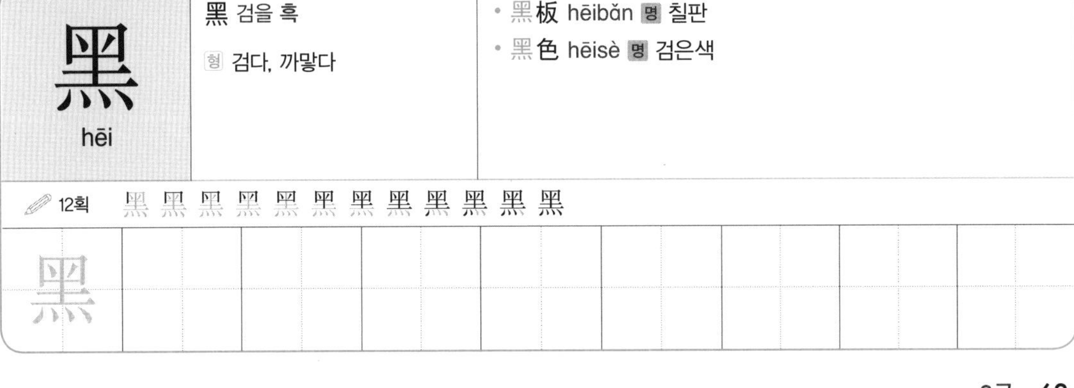

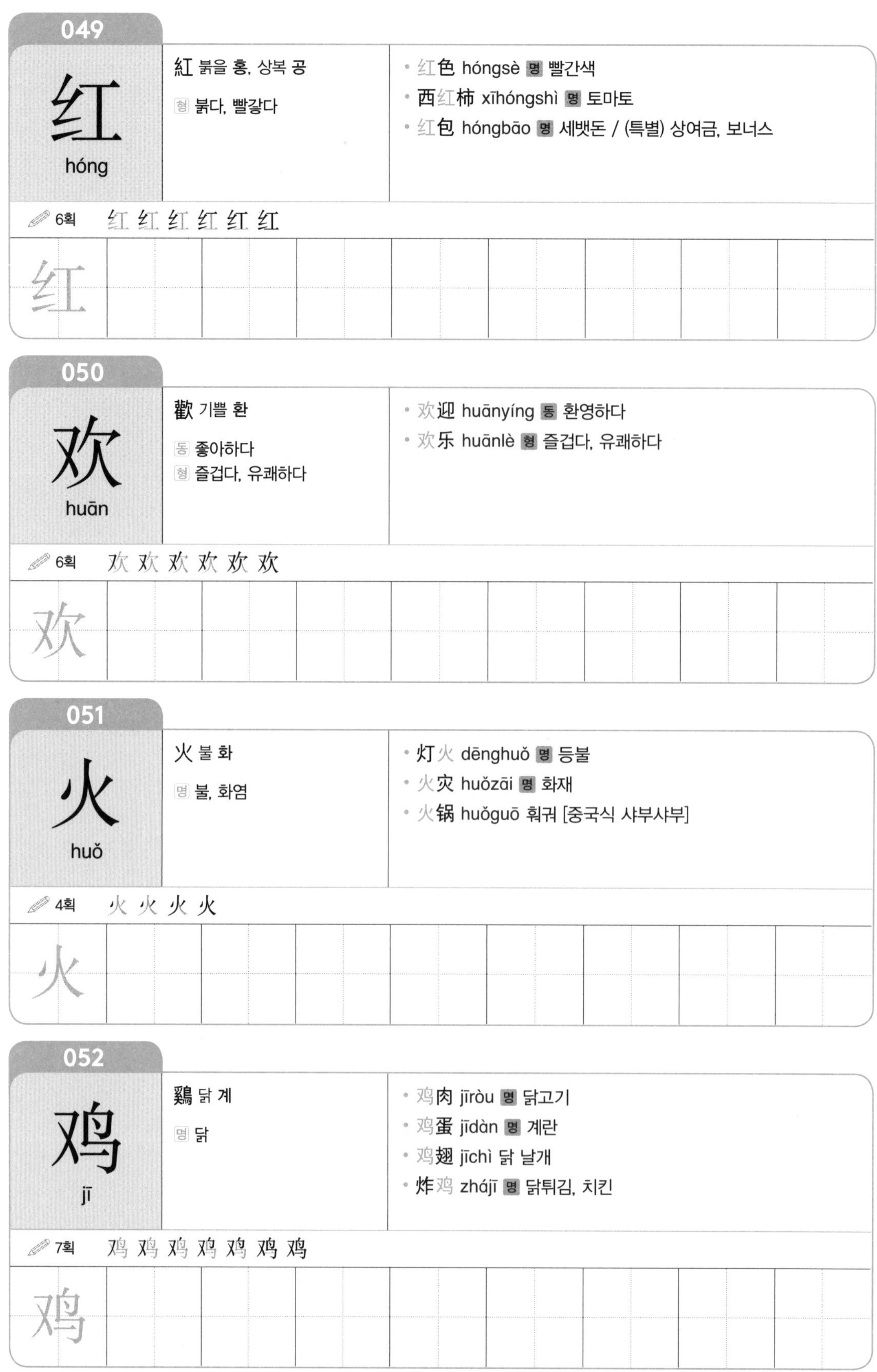

049

红
hóng

紅 붉을 홍, 상복 공

형 붉다, 빨갛다

- 红色 hóngsè 명 빨간색
- 西红柿 xīhóngshì 명 토마토
- 红包 hóngbāo 명 세뱃돈 / (특별) 상여금, 보너스

6획 红 红 红 红 红 红

050

欢
huān

歡 기쁠 환

동 좋아하다
형 즐겁다, 유쾌하다

- 欢迎 huānyíng 동 환영하다
- 欢乐 huānlè 형 즐겁다, 유쾌하다

6획 欢 欢 欢 欢 欢 欢

051

火
huǒ

火 불 화

명 불, 화염

- 灯火 dēnghuǒ 명 등불
- 火灾 huǒzāi 명 화재
- 火锅 huǒguō 훠궈 [중국식 샤부샤부]

4획 火 火 火 火

052

鸡
jī

鷄 닭 계

명 닭

- 鸡肉 jīròu 명 닭고기
- 鸡蛋 jīdàn 명 계란
- 鸡翅 jīchì 닭 날개
- 炸鸡 zhájī 명 닭튀김, 치킨

7획 鸡 鸡 鸡 鸡 鸡 鸡 鸡

053

间 jiān

間 사이 간

명 사이, 중간 / 방, 간, 실

- 空间 kōngjiān 명 공간
- 洗手间 xǐshǒujiān 명 화장실

7획 间 间 间 间 间 间 间

054

件 jiàn

件 물건 건

양 건, 개 [일·사건·개체의 사물을 세는 단위]
명 문서, 서류

- 一件 yí jiàn 한 건, 한 벌
- 条件 tiáojiàn 명 조건
- 文件 wénjiàn 명 문건, 공문, 서류

6획 件 件 件 件 件 件

055

教 jiāo / jiào

教 가르칠 교

jiāo 동 가르치다, 전수하다
jiào 동 가르치다, 지도하다

- 教书 jiāoshū 동 글을(공부를) 가르치다
- 教室 jiàoshì 명 교실
- 教授 jiàoshòu 명 교수
- 教育 jiàoyù 명 동 교육(하다)

11획 教 教 教 教 教 教 教 教 教 教 教

056

进 jìn

進 나아갈 진

동 (밖에서 안으로) 들다 / 나아가다, 전진하다

- 进入 jìnrù 동 (범위·시기에) 들다
- 进口 jìnkǒu 동 수입하다
- 进行 jìnxíng 동 진행하다

7획 进 进 进 进 进 进 进

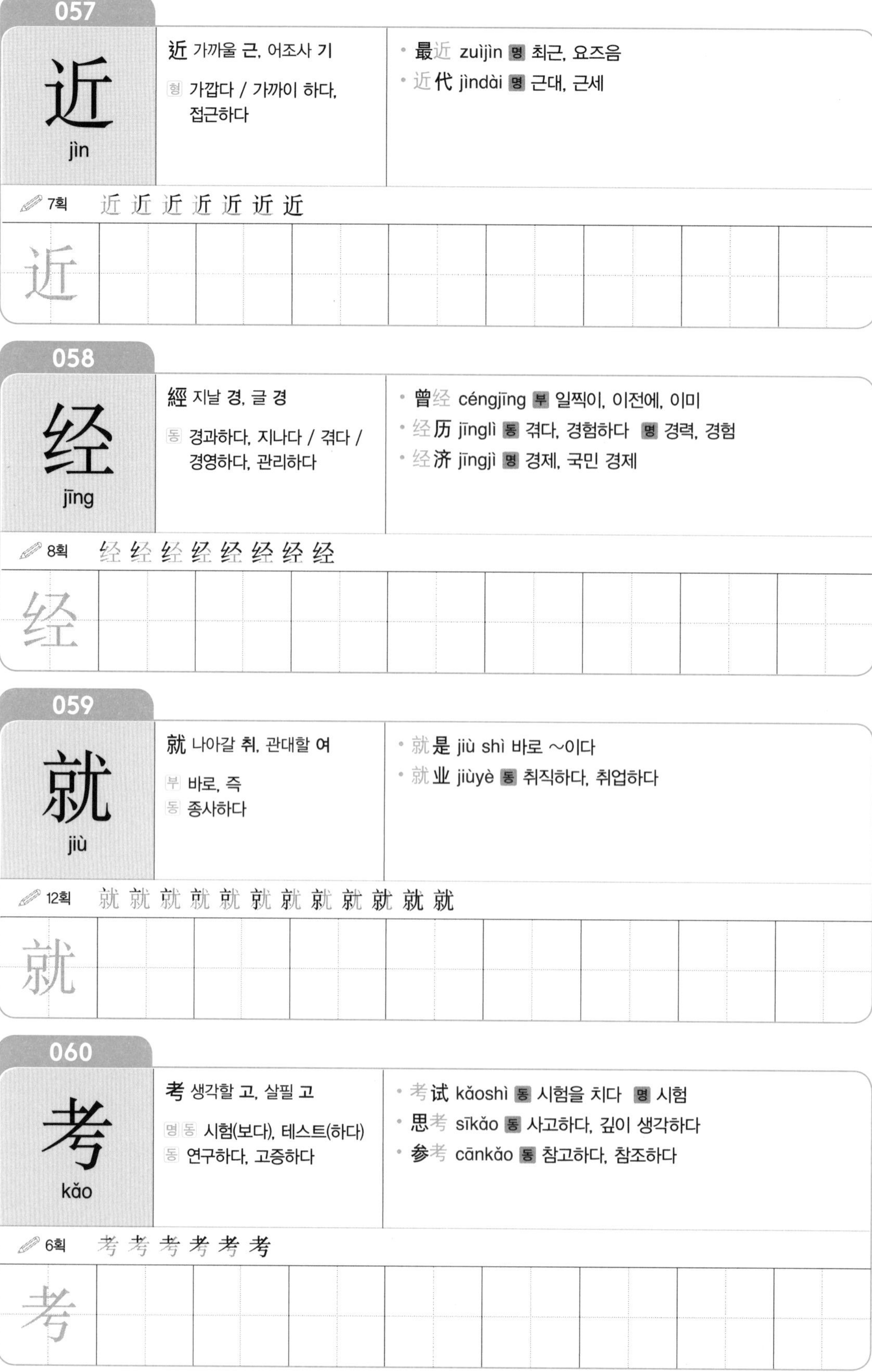

057

近

jìn

近 가까울 근, 어조사 기

형 가깝다 / 가까이 하다, 접근하다

- 最近 zuìjìn 명 최근, 요즈음
- 近代 jìndài 명 근대, 근세

7획 近 近 近 近 近 近 近

近

058

经

jīng

經 지날 경, 글 경

동 경과하다, 지나다 / 겪다 / 경영하다, 관리하다

- 曾经 céngjīng 부 일찍이, 이전에, 이미
- 经历 jīnglì 동 겪다, 경험하다 명 경력, 경험
- 经济 jīngjì 명 경제, 국민 경제

8획 经 经 经 经 经 经 经 经

经

059

就

jiù

就 나아갈 취, 관대할 여

부 바로, 즉

동 종사하다

- 就是 jiù shì 바로 ~이다
- 就业 jiùyè 동 취직하다, 취업하다

12획 就 就 就 就 就 就 就 就 就 就 就 就

就

060

考

kǎo

考 생각할 고, 살필 고

명 동 시험(보다), 테스트(하다)

동 연구하다, 고증하다

- 考试 kǎoshì 동 시험을 치다 명 시험
- 思考 sīkǎo 동 사고하다, 깊이 생각하다
- 参考 cānkǎo 동 참고하다, 참조하다

6획 考 考 考 考 考 考

考

061

可
kě

可 옳을 가

동 허가·가능을 나타냄
접 역접을 나타냄

- 可以 kěyǐ 조동 ~할 수 있다 형 좋다, 괜찮다
- 可是 kěshì 접 그러나, 하지만, 그렇지만

5획 可 可 可 可 可

可

062

课
kè

課 공부할 과, 과정 과

명 수업, 강의 / 과

- 上课 shàngkè 동 수업하다
- 下课 xiàkè 동 수업이 끝나다
- 课本 kèběn 명 교과서, 교재

10획 课 课 课 课 课 课 课 课 课 课

课

063

快
kuài

快 쾌할 쾌

형 빠르다 / 유쾌하다, 즐겁다
부 곧

- 赶快 gǎnkuài 부 황급히, 재빨리
- 快乐 kuàilè 형 즐겁다, 유쾌하다
- 快要 kuàiyào 부 곧, 머지않아

7획 快 快 快 快 快 快 快

快

064

乐
lè / yuè

樂 노래 악, 즐길 락(낙)

lè 형 즐겁다, 기쁘다
동 즐기다, 좋아하다
yue 명 음악

- 乐观 lèguān 형 낙관적이다
- 音乐 yīnyuè 명 음악
- 乐器 yuèqì 명 악기

5획 乐 乐 乐 乐 乐

乐

065

累
lèi

纍 여러 루(누), 자주 루(누)

형 지치다, 피곤하다

- 劳累 láolèi 형 지치다, 피로하다

11획 累 累 累 累 累 累 累 累 累 累 累

累

066

离
lí

離 떠날 리(이), 산신 리(이)

전 ~로부터
동 분리하다, 헤어지다

- 距离 jùlí 명 거리, 간격
- 离婚 líhūn 동 이혼하다
- 离别 líbié 동 이별하다, 헤어지다

10획 离 离 离 离 离 离 离 离 离 离

离

067

两
liǎng

兩 두 량(양), 냥 냥(양)

수 2, 둘

- 两边 liǎngbiān 명 양변, 양쪽, 두 방면
- 两倍 liǎng bèi 두 배

7획 两 两 两 两 两 两 两

两

068

路
lù

路 길 로(노)

명 길, 도로, 노선

- 道路 dàolù 명 도로, 길
- 十字路口 shízì lùkǒu 명 사거리

13획 路 路 路 路 路 路 路 路 路 路 路 路 路

路

069

卖
mài

賣 팔 매

동 팔다, 판매하다

- 外卖 wàimài 동 (음식을) 포장 판매하다
  명 포장 판매 음식, 배달 음식

8획 卖 卖 卖 卖 卖 卖 卖 卖

卖

070

慢
màn

慢 거만할 만

형 느리다

- 慢点儿 màn diǎnr 천천히
- 慢走 mànzǒu 상투어 안녕히 가세요, 살펴 가세요 [손님을 배웅할 때 하는 말]

14획 慢 慢 慢 慢 慢 慢 慢 慢 慢 慢 慢 慢 慢 慢

慢

071

忙
máng

忙 바쁠 망

형 바쁘다
명 긴박감, 성급함

- 匆忙 cōngmáng 형 매우 급한 모양, 총망하다
- 急忙 jímáng 부 급히, 황급히
- 连忙 liánmáng 부 얼른, 재빨리, 황급히

6획 忙 忙 忙 忙 忙 忙

忙

072

猫
māo

猫 고양이 묘

명 고양이

- 小猫(儿) xiǎomāo(r) 명 고양이, 새끼 고양이

11획 猫 猫 猫 猫 猫 猫 猫 猫 猫 猫 猫

猫

073

每
měi

每 매양 매

대 매, 각, ~마다

- 每天 měitiān 매일
- 每次 měicì 매번

7획 每 每 每 每 每 每 每

074

妹
mèi

妹 누이 매

명 여동생, 누이동생

- 妹妹 mèimei 명 여동생
- 妹夫 mèifu 명 매부, 여동생의 남편

8획 妹 妹 妹 妹 妹 妹 妹 妹

075

门
mén

門 문 문

명 문
양 과목

- 门口 ménkǒu 명 입구, 현관
- 关门 guānmén 동 문을 닫다 / 폐업하다
- 一门 yì mén 한 과목, 한 종목 [학문·기술 등에 대해 쓰임]

3획 门 门 门

076

奶
nǎi

奶 젖 내

명 젖, 유방

- 牛奶 niúnǎi 명 우유
- 奶奶 nǎinai 명 할머니

5획 奶 奶 奶 奶 奶

077

男

nán

男 사내 남

명 남자

- 男人 nánrén 명 (성인) 남자
- 男女 nánnǚ 명 남녀
- 男朋友 nán péngyou 남자친구

7획 男 男 男 男 男 男 男

男

078

您

nín

您 너 니(이), 너 님(임)

대 당신 ['你'의 높임말]

- 您好 nín hǎo 상투어 안녕하세요 ['你好'의 높임말]

11획 您 您 您 您 您 您 您 您 您 您 您

您

079

牛

niú

牛 소 우

명 소

- 牛肉 niúròu 명 쇠고기
- 牛排 niúpái 명 스테이크, 두툼하게 자른 소고기

4획 牛 牛 牛 牛

牛

080

旁

páng

旁 곁 방, 달릴 팽

명 옆, 가, 곁

- 旁听 pángtīng 동 방청하다, 청강하다

10획 旁 旁 旁 旁 旁 旁 旁 旁 旁 旁

旁

081

跑

pǎo

跑 허빌 포

동 달리다, 뛰다

- 跑步 pǎobù 동 달리다
- 慢跑 mànpǎo 명 조깅, 천천히 달리기
- 逃跑 táopǎo 동 도망가다, 달아나다

12획 跑 跑 跑 跑 跑 跑 跑 跑 跑 跑 跑 跑

跑

082

票

piào

票 표 표

명 표

- 票价 piàojià 명 표의 가격
- 发票 fāpiào 명 영수증
- 彩票 cǎipiào 명 복권

11획 票 票 票 票 票 票 票 票 票 票 票

票

083

起

qǐ

起 일어날 기

동 일어서다, 일어나다

- 起立 qǐlì 동 일어서다 [주로 구령으로 쓰임]

10획 起 起 起 起 起 起 起 起 起 起

起

084

汽

qì

汽 물 끓는 김 기

명 (수)증기, 김 / 기체

- 水汽 shuǐqì 명 수증기
- 汽车站 qìchēzhàn 명 정류장
- 汽油 qìyóu 명 휘발유, 가솔린

7획 汽 汽 汽 汽 汽 汽 汽

汽

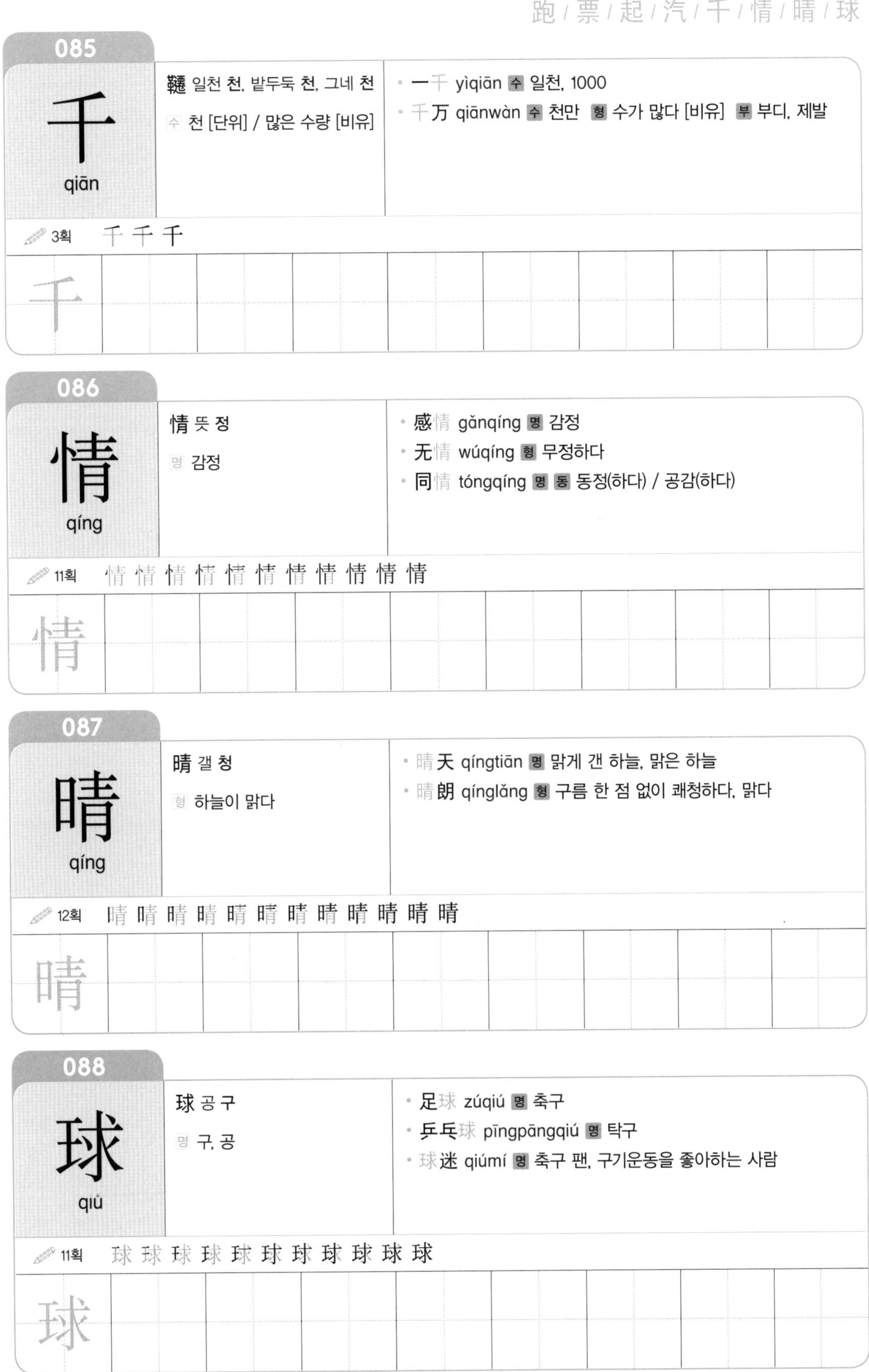

085

千
qiān

韆 일천 천, 밭두둑 천, 그네 천

수 천 [단위] / 많은 수량 [비유]

- 一千 yìqiān 수 일천, 1000
- 千万 qiānwàn 수 천만 형 수가 많다 [비유] 부 부디, 제발

3획 千 千 千

086

情
qíng

情 뜻 정

명 감정

- 感情 gǎnqíng 명 감정
- 无情 wúqíng 형 무정하다
- 同情 tóngqíng 명 동 동정(하다) / 공감(하다)

11획 情 情 情 情 情 情 情 情 情 情 情

087

晴
qíng

晴 갤 청

형 하늘이 맑다

- 晴天 qíngtiān 명 맑게 갠 하늘, 맑은 하늘
- 晴朗 qínglǎng 형 구름 한 점 없이 쾌청하다, 맑다

12획 晴 晴 晴 晴 晴 晴 晴 晴 晴 晴 晴 晴

088

球
qiú

球 공 구

명 구, 공

- 足球 zúqiú 명 축구
- 乒乓球 pīngpāngqiú 명 탁구
- 球迷 qiúmí 명 축구 팬, 구기운동을 좋아하는 사람

11획 球 球 球 球 球 球 球 球 球 球 球

089 然 rán

然 그럴 연, 불탈 연

접 그러나, 그렇지만
접미 ~한, ~같은, ~처럼

- 然而 rán'ér 접 그렇지만, 그러나, 그런데
- 当然 dāngrán 형 당연하다, 물론이다 부 당연히
- 必然 bìrán 형 필연적인

12획 然 然 然 然 然 然 然 然 然 然 然 然

然

090 让 ràng

讓 사양할 양

동 사양하다, 양보하다 / ~하도록 시키다

- 让座 ràngzuò 동 좌석을 양보하다, 자리를 권하다
- 让步 ràngbù 동 양보하다

5획 让 让 让 让 让

让

091 日 rì

日 날 일

명 해, 일, 날

- 节日 jiérì 명 경축일, 명절
- 日期 rìqī 명 날짜, 기간
- 日子 rìzi 명 날, 날짜 / 생활, 살림, 형편

4획 日 日 日 日

日

092 肉 ròu

肉 고기 육, 둘레 유

명 고기

- 猪肉 zhūròu 명 돼지고기
- 烤肉 kǎoròu 명 고기구이
- 羊肉串儿 yángròuchuànr 양꼬치
- 锅包肉 guōbāoròu 꿔바로우 [중국식 찹쌀 탕수육]

6획 肉 肉 肉 肉 肉 肉

肉

093

色
sè

色 빛 색

명 색 / 정경, 경치

- 颜色 yánsè 명 색, 색깔
- 特色 tèsè 명 특색, 특징
- 景色 jǐngsè 명 풍경, 경치

6획 色 色 色 色 色 色

094

身
shēn

身 몸 신, 나라 이름 건

명 몸, 신체

- 身体 shēntǐ 명 몸, 신체
- 身材 shēncái 명 몸매, 체격
- 全身 quánshēn 명 전신, 온몸

7획 身 身 身 身 身 身 身

095

事
shì

事 일 사

명 일 / 사고, 사건

- 事情 shìqing 명 일, 사건
- 故事 gùshi 명 이야기
- 事实 shìshí 명 사실

8획 事 事 事 事 事 事 事 事

096

试
shì

試 시험 시

동 시험 삼아 해 보다, 시험하다

- 试行 shìxíng 동 시험 삼아 해 보다
- 试卷 shìjuàn 명 시험지

8획 试 试 试 试 试 试 试 试

097

室

shì

室 집 실

명 방 / 기관·단체의 업무 단위로서의 실

- 室内 shìnèi 명 실내
- 卧室 wòshì 명 침실

9획 室 室 室 室 室 室 室 室 室

098

手

shǒu

手 손 수

명 손

- 手指 shǒuzhǐ 명 손가락
- 握手 wòshǒu 동 악수하다
- 手术 shǒushù 명 동 수술(하다)

4획 手 手 手 手

099

司

sī

司 맡을 사

동 주관하다, 관장하다
명 국(局), 부(部)

- 司机 sījī 명 운전사, 조정사
- 司法 sīfǎ 명 (법률) 사법
- 公司 gōngsī 명 회사

5획 司 司 司 司 司

100

思

sī

思 생각 사, 수염이 많을 새

동 생각하다, 고려하다 / 그리워하다

- 深思 shēnsī 동 깊이 생각하다
- 思念 sīniàn 동 그리워하다

9획 思 思 思 思 思 思 思 思 思

101

送 sòng

送 보낼 송

동 보내다 / 선물하다

- 发送 fāsòng 동 발송하다
- 外送 wàisòng 동 배달하다
- 送礼 sònglǐ 동 선물을 보내다
- 赠送 zèngsòng 동 증정하다

9획 送 送 送 送 送 送 送 送 送

102

诉 sù

訴 하소연할 소, 헐뜯을 척

동 알리다 / 고발하다

- 诉讼 sùsòng 명 동 소송(하다), 재판(을 걸다)
- 投诉 tóusù 동 소송하다, 고소하다

7획 诉 诉 诉 诉 诉 诉 诉

103

虽 suī

雖 비록 수, 짐승 이름 유

접 비록 ~하지만 / 설령 ~라 하더라도

- 虽然 suīrán 접 비록 ~일지라도

9획 虽 虽 虽 虽 虽 虽 虽 虽 虽

104

所 suǒ

所 바 소

명 장소, 곳

양 채, 곳 [집·건물 등을 세는 단위]

- 厕所 cèsuǒ 명 변소, 화장실
- 一所学校 yì suǒ xuéxiào 학교 한 곳

8획 所 所 所 所 所 所 所 所

105

它

tā

它 다를 타, 뱀 사

대 그, 저, 그것, 저것 [사람 이외의 것]

- 它们 tāmen 대 그것들, 저것들

5획 它 它 它 它 它

它

106

题

tí

题 제목 제

명 제목 / 문제

- 题目 tímù 명 제목
- 话题 huàtí 명 화제, 논제

15획 题 题 题 题 题 题 题 题 题 题 题 题 题 题 题

题

107

体

tǐ

體 용렬할 분, 몸 체

명 몸, 신체 / 물체

- 体育 tǐyù 명 체육, 스포츠
- 物体 wùtǐ 명 물체
- 具体 jùtǐ 형 구체적이다

7획 体 体 体 体 体 体 体

体

108

跳

tiào

跳 뛸 도, 뛸 조

동 뛰다, 도약하다

- 跳舞 tiàowǔ 동 춤을 추다
- 跳绳 tiàoshéng 명 줄넘기

13획 跳 跳 跳 跳 跳 跳 跳 跳 跳 跳 跳 跳 跳

跳

109

外
wài

外 바깥 외

명 밖, 바깥 / 외국 / ~이외

- 外面 wàimian 명 바깥, 밖
- 外国人 wàiguórén 명 외국인
- 另外 lìngwài 대 다른, 그 밖의 부 달리, 그 밖에

5획 外 外 外 外 外

外

110

完
wán

完 완전할 완

형 완전하다, 완벽하다
동 마치다, 끝나다

- 完美 wánměi 형 완미하다, 완벽하다
- 完成 wánchéng 동 완성하다

7획 完 完 完 完 完 完 完

完

111

wán

玩 희롱할 완

동 놀다, 놀이하다

- 玩儿 wánr 동 놀다
- 玩具 wánjù 명 장난감, 완구

8획 玩 玩 玩 玩 玩 玩 玩 玩

玩

112

wǎn

晚 늦을 만

명 저녁, 밤
형 늦은, 끝나가는, 말(末)의

- 夜晚 yèwǎn 명 밤, 야간
- 晚会 wǎnhuì 명 이브닝 파티, 만찬회
- 晚安 wǎn'ān 잘 자, 안녕히 주무세요
- 晚点 wǎndiǎn 동 (차·선박·비행기 등이) 연착하다

11획 晚 晚 晚 晚 晚 晚 晚 晚 晚 晚 晚

晚

113

往
wǎng

往 갈 왕

동 가다
형 이전의, 옛날의
전 ~쪽으로, ~(을) 향해

- 往来 wǎnglái 동 왔다갔다하다, 왕래하다
- 往返 wǎngfǎn 동 왕복하다
- 往事 wǎngshì 명 지난일, 옛일
- 往前看 wǎng qián kàn 앞을 향해 보다

8획 往 往 往 往 往 往 往 往

往

114

为
wéi / wèi

爲 하 위, 할 위

wéi 동 ~이다 / ~이 되다
wèi 전 ~때문에 / ~을 위해

- 成为 chéngwéi 동 ~이(가) 되다
- 因为 yīnwèi 접 왜냐하면

4획 为 为 为 为

为

115

问
wèn

問 물을 문

동 묻다, 질문하다

- 问题 wèntí 명 문제, 질문
- 反问 fǎnwèn 명 동 반문(하다)
- 问候 wènhòu 동 안부를 묻다, 문안하다

6획 问 问 问 问 问 问

问

116

洗
xǐ

洗 씻을 세, 깨끗할 선

동 씻다 / 빨다

- 洗澡 xǐzǎo 동 목욕하다, 몸을 씻다
- 洗碗 xǐwǎn 설거지하다
- 洗衣服 xǐ yīfu 빨래하다

9획 洗 洗 洗 洗 洗 洗 洗 洗 洗

洗

117

笑

xiào

笑 웃음 소

동 웃다

- 微笑 wēixiào 동 미소를 짓다 명 미소
- 嘲笑 cháoxiào 동 조소하다, 비웃다

10획

笑

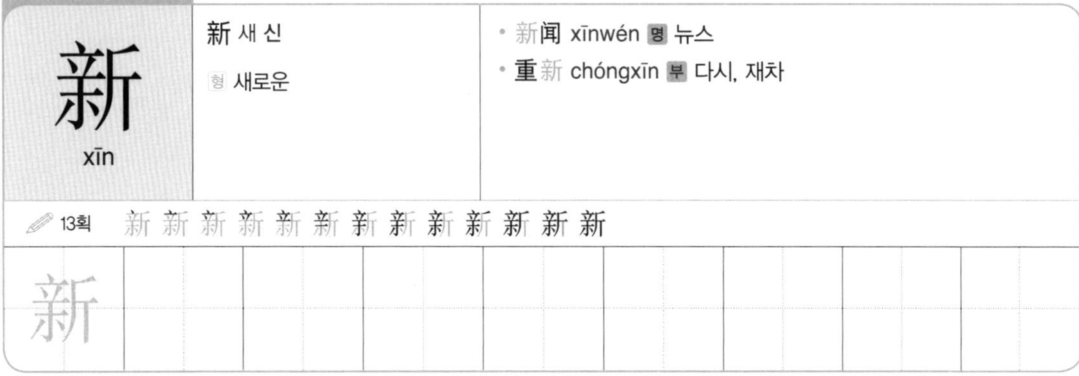

118

新

xīn

新 새 신

형 새로운

- 新闻 xīnwén 명 뉴스
- 重新 chóngxīn 부 다시, 재차

13획

新

119

姓

xìng

姓 성씨 성

명 성, 성씨
동 성이 ~이다

- 姓名 xìngmíng 명 성명
- 姓氏 xìngshì 명 성씨

8획

姓

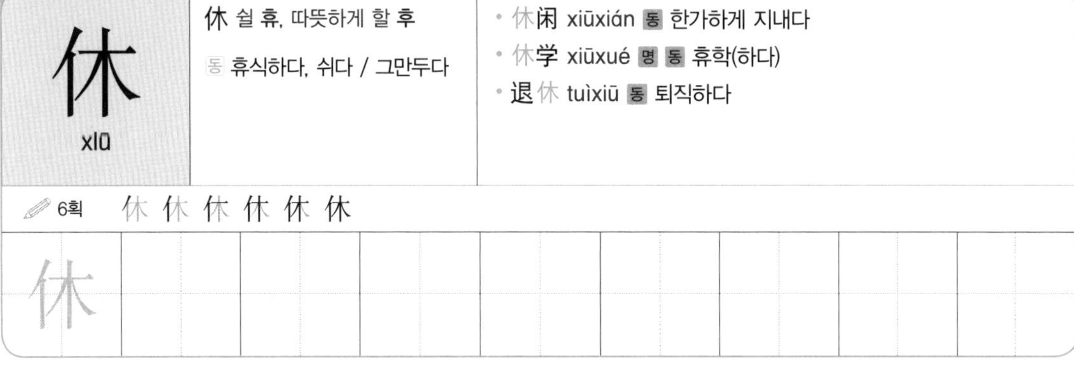

120

休

xiū

休 쉴 휴, 따뜻하게 할 후

동 휴식하다, 쉬다 / 그만두다

- 休闲 xiūxián 동 한가하게 지내다
- 休学 xiūxué 명 동 휴학(하다)
- 退休 tuìxiū 동 퇴직하다

6획

休

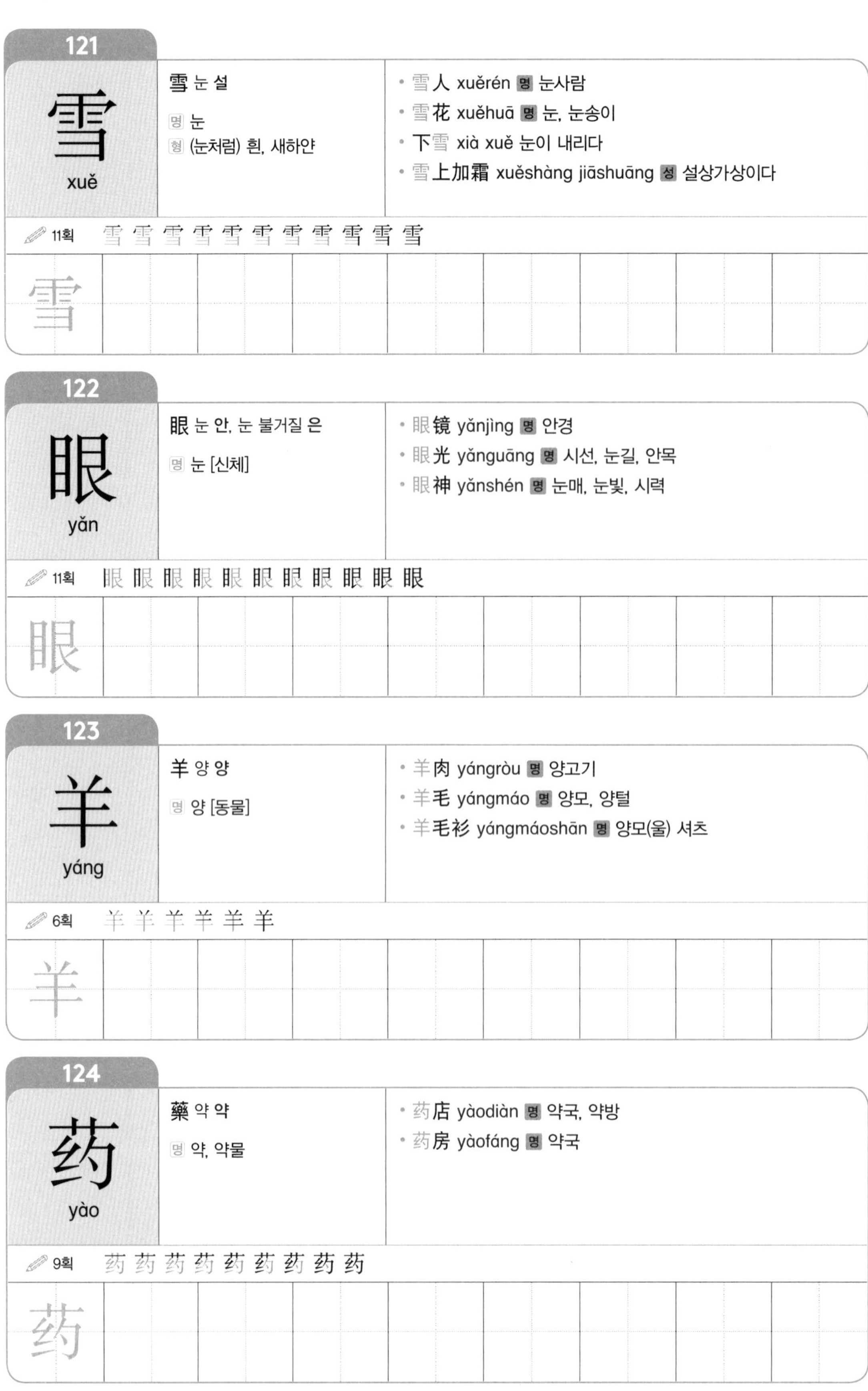

121

雪

xuě

雪 눈 설

명 눈

형 (눈처럼) 흰, 새하얀

- 雪人 xuěrén 명 눈사람
- 雪花 xuěhuā 명 눈, 눈송이
- 下雪 xià xuě 눈이 내리다
- 雪上加霜 xuěshàng jiāshuāng 성 설상가상이다

11획 雪 雪 雪 雪 雪 雪 雪 雪 雪 雪 雪

雪

122

眼

yǎn

眼 눈 안, 눈 불거질 은

명 눈 [신체]

- 眼镜 yǎnjìng 명 안경
- 眼光 yǎnguāng 명 시선, 눈길, 안목
- 眼神 yǎnshén 명 눈매, 눈빛, 시력

11획 眼 眼 眼 眼 眼 眼 眼 眼 眼 眼 眼

眼

123

羊

yáng

羊 양 양

명 양 [동물]

- 羊肉 yángròu 명 양고기
- 羊毛 yángmáo 명 양모, 양털
- 羊毛衫 yángmáoshān 명 양모(울) 셔츠

6획 羊 羊 羊 羊 羊 羊

羊

124

药

yào

藥 약 약

명 약, 약물

- 药店 yàodiàn 명 약국, 약방
- 药房 yàofáng 명 약국

9획 药 药 药 药 药 药 药 药 药

药

125

要

yào

要 요긴할 요

조동 ~하려고 하다
동 필요하다, 원하다 / 요구하다
형 중요하다
접 만약

- 需要 xūyào 동 필요하다
- 重要 zhòngyào 형 중요하다
- 要是 yàoshi 접 만약 ~이라면

9획 要 要 要 要 要 要 要 要 要

要

126

也

yě

也 어조사 야

부 ~도

- 也好 yěhǎo 조 ~하는 편이 좋다 / ~든 ~든 [중복 사용]

3획 也 也 也

也

127

已

yǐ

已 이미 이

동 그치다, 끝나다
부 이미, 벌써

- 不已 bùyǐ 동 (계속하여) 그치지 않다
- 已经 yǐjīng 부 이미, 벌써

3획 已 已 已

已

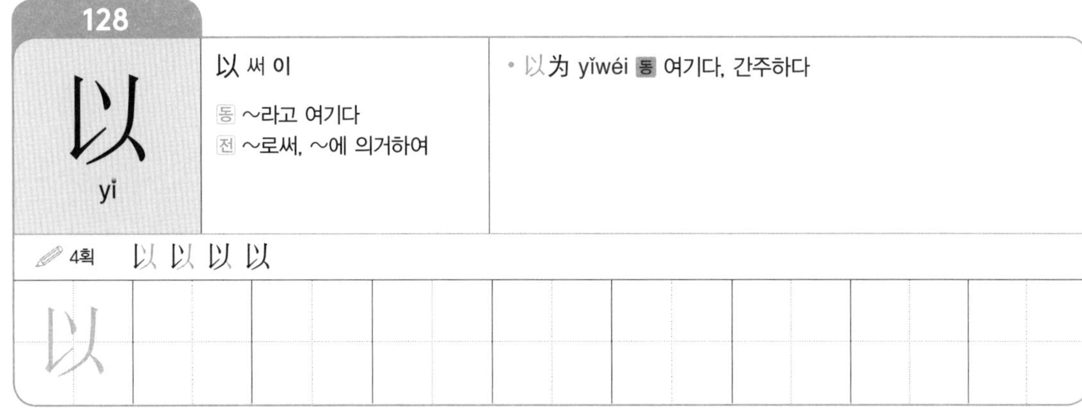

128

以

yǐ

以 써 이

동 ~라고 여기다
전 ~로써, ~에 의거하여

- 以为 yǐwéi 동 여기다, 간주하다

4획 以 以 以 以

以

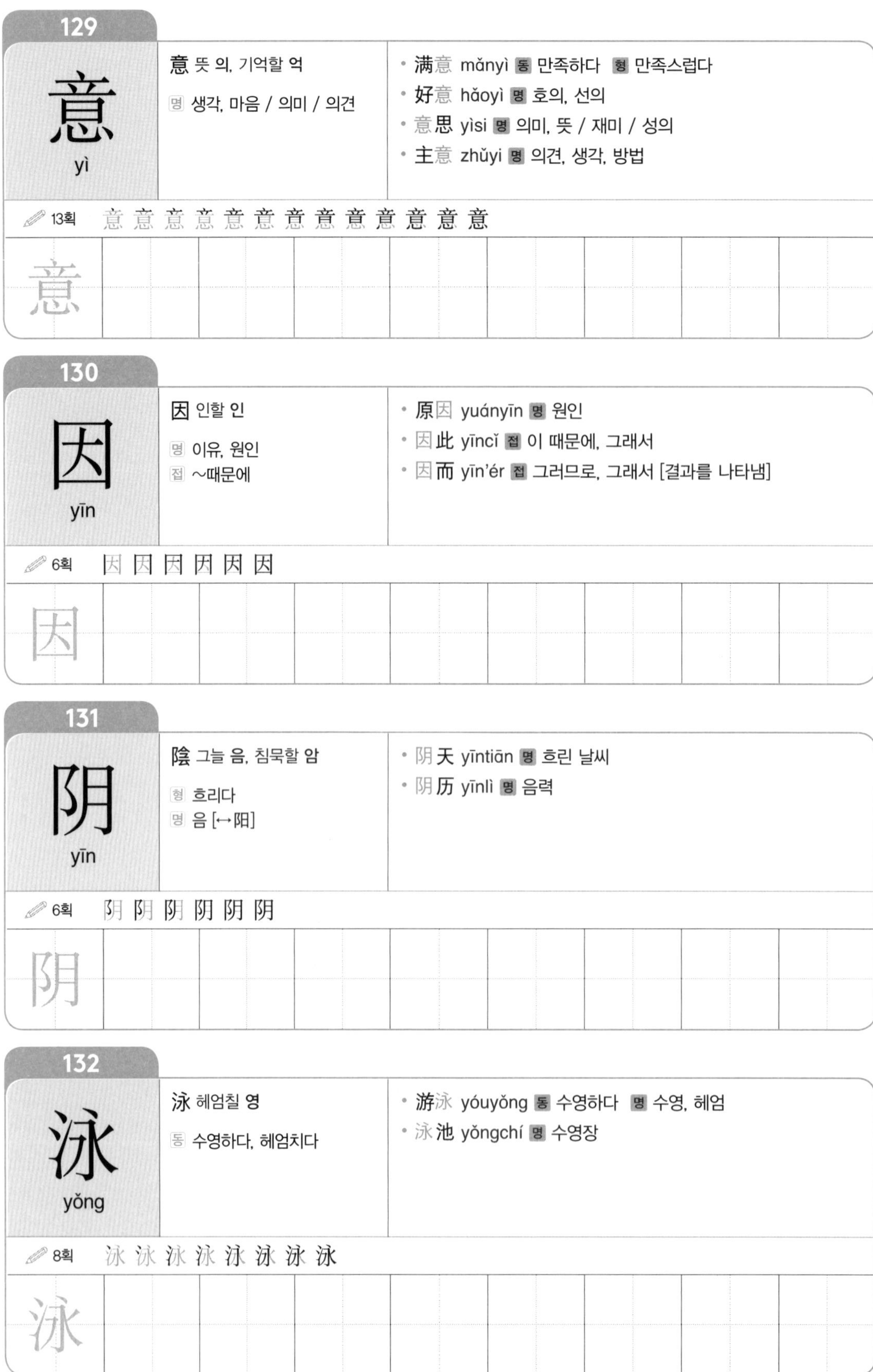

129

意
yì

意 뜻 의, 기억할 억

명 생각, 마음 / 의미 / 의견

- **满**意 mǎnyì 동 만족하다 형 만족스럽다
- **好**意 hǎoyì 명 호의, 선의
- 意**思** yìsi 명 의미, 뜻 / 재미 / 성의
- **主**意 zhǔyi 명 의견, 생각, 방법

13획

130

因
yīn

因 인할 인

명 이유, 원인
접 ~때문에

- **原**因 yuányīn 명 원인
- 因**此** yīncǐ 접 이 때문에, 그래서
- 因**而** yīn'ér 접 그러므로, 그래서 [결과를 나타냄]

6획

131

阴
yīn

陰 그늘 음, 침묵할 암

형 흐리다
명 음 [↔阳]

- 阴**天** yīntiān 명 흐린 날씨
- 阴**历** yīnlì 명 음력

6획

132

泳
yǒng

泳 헤엄칠 영

동 수영하다, 헤엄치다

- **游**泳 yóuyǒng 동 수영하다 명 수영, 헤엄
- 泳**池** yǒngchí 명 수영장

8획

133

游
yóu

遊 헤엄칠 유, 깃발 류(유)

동 이리저리 다니다, 유람하다 / 헤엄치다

- 旅游 lǚyóu 동 여행하다, 관광하다
- 游览 yóulǎn 동 유람하다
- 导游 dǎoyóu 명 가이드

12획 游 游 游 游 游 游 游 游 游 游 游 游

134

右
yòu

右 오른쪽 우, 도울 우

명 우측, 오른쪽

- 右边(儿) yòubiān(r) 명 오른쪽, 우측
- 左右 zuǒyòu 명 좌우 / 가량, 안팎, 내외
- 右手 yòushǒu 명 오른손

5획 右 右 右 右 右

135

鱼
yú

魚 물고기 어

명 물고기

- 钓鱼 diàoyú 동 낚시하다
- 美人鱼 měirényú 명 인어
- 鱼糕 yúgāo 명 어묵

8획 鱼 鱼 鱼 鱼 鱼 鱼 鱼 鱼

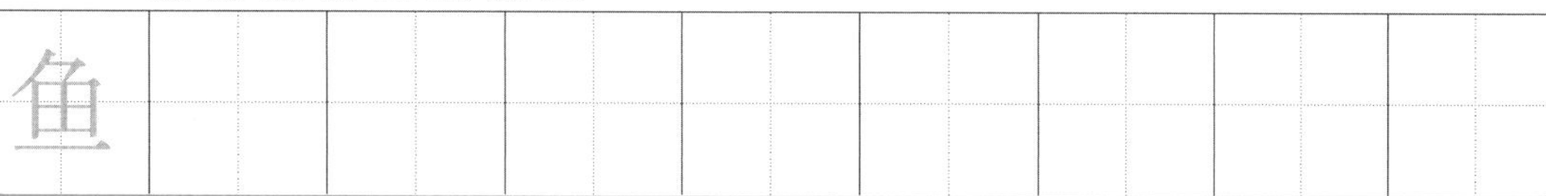

136

员
yuán

員 인원 원, 더할 운

명 (단체의) 구성원 / 어떤 분야에 종사하고 있는 사람

- 员工 yuángōng 명 (회사의) 직원
- 服务员 fúwùyuán 명 종업원
- 演员 yǎnyuán 명 배우, 연기자

7획 员 员 员 员 员 员 员

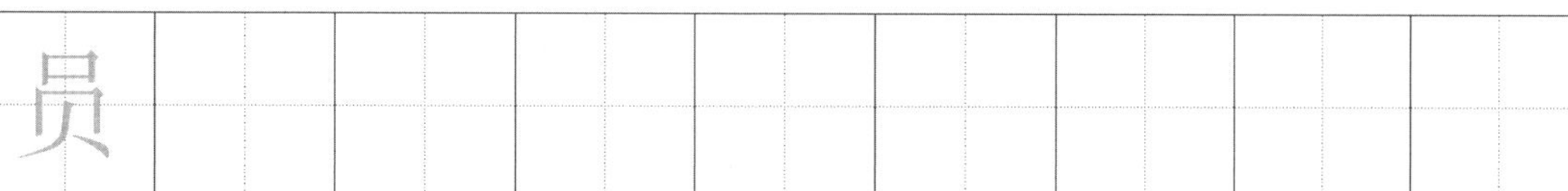

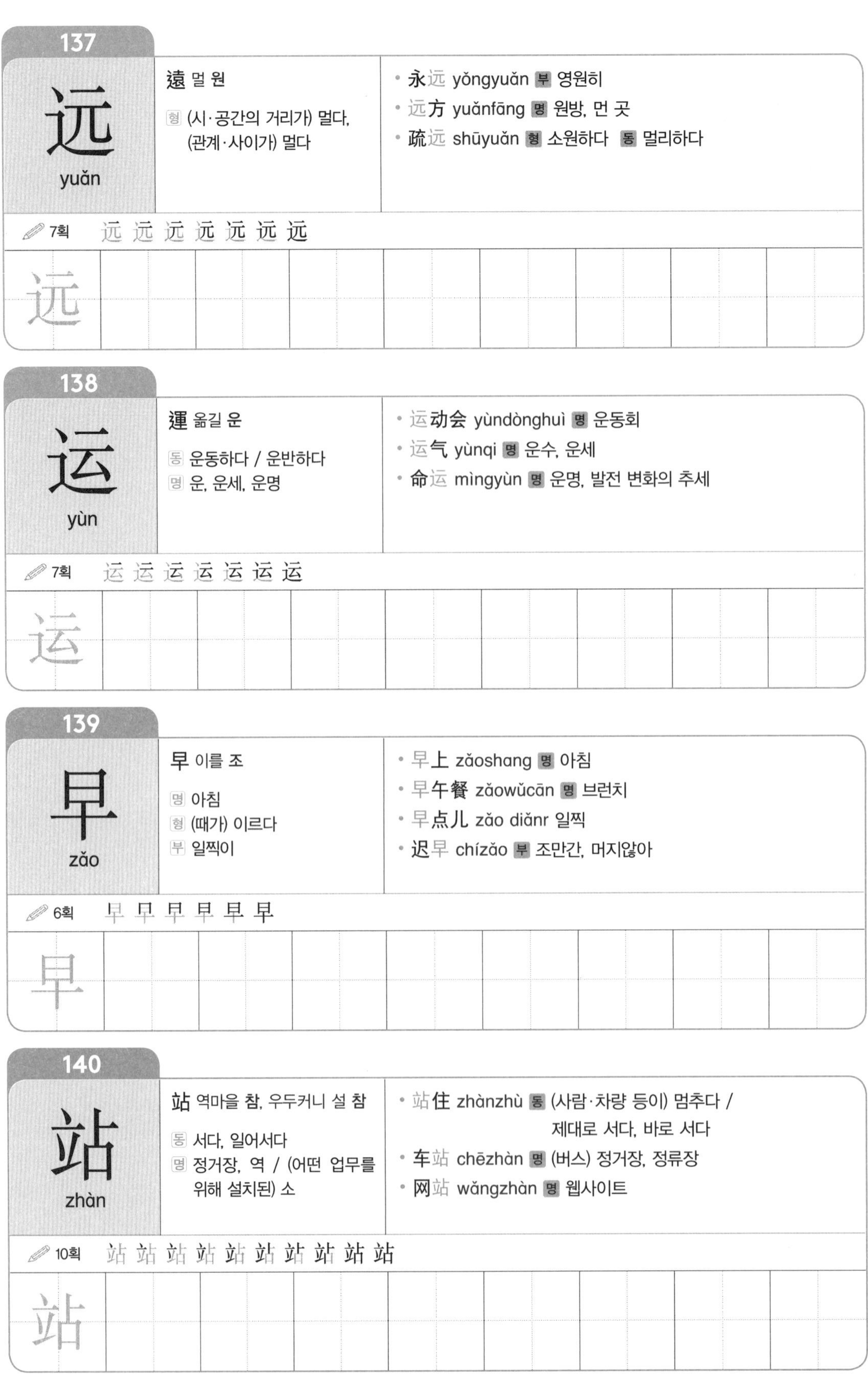

137

远 yuǎn

遠 멀 원

형 (시·공간의 거리가) 멀다, (관계·사이가) 멀다

- 永远 yǒngyuǎn 부 영원히
- 远方 yuǎnfāng 명 원방, 먼 곳
- 疏远 shūyuǎn 형 소원하다 동 멀리하다

7획 远 远 远 远 远 远 远

远

138

运 yùn

運 옮길 운

동 운동하다 / 운반하다
명 운, 운세, 운명

- 运动会 yùndònghuì 명 운동회
- 运气 yùnqi 명 운수, 운세
- 命运 mìngyùn 명 운명, 발전 변화의 추세

7획 运 运 运 运 运 运 运

运

139

早 zǎo

早 이를 조

명 아침
형 (때가) 이르다
부 일찍이

- 早上 zǎoshang 명 아침
- 早午餐 zǎowǔcān 명 브런치
- 早点儿 zǎo diǎnr 일찍
- 迟早 chízǎo 부 조만간, 머지않아

6획 早 早 早 早 早 早

早

140

站 zhàn

站 역마을 참, 우두커니 설 참

동 서다, 일어서다
명 정거장, 역 / (어떤 업무를 위해 설치된) 소

- 站住 zhànzhù 동 (사람·차량 등이) 멈추다 / 제대로 서다, 바로 서다
- 车站 chēzhàn 명 (버스) 정거장, 정류장
- 网站 wǎngzhàn 명 웹사이트

10획 站 站 站 站 站 站 站 站 站 站

站

141

着

zháo / zhe

著 붙을 착, 나타날 저

zháo 동 동사 뒤에서 목적이 달성되었거나 결과가 있음을 표시함

zhe 조 ~하고 있다

- 找着 zhǎozháo 동 찾아내다
- 等着 děng zhe 기다리고 있다

11획 着 着 着 着 着 着 着 着 着 着 着

着

142

找

zhǎo

找 채울 조, 삿대질 할 화

동 찾다, 구하다

- 寻找 xúnzhǎo 동 찾다
- 找到 zhǎo dào 찾아내다
- 找工作 zhǎo gōngzuò 일자리를 구하다
- 找人 zhǎo rén 사람을 찾다

7획 找 找 找 找 找 找 找

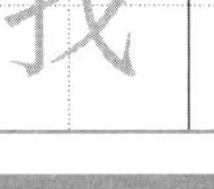

找

143

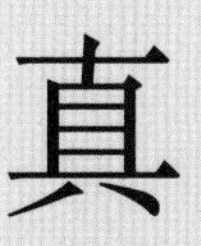

真

zhēn

眞 참 진

형 진실하다

부 확실히, 진정으로

- 真实 zhēnshí 형 진실하다
- 真相 zhēnxiàng 명 진상, 실상
- 真的 zhēn de 참으로, 진실로 / 진짜(물건)

10획 真 真 真 真 真 真 真 真 真 真

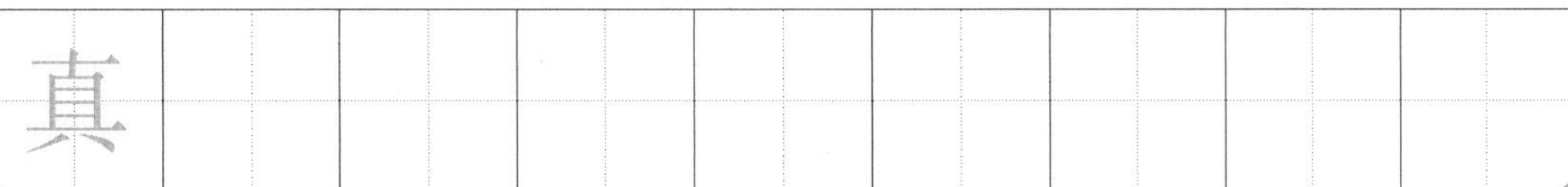

真

144

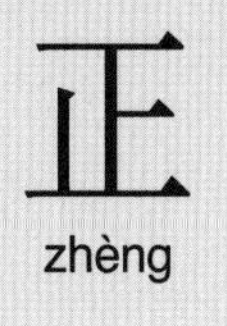

正

zhèng

正 바를 정, 정월 정

형 바르다

부 마침

- 正确 zhèngquè 형 정확하다, 올바르다
- 正好 zhènghǎo 형 꼭 맞다 부 마침, 때마침
- 正在 zhèngzài 부 지금 (~하고 있는 중이다)

5획 正 正 正 正 正

正

145

知 zhī

知 알 지

동 알다, 이해하다
명 지식, 학문

- 知道 zhīdào 동 알다, 이해하다
- 无知 wúzhī 형 무지하다, 아는 것이 없다
- 知足 zhīzú 동 분수를 지키어 만족할 줄을 알다

8획 知 知 知 知 知 知 知 知

146

纸 zhǐ

紙 종이 지

명 종이

- 纸杯 zhǐbēi 명 종이컵
- 纸巾 zhǐjīn 명 티슈, 화장지

7획 纸 纸 纸 纸 纸 纸 纸

147

助 zhù

助 도울 조, 없앨 서

동 돕다, 협조하다

- 助手 zhùshǒu 명 조수, 선수 보조원
- 协助 xiézhù 동 협조하다

7획 助 助 助 助 助 助 助

148

走 zǒu

走 달릴 주

동 걷다 / 가다 / 떠나다

- 走着去 zǒu zhe qù 걸어가다
- 拿走 ná zǒu 가지고 가다
- 偷走 tōu zǒu 훔쳐 달아나다

7획 走 走 走 走 走 走 走

149

最

zuì

最 가장 최

부 가장, 제일

- 最好 zuìhǎo 형 가장 좋다 부 (제일) 좋기는
- 最初 zuìchū 명 최초, 맨 처음

12획 最 最 最 最 最 最 最 最 最 最 最 最

最

150

左

zuǒ

左 왼 좌

명 좌측, 왼쪽

- 左侧 zuǒcè 명 좌측, 왼쪽

5획 左 左 左 左 左

左

1 다음 빈 칸을 채워서 써 보세요.

	간체자	한어병음	뜻
❶	弟弟		
❷		chànggē	
❸		pángbiān	
❹			빨간색

2 다음 그림을 보고 알맞은 동물 이름의 한자와 한어병음을 쓰세요.

❶ ____________ ____________

❷ ____________ ____________

❸ ____________ ____________

❹ ____________ ____________

❺ ____________ ____________

3 밑줄 친 단어와 상반되는 한자를 보기에서 찾아 쓰세요.

보기	出 chū	远 yuǎn	黑 hēi	右 yòu	快 kuài

❶ 雪是白色的。 눈은 하얀색이다.
Xuě shì báisè de.

❷ 你进去吧! 너가 들어가!
Nǐ jìnqu ba!
进 ↔ ______

❸ 往左边看! 왼쪽을 향해 봐!
Wǎng zuǒbiān kàn!
左 ↔ ______

❹ 我比你慢。 내가 너보다 느려.
Wǒ bǐ nǐ màn.
慢 ↔ ______

❺ 这儿比那儿近。 여기가 저기보다 가까워.
Zhèr bǐ nàr jìn.
近 ↔ ______

4 다음 한자를 활용하여 단어를 만들어 보세요.

❶ 考 kǎo → ______
❷ 动 dòng → ______
❸ 外 wài → ______
❹ 问 wèn → ______

5 다음 문장을 한어병음을 보며 중국어로 써 보세요

❶ 내가 너를 도와 줄게!
Wǒ bāng nǐ ba!
→ ______!

❷ 오빠가 너를 기다려.
Gēge děng nǐ.
→ ______。

❸ 나도 알아.
Wǒ yě zhīdào.
→ ______。

❹ 너 웃지 마!
Nǐ bié xiào!
→ ______!

❺ 난 다 팔았다.
Wǒ mài wán le.
→ ______。

➡ 정답 278쪽

단어 그림 찾기

✎ 다음 단어에 해당하는 그림을 찾아보세요.

玩具 / 西瓜 / 男孩 / 小狗

➡ 정답 174쪽

3급

상용한자

3급 원어민 발음 듣기

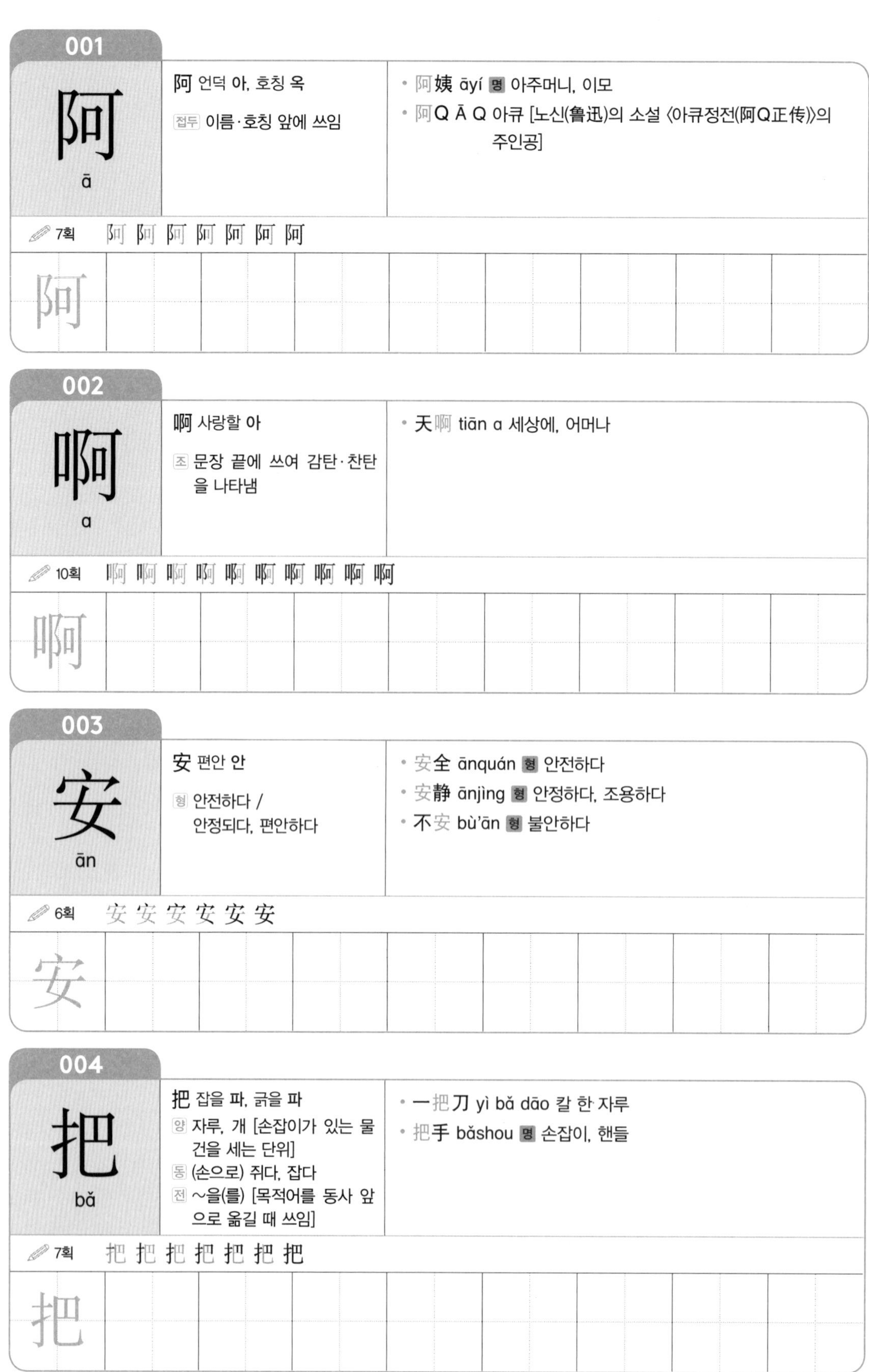

001

阿
ā

阿 언덕 아, 호칭 옥

접두 이름·호칭 앞에 쓰임

- 阿姨 āyí 명 아주머니, 이모
- 阿Q Ā Q 아큐 [노신(鲁迅)의 소설 〈아큐정전(阿Q正传)〉의 주인공]

7획 阝 阝 阝 阝 阝 阝 阿

002

啊
a

啊 사랑할 아

조 문장 끝에 쓰여 감탄·찬탄을 나타냄

- 天啊 tiān a 세상에, 어머나

10획 啊 啊 啊 啊 啊 啊 啊 啊 啊 啊

003

安
ān

安 편안 안

형 안전하다 / 안정되다, 편안하다

- 安全 ānquán 형 안전하다
- 安静 ānjìng 형 안정하다, 조용하다
- 不安 bù'ān 형 불안하다

6획 安 安 安 安 安 安

004

把
bǎ

把 잡을 파, 긁을 파

양 자루, 개 [손잡이가 있는 물건을 세는 단위]

동 (손으로) 쥐다, 잡다

전 ~을(를) [목적어를 동사 앞으로 옮길 때 쓰임]

- 一把刀 yì bǎ dāo 칼 한 자루
- 把手 bǎshou 명 손잡이, 핸들

7획 把 把 把 把 把 把 把

005

般 bān

般 가지 반, 일반 반

형 보통의, 일반의

- 一般 yìbān 형 보통이다, 일반적이다

10획 般 般 般 般 般 般 般 般 般 般

般

006

搬 bān

搬 옮길 반

동 운반하다 / 이사하다, 옮겨가다

- 搬运 bānyùn 동 운송하다, 수송하다, 운반하다
- 搬家 bānjiā 동 이사하다

13획 搬 搬 搬 搬 搬 搬 搬 搬 搬 搬 搬 搬 搬

搬

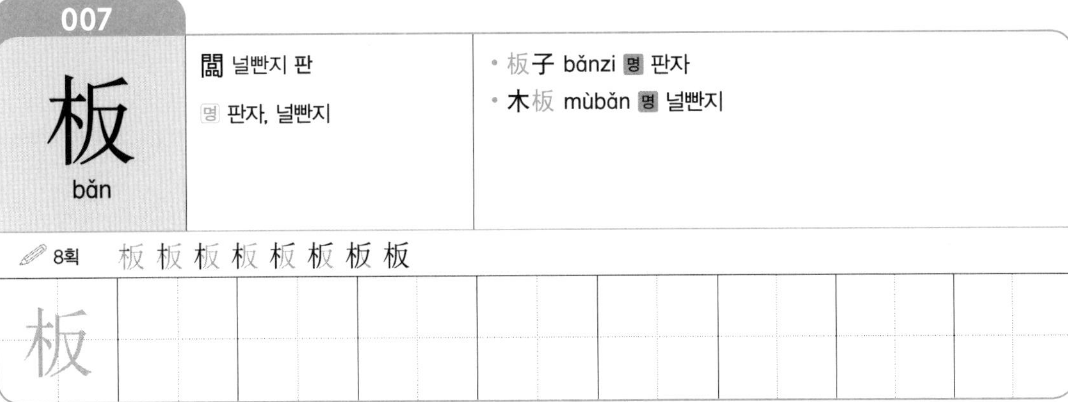

007

板 bǎn

闆 널빤지 판

명 판자, 널빤지

- 板子 bǎnzi 명 판자
- 木板 mùbǎn 명 널빤지

8획 板 板 板 板 板 板 板 板

板

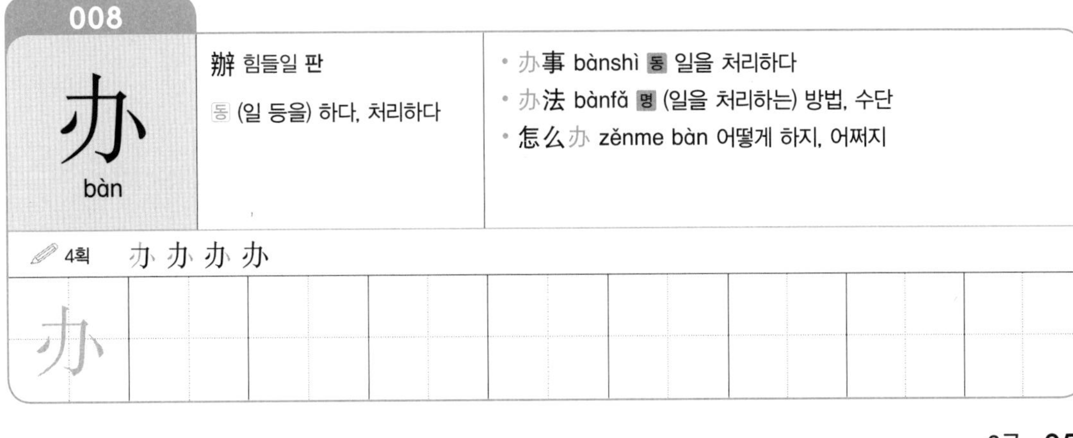

008

办 bàn

辦 힘들일 판

동 (일 등을) 하다, 처리하다

- 办事 bànshì 동 일을 처리하다
- 办法 bànfǎ 명 (일을 처리하는) 방법, 수단
- 怎么办 zěnme bàn 어떻게 하지, 어쩌지

4획 办 办 办 办

办

3급

009

半
bàn

半 반 반

수 절반, 2분의 1

- 一半(儿) yíbàn(r) 명 반, 절반
- 半年 bàn nián 반년, 6개월

5획 半 半 半 半 半

半

010

包
bāo

包 쌀 포, 꾸러미 포

명 주머니 가방
동 (종이·베 등 얇은 것으로) 싸다 / 포함하다, 포괄하다

- 书包 shūbāo 명 책가방
- 包装 bāozhuāng 동 물건을 포장하다
- 包括 bāokuò 동 포함하다, 포괄하다

5획 包 包 包 包 包

包

011

饱
bǎo

飽 배부를 포

형 배부르다

- 吃饱 chī bǎo 배불리 먹다

8획 饱 饱 饱 饱 饱 饱 饱 饱

饱

012

北
běi

北 북녘 북, 달아날 배

명 북, 북쪽

- 北京 Běijīng 베이징 [중국 수도]
- 北方 běifāng 명 북쪽, 북방
- 北极 běijí 명 북극

5획 北 北 北 北 北

北

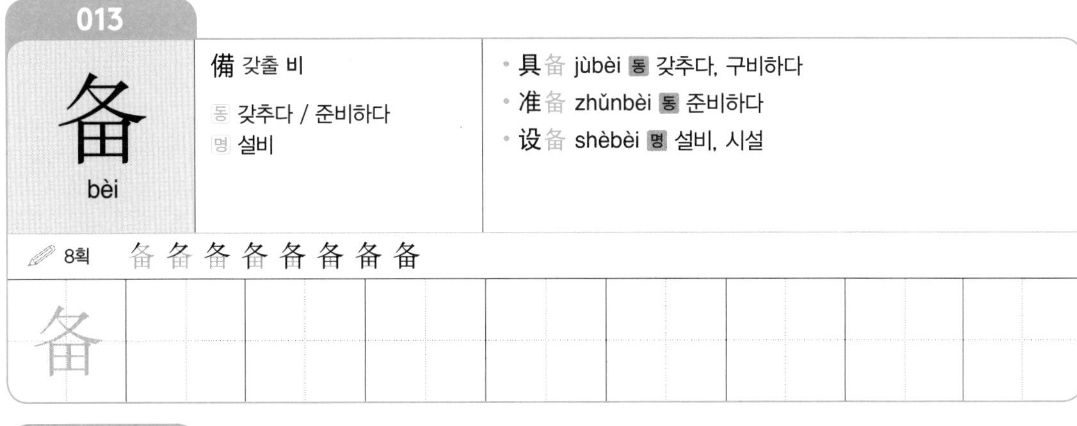

013

备
bèi

備 갖출 비

동 갖추다 / 준비하다
명 설비

- 具备 jùbèi 동 갖추다, 구비하다
- 准备 zhǔnbèi 동 준비하다
- 设备 shèbèi 명 설비, 시설

8획 备 备 备 备 备 备 备 备

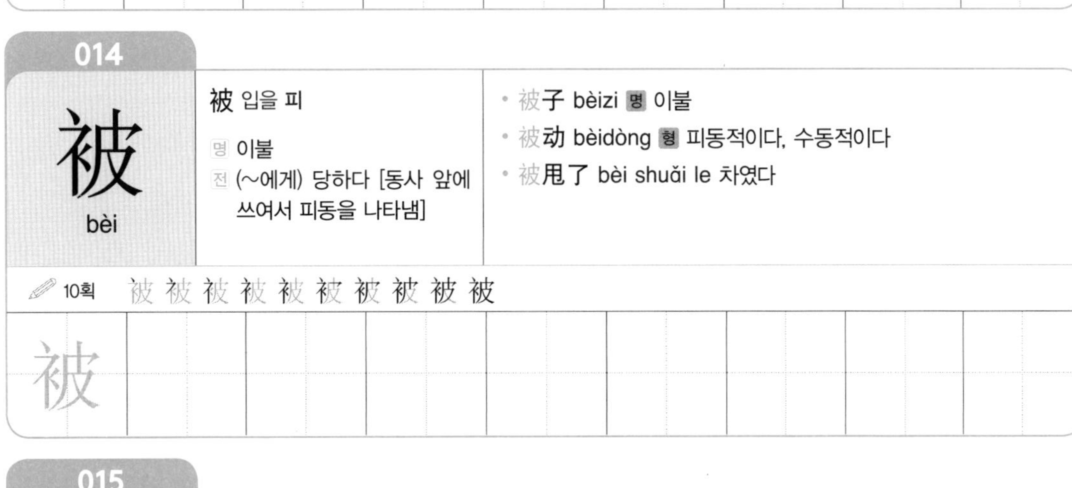

014

被
bèi

被 입을 피

명 이불
전 (~에게) 당하다 [동사 앞에 쓰여서 피동을 나타냄]

- 被子 bèizi 명 이불
- 被动 bèidòng 형 피동적이다, 수동적이다
- 被甩了 bèi shuǎi le 차였다

10획 被 被 被 被 被 被 被 被 被 被

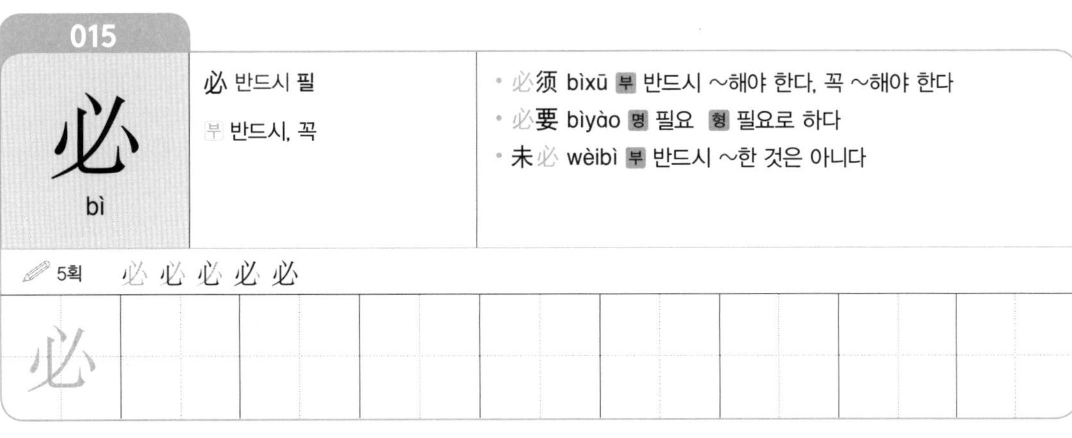

015

必
bì

必 반드시 필

부 반드시, 꼭

- 必须 bìxū 부 반드시 ~해야 한다, 꼭 ~해야 한다
- 必要 bìyào 명 필요 형 필요로 하다
- 未必 wèibì 부 반드시 ~한 것은 아니다

5획 必 必 必 必 必

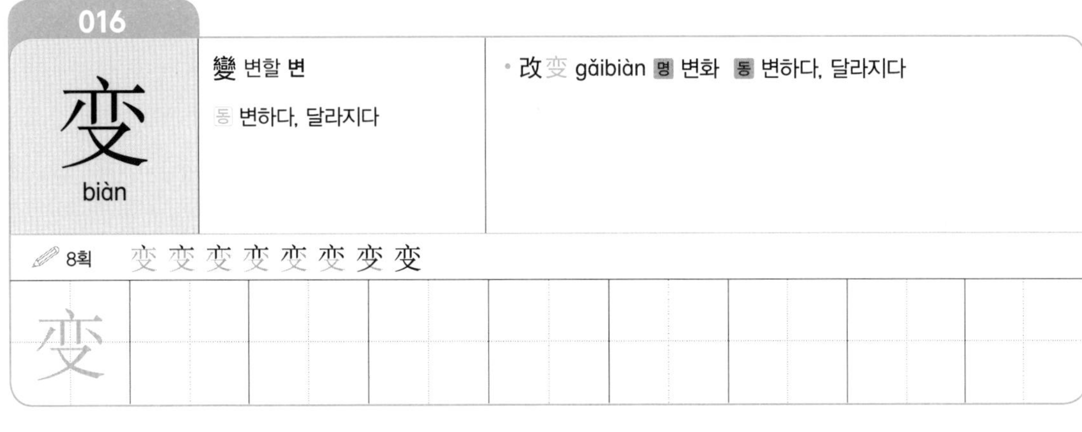

016

变
biàn

變 변할 변

동 변하다, 달라지다

- 改变 gǎibiàn 명 변화 동 변하다, 달라지다

8획 变 变 变 变 变 变 变 变

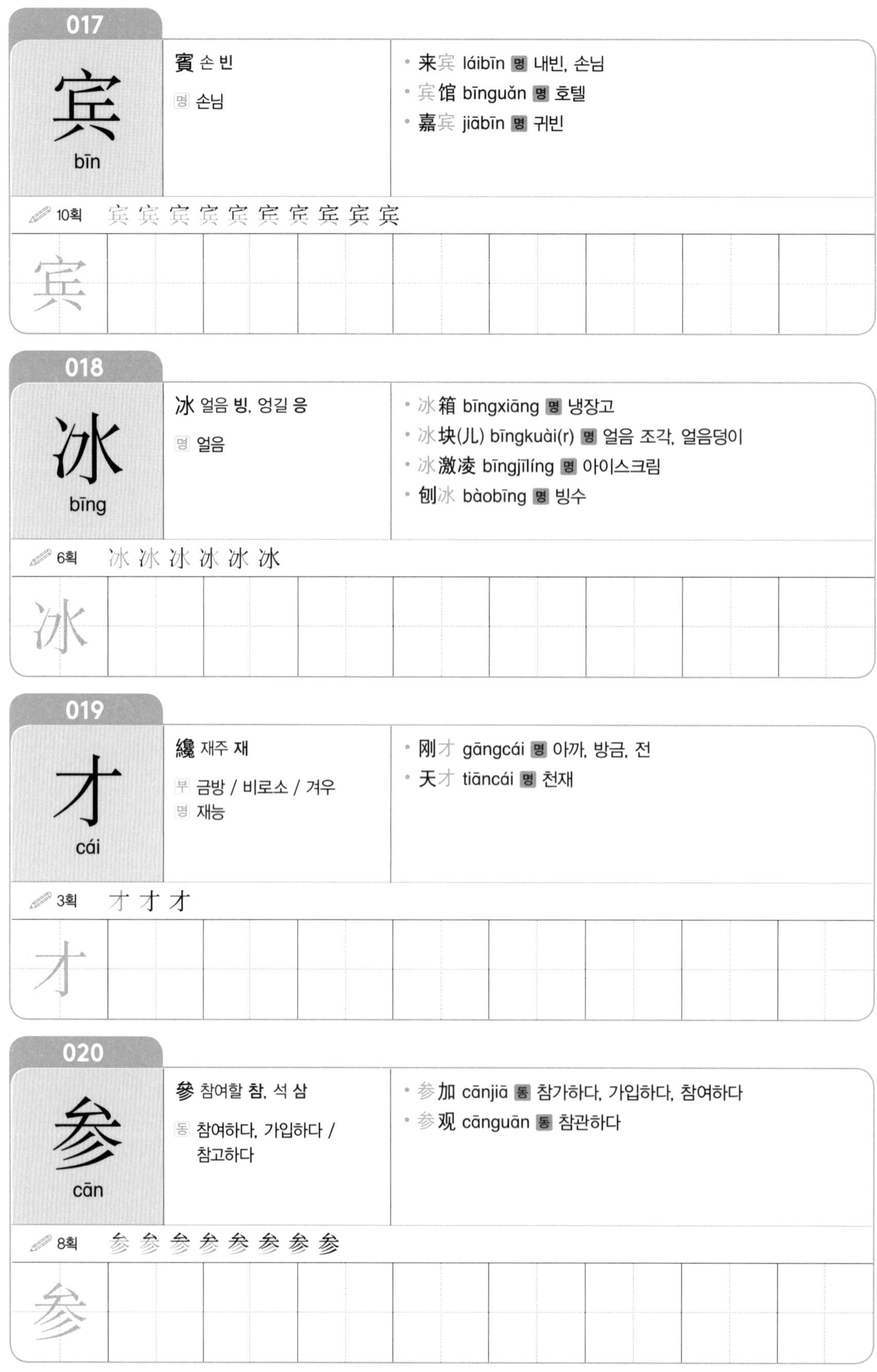

017

宾
bīn

賓 손 빈

명 손님

- 来宾 láibīn 명 내빈, 손님
- 宾馆 bīnguǎn 명 호텔
- 嘉宾 jiābīn 명 귀빈

10획 宾 宾 宾 宾 宾 宾 宾 宾 宾 宾

宾

018

冰
bīng

冰 얼음 빙, 엉길 응

명 얼음

- 冰箱 bīngxiāng 명 냉장고
- 冰块(儿) bīngkuài(r) 명 얼음 조각, 얼음덩이
- 冰激凌 bīngjīlíng 명 아이스크림
- 刨冰 bàobīng 명 빙수

6획 冰 冰 冰 冰 冰 冰

冰

019

才
cái

纔 재주 재

부 금방 / 비로소 / 겨우
명 재능

- 刚才 gāngcái 명 아까, 방금, 전
- 天才 tiāncái 명 천재

3획 才 才 才

才

020

参
cān

參 참여할 참, 석 삼

동 참여하다, 가입하다 / 참고하다

- 参加 cānjiā 동 참가하다, 가입하다, 참여하다
- 参观 cānguān 동 참관하다

8획 参 参 参 参 参 参 参 参

参

021

cǎo

草 풀 초

명 풀

- 草木 cǎomù 명 초목, 풀과 나무
- 草地 cǎodì 명 잔디(밭) / 초원
- 草莓 cǎoméi 명 딸기

9획 草 草 草 草 草 草 草 草 草

草

022

céng

層 층 층

양 층, 겹
명 층, 계층, 계급

- 一层 yī céng 일 층
- 楼层 lóucéng 명 (건물의) 층수
- 阶层 jiēcéng 명 계층

7획 层 层 层 层 层 层 层

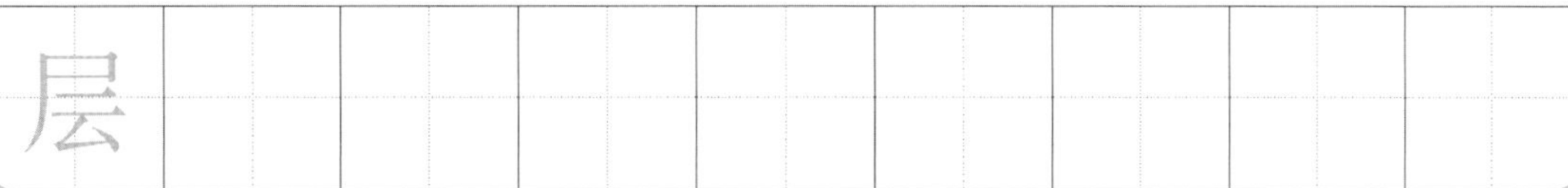

层

023

chā / chà / chāi

差 다를 차, 차별 치, 버금 채

chā 명 차이, 상이점
chà 형 부족하다 / 다르다 / 나쁘다
chāi 동 파견하다

- 差别 chābié 명 차별, 차이
- 差一个 chà yí gè 한 개가 부족하다
- 出差 chūchāi 동 출장하다

9획 差 差 差 差 差 差 差 差 差

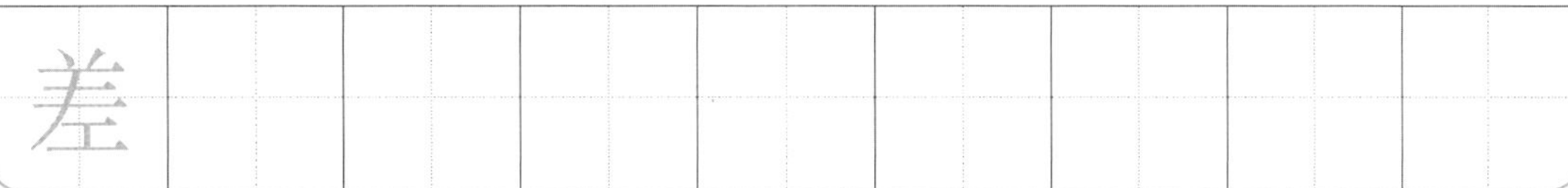

差

024

chá

查 조사할 사

동 검사하다 / 찾아보다 / 조사하다

- 检查 jiǎnchá 동 검사하다
- 查找 cházhǎo 동 찾다, 조사하다, 수사하다
- 调查 diàochá 명 동 조사(하다)

9획 查 查 查 查 查 查 查 查 查

查

025

超
chāo

超 뛰어넘을 초

동 넘어서다, 초월하다
접두 초(super)

- 超过 chāoguò 동 초과하다, 넘다
- 超越 chāoyuè 동 넘어서다, 초월하다
- 超级 chāojí 형 초, 뛰어난

12획 超 超 超 超 超 超 超 超 超 超 超 超

超

026

衬
chèn

襯 속옷 친, 속옷 츤

명 안감

- 衬衫 chènshān 명 셔츠, 와이셔츠

8획 衬 衬 衬 衬 衬 衬 衬 衬

衬

027

成
chéng

成 이룰 성

동 이루다 / 성숙하다
명 성취, 성과

- 成功 chénggōng 동 성공하다 형 성공적이다
- 成人 chéngrén 동 어른이 되다 명 성인
- 成绩 chéngjì 명 (일·학업상의) 성적, 성과, 수확

6획 成 成 成 成 成 成

成

028

城
chéng

城 재 성

명 도시 / 성벽

- 城市 chéngshì 명 도시
- 城墙 chéngqiáng 명 성벽

9획 城 城 城 城 城 城 城 城 城

城

029

迟
chí

遲 더딜 지, 늦을 지

형 늦다, 더디다

• 迟到 chídào 동 지각하다

7획 迟 迟 迟 迟 迟 迟 迟

迟

030

重
chóng / zhòng

重 무거울 중, 아이 동

chóng 동 중복하다
zhòng 형 무겁다 / 중요하다

• 重复 chóngfù 동 중복하다, 반복하다
• 重点 zhòngdiǎn 명 중점

9획 重 重 重 重 重 重 重 重 重

重

031

除
chú

除 덜 제, 음력 사월 여

동 없애다, 제거하다 / 제외하다

• 删除 shānchú 동 삭제하다, 지우다
• 除了 chúle 접 ~을(를) 제외하고

9획 除 除 除 除 除 除 除 除 除

除

032

楚
chǔ

楚 초나라 초, 회초리 초

형 분명하다

• 清楚 qīngchu 형 분명하다, 뚜렷하다

13획 楚 楚 楚 楚 楚 楚 楚 楚 楚 楚 楚 楚 楚

楚

033

船
chuán

船 배 선

명 선박, 배

- 客船 kèchuán 명 여객선
- 船舶 chuánbó 명 배, 선박

11획 船 船 船 船 船 船 船 船 船 船 船

船

034

春
chūn

春 봄 춘, 움직일 준

명 봄

- 春天 chūntiān 명 봄, 봄철
- 春夏秋冬 chūn xià qiū dōng 춘하추동, 봄 여름 가을 겨울
- 春节 Chūn Jié 춘절
- 青春 qīngchūn 명 청춘

9획 春 春 春 春 春 春 春 春 春

春

035

词
cí

詞 말 사, 글 사

명 단어

- 词典 cídiǎn 명 사전
- 词汇 cíhuì 명 어휘

7획 词 词 词 词 词 词 词

词

036

聪
cōng

聰 귀 밝을 총

형 영리하다, 총명하다

- 聪明 cōngming 형 총명하다, 영리하다
- 聪慧 cōnghuì 형 총명하다, 지혜롭다

15획 聪 聪 聪 聪 聪 聪 聪 聪 聪 聪 聪 聪 聪 聪 聪

聪

037

答
dā / dá

答 대답 답

dā / dá 동 대답하다

- 答应 dāying 동 응답하다, 승낙하다
- 答案 dá'àn 명 답, 답안, 해답

12획 答 答 答 答 答 答 答 答 答 答 答 答

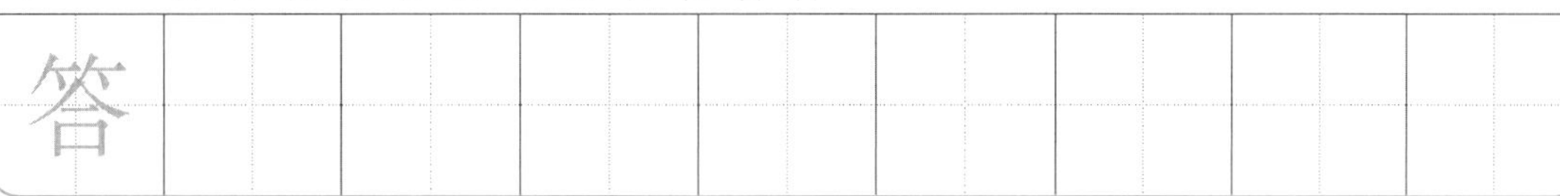

038

带
dài

帶 띠 대

동 휴대하다, 지니다 / 이끌다
명 띠, 벨트, 끈

- 带走 dài zǒu 가지고 가다
- 鞋带(儿) xiédài(r) 명 신발 끈
- 领带 lǐngdài 명 넥타이

9획 带 带 带 带 带 带 带 带 带

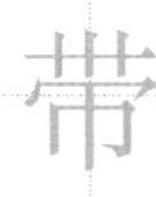

039

担
dān

擔 떨칠 단, 올릴 걸, 멜 담

동 (책임·일을) 맡다, 담당하다

- 负担 fùdān 명 부담, 책임 동 부담하다
- 分担 fēndān 동 분담하다, 나누어 맡다
- 承担 chéngdān 동 맡다, 담당하다

8획 担 担 担 担 担 担 担 担

040

单
dān

單 홑 단, 오랑캐 이름 선

형 홑의, 하나의 / 혼자의 / 간단하다

- 单身 dānshēn 명 단신, 홀몸, 독신
- 简单 jiǎndān 형 간단하다, 단순하다

8획 单 单 单 单 单 单 单 单

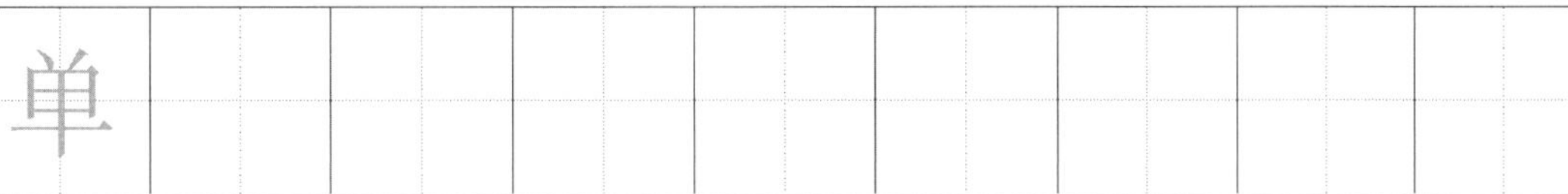

3급

041

蛋
dàn

蛋 새알 단

명 (동물의) 알

- 鸭蛋 yādàn 명 오리 알 / 빵점, 영점 [속어]
- 蛋糕 dàngāo 명 케이크
- 蛋挞 dàntǎ 에그타르트

11획 蛋 蛋 蛋 蛋 蛋 蛋 蛋 蛋 蛋 蛋 蛋

蛋

042

当
dāng / dàng

當 마땅 당

dāng 동 ~이(가) 되다 / 맡다, 담당하다 / 응당 ~해야 한다
dàng 형 적합하다, 알맞다

- 担当 dāndāng 동 담당하다, 맡다
- 应当 yīngdāng 동 응당 ~해야 한다
- 恰当 qiàdàng 형 알맞다, 타당하다

6획 当 当 当 当 当 当

当

043

地
de / dì

地 땅 지

de 조 ~하게 [부사어로 쓰이는 단어·구 뒤에 쓰임]
dì 명 땅, 지구, 지면 / 지역, 지점, 장소

- 慢慢地吃 mànmàn de chī 천천히 먹다
- 地球 dìqiú 명 지구
- 地方 dìfang 명 장소, 곳

6획 地 地 地 地 地 地

地

044

灯
dēng

燈 등잔 정, 등 등

명 등, 등불

- 开灯 kāi dēng 전등을 켜다
- 冰灯节 Bīngdēng Jié 빙등제, 얼음 축제

6획 灯 灯 灯 灯 灯 灯

灯

045

典
diǎn

典 법 전

명 (표준이 되는) 서적

- 经典 jīngdiǎn 명 경전
- 古典 gǔdiǎn 명 전고, 고전

8획 典 典 典 典 典 典 典 典

典

046

调
diào / tiáo

調 고를 조, 아침 주

diào 동 이동하다
명 어조
tiáo 동 조절하다, 조정하다

- 调动 diàodòng 동 (위치·용도·인원을) 옮기다, 이동하다
- 强调 qiángdiào 동 강조하다
- 空调 kōngtiáo 명 에어컨
- 调整 tiáozhěng 명 동 조정(하다)

10획 调 调 调 调 调 调 调 调 调 调

调

047

定
dìng

定 정할 정, 이마 정

부 반드시, 꼭
형 확정된, 규정된
동 정하다, 결정하다 / 안정시키다

- 一定 yídìng 부 반드시, 꼭
- 规定 guīdìng 동 규정하다, 정하다
- 决定 juédìng 동 결정하다
- 安定 āndìng 동 안정시키다 형 (생활·형세 등이) 안정하다

8획 定 定 定 定 定 定 定 定

定

048

东
dōng

東 동녘 동

명 동쪽

- 东边 dōngbian 명 동쪽
- 东西南北 dōng xī nán běi 동서남북

5획 东 东 东 东 东

东

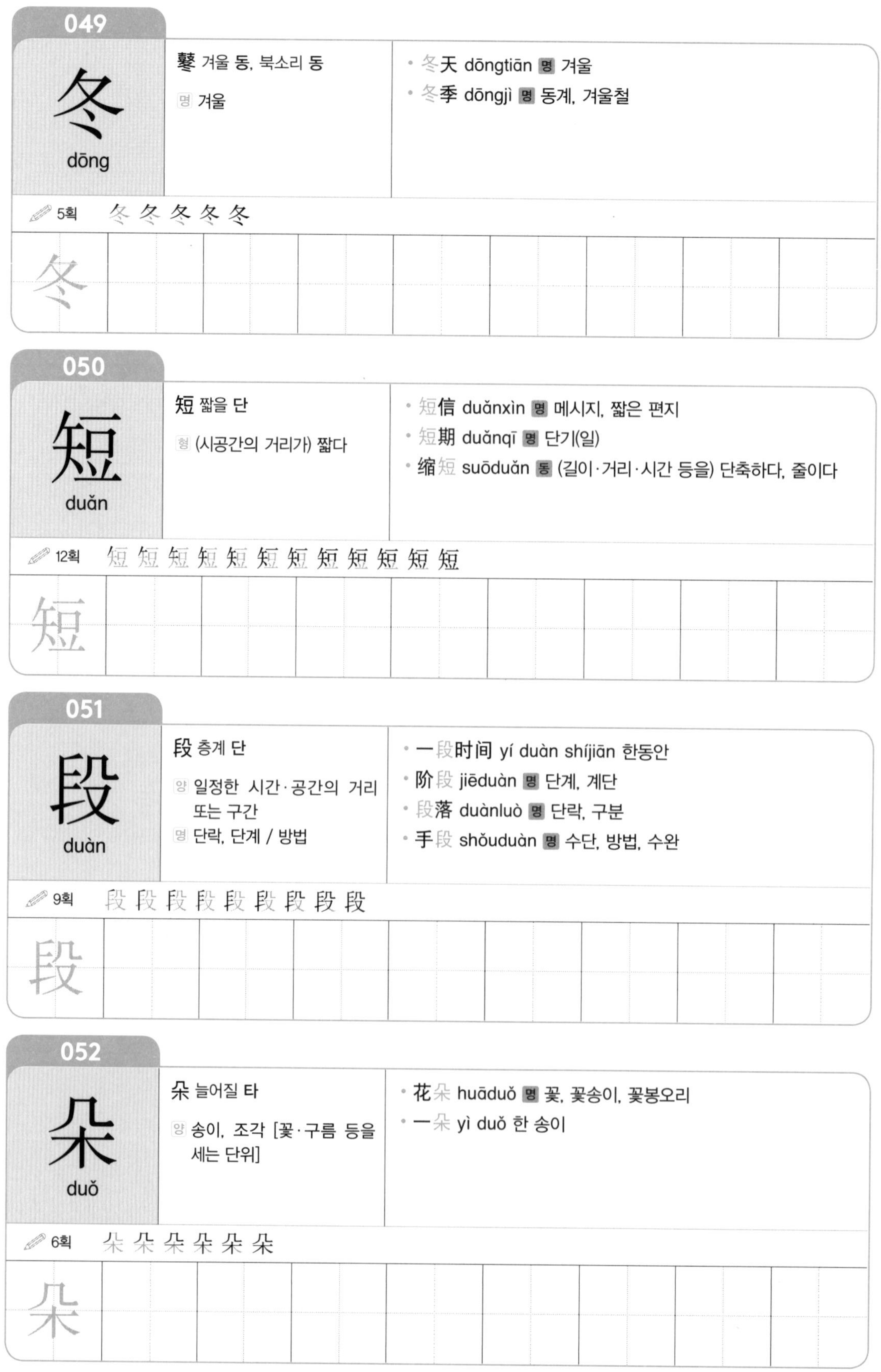

049

冬

dōng

鼕 겨울 동, 북소리 동

명 겨울

- 冬天 dōngtiān 명 겨울
- 冬季 dōngjì 명 동계, 겨울철

5획 冬 冬 冬 冬 冬

冬

050

短

duǎn

短 짧을 단

형 (시공간의 거리가) 짧다

- 短信 duǎnxìn 명 메시지, 짧은 편지
- 短期 duǎnqī 명 단기(일)
- 缩短 suōduǎn 동 (길이·거리·시간 등을) 단축하다, 줄이다

12획 短 短 短 短 短 短 短 短 短 短 短 短

短

051

段

duàn

段 층계 단

양 일정한 시간·공간의 거리 또는 구간

명 단락, 단계 / 방법

- 一段时间 yí duàn shíjiān 한동안
- 阶段 jiēduàn 명 단계, 계단
- 段落 duànluò 명 단락, 구분
- 手段 shǒuduàn 명 수단, 방법, 수완

9획 段 段 段 段 段 段 段 段 段

段

052

朵

duǒ

朵 늘어질 타

양 송이, 조각 [꽃·구름 등을 세는 단위]

- 花朵 huāduǒ 명 꽃, 꽃송이, 꽃봉오리
- 一朵 yì duǒ 한 송이

6획 朵 朵 朵 朵 朵 朵

朵

053

饿
è

餓 주릴 아

형 배고프다
동 굶다, 굶주리다

- 饥饿 jī'è 형 배고프다 명 기아, 굶주림
- 挨饿 ái'è 동 굶주리다

10획 饿 饿 饿 饿 饿 饿 饿 饿 饿 饿

饿

054

而
ér

而 말 이을 이, 능히 능

접 그리고 [순접을 나타냄] / ~지만 [역접을 나타냄]

- 而且 érqiě 접 게다가, ~뿐만 아니라
- 反而 fǎn'ér 부 오히려, 역으로

6획 而 而 而 而 而 而

而

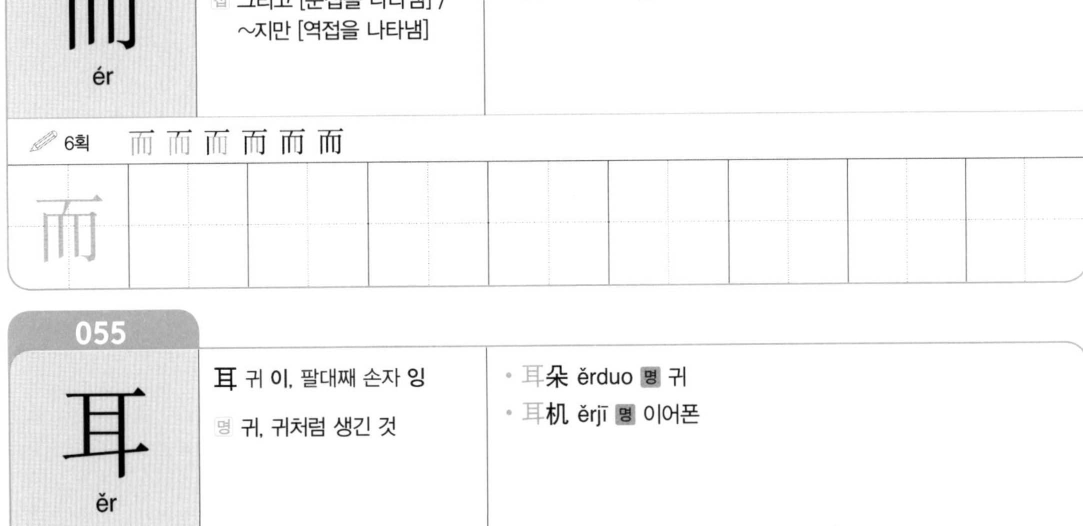

055

耳
ěr

耳 귀 이, 팔대째 손자 잉

명 귀, 귀처럼 생긴 것

- 耳朵 ěrduo 명 귀
- 耳机 ěrjī 명 이어폰

6획 耳 耳 耳 耳 耳 耳

耳

056

发
fā / fà

發 필 발, 髮 터럭 발

fā 동 보내다 / 발생하다 / 발견하다, 드러내다
fà 명 머리카락

- 发现 fāxiàn 동 발견하다, 알아차리다
- 头发 tóufa 명 머리카락, 머리털
- 理发 lǐfà 동 이발하다, 머리를 깎다

5획 发 发 发 发 发

发

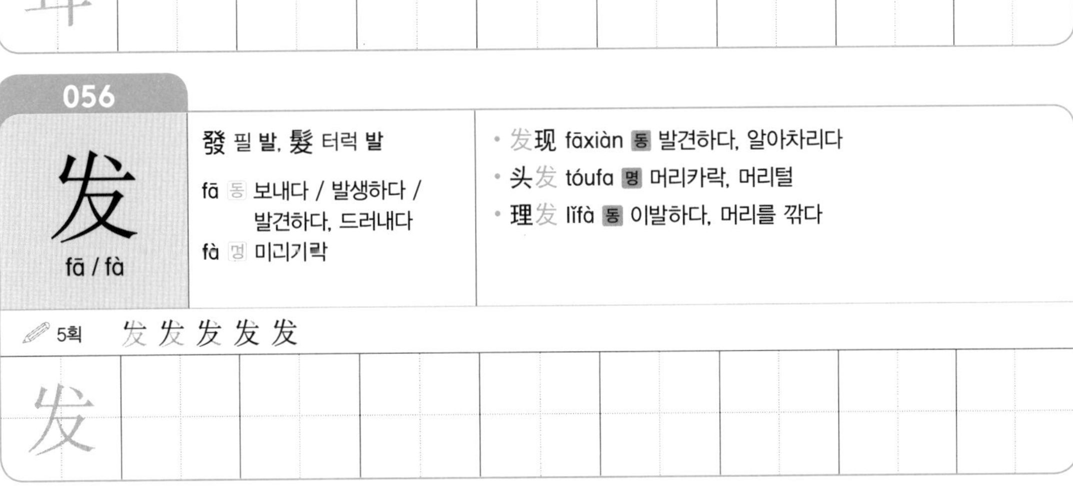

3급

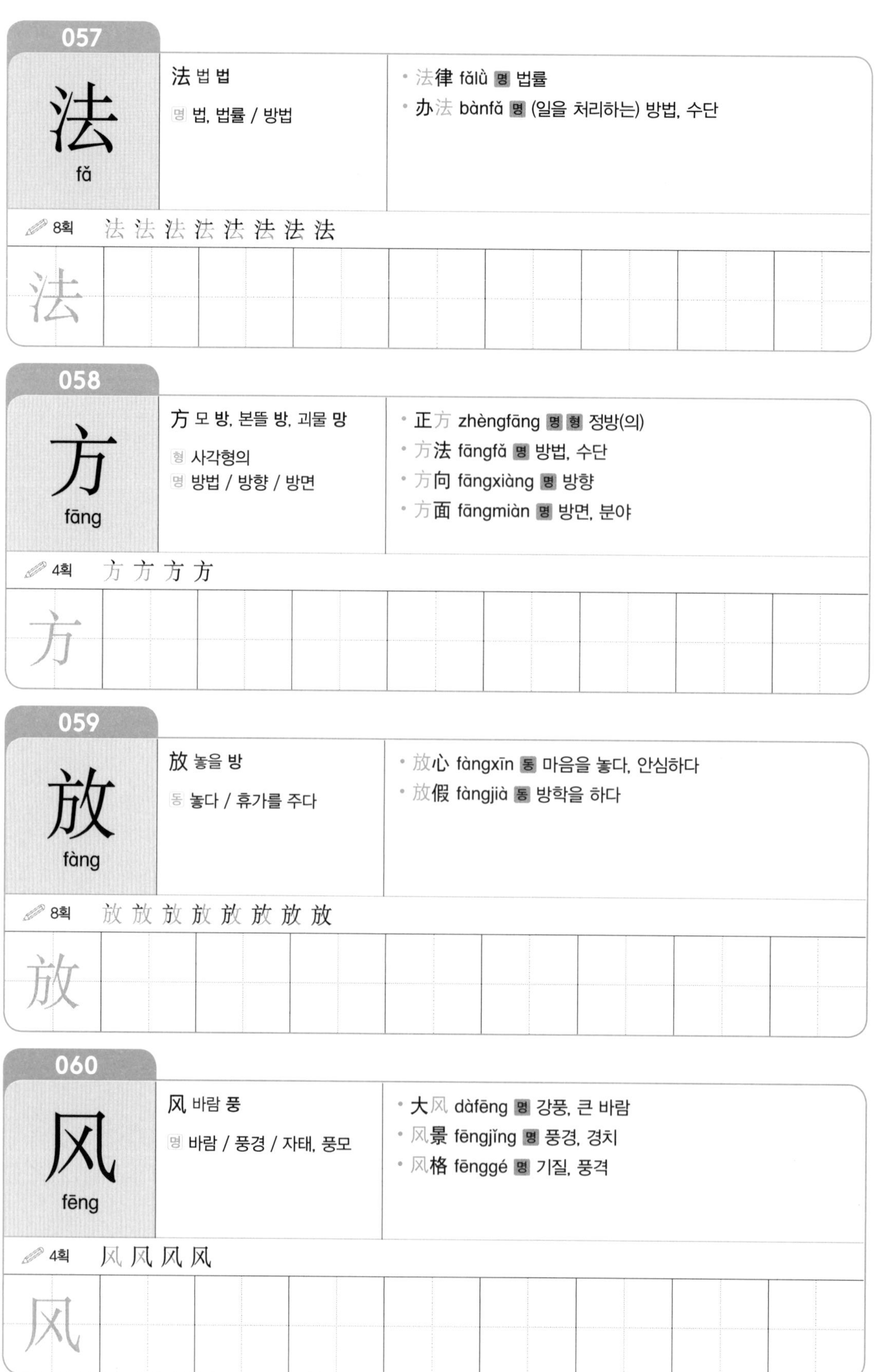

057

法
fǎ

法 법 법

명 법, 법률 / 방법

- 法律 fǎlǜ 명 법률
- 办法 bànfǎ 명 (일을 처리하는) 방법, 수단

8획 法 法 法 法 法 法 法 法

法

058

方
fāng

方 모 방, 본뜰 방, 괴물 망

형 사각형의
명 방법 / 방향 / 방면

- 正方 zhèngfāng 명 형 정방(의)
- 方法 fāngfǎ 명 방법, 수단
- 方向 fāngxiàng 명 방향
- 方面 fāngmiàn 명 방면, 분야

4획 方 方 方 方

方

059

放
fàng

放 놓을 방

동 놓다 / 휴가를 주다

- 放心 fàngxīn 동 마음을 놓다, 안심하다
- 放假 fàngjià 동 방학을 하다

8획 放 放 放 放 放 放 放 放

放

060

风
fēng

风 바람 풍

명 바람 / 풍경 / 자태, 풍모

- 大风 dàfēng 명 강풍, 큰 바람
- 风景 fēngjǐng 명 풍경, 경치
- 风格 fēnggé 명 기질, 풍격

4획 风 风 风 风

风

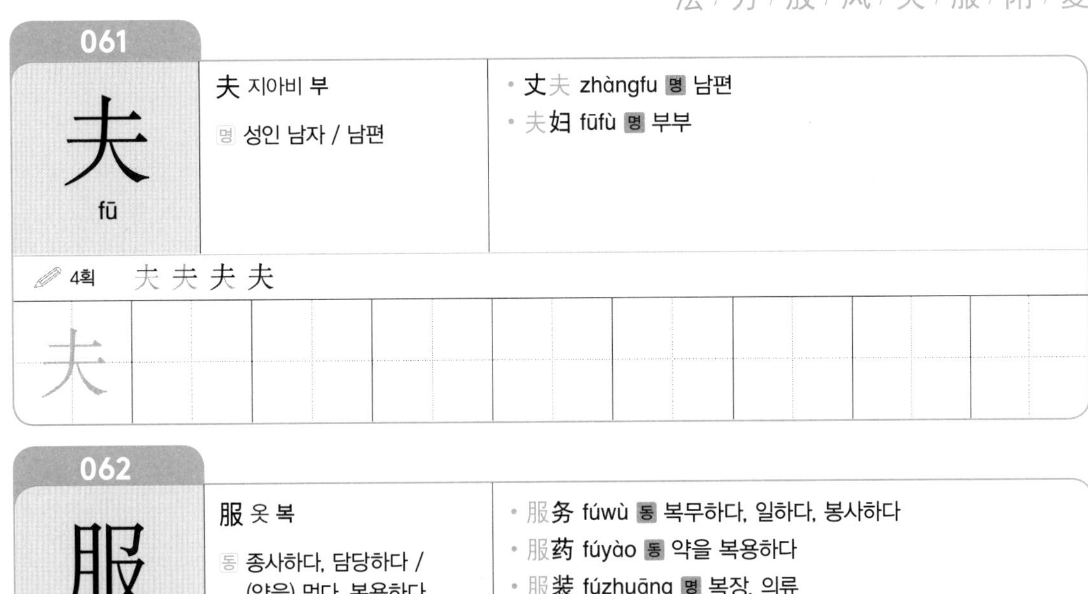

061

夫 fū

夫 지아비 부

명 성인 남자 / 남편

- 丈夫 zhàngfu 명 남편
- 夫妇 fūfù 명 부부

4획 夫 夫 夫 夫

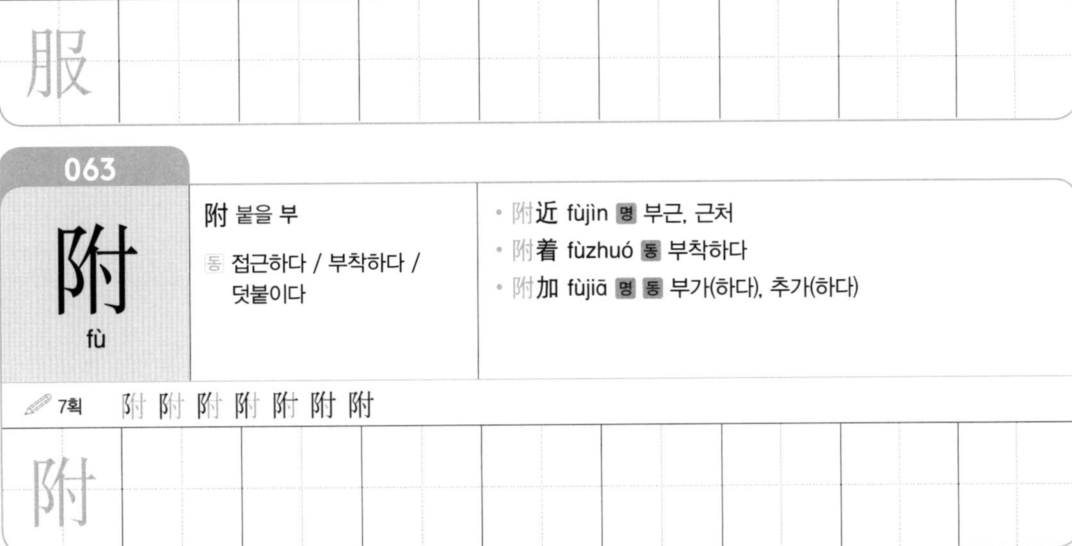

062

服 fú

服 옷 복

동 종사하다, 담당하다 / (약을) 먹다, 복용하다

명 옷

- 服务 fúwù 동 복무하다, 일하다, 봉사하다
- 服药 fúyào 동 약을 복용하다
- 服装 fúzhuāng 명 복장, 의류

8획 服 服 服 服 服 服 服 服

063

附 fù

附 붙을 부

동 접근하다 / 부착하다 / 덧붙이다

- 附近 fùjìn 명 부근, 근처
- 附着 fùzhuó 동 부착하다
- 附加 fùjiā 명 동 부가(하다), 추가(하다)

7획 附 附 附 附 附 附 附

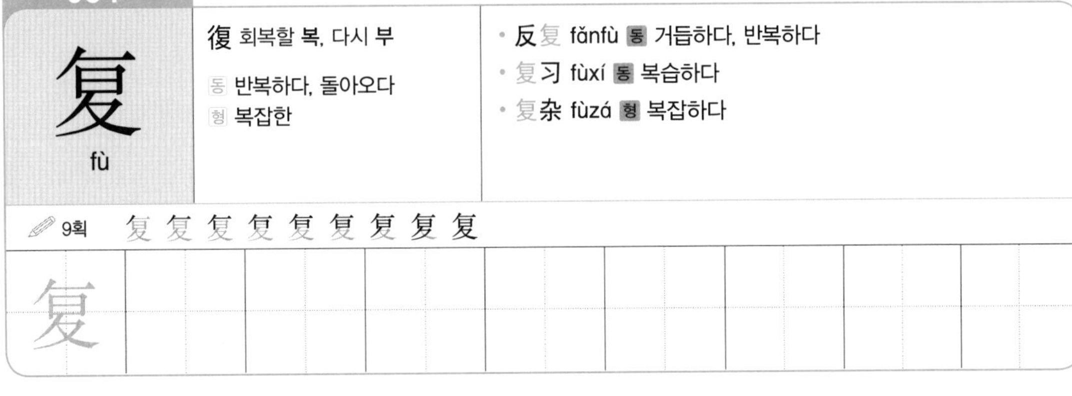

064

复 fù

復 회복할 복, 다시 부

동 반복하다, 돌아오다

형 복잡한

- 反复 fǎnfù 동 거듭하다, 반복하다
- 复习 fùxí 동 복습하다
- 复杂 fùzá 형 복잡하다

9획 复 复 复 复 复 复 复 复 复

065

该
gāi

該 갖출 해, 마땅 해

조동 ~해야 한다

- 应该 yīnggāi 조동 ~해야 한다

8획 该 该 该 该 该 该 该 该

该

066

干
gān / gàn

幹 방패 간, 줄기 간, 마를 건

gān 형 건조하다, 마르다 / 텅 비다, 아무것도 없다
gàn 동 하다, 종사하다

- 干燥 gānzào 형 건조하다
- 干杯 gānbēi 동 잔을 비우다, 건배하다
- 干净 gānjìng 형 깨끗하다
- 干活儿 gànhuór 동 일하다

3획 干 干 干

干

067

感
gǎn

感 느낄 감, 한할 감

동 느끼다 / 감기에 걸리다
명 감정, 감각, 느낌

- 感到 gǎndào 동 느끼다, 생각하다
- 感冒 gǎnmào 명 감기
- 好感 hǎogǎn 명 호감

13획 感 感 感 感 感 感 感 感 感 感 感 感 感

感

068

刚
gāng

剛 굳셀 강

부 막, 바로 / 마침, 꼭

- 刚才 gāngcái 부 지금 막
- 刚刚 gānggāng 부 방금, 막
- 刚好 gānghǎo 형 꼭 알맞다 부 알맞게, 때마침

6획 刚 刚 刚 刚 刚 刚

刚

069

根
gēn

根 뿌리 근

명 뿌리, 근원, 근거

- 树根 shùgēn 명 나무뿌리
- 根本 gēnběn 명 근본, 근원 부 완전히, 전혀, 아예
- 根据 gēnjù 전 ~에 근거하여 명 근거

10획 根 根 根 根 根 根 根 根 根 根

根

070

跟
gēn

跟 발꿈치 근

전 ~와(과)
동 따라가다
명 (발·구두·양말 등의) 뒤꿈치

- 跟他商量 gēn tā shāngliang 그와 상의하다
- 跟踪 gēnzōng 동 미행하다, 추적하다
- 脚跟 jiǎogēn 명 발꿈치

13획 跟 跟 跟 跟 跟 跟 跟 跟 跟 跟 跟 跟 跟

跟

071

更
gēng / gèng

更 고칠 경, 다시 갱

gēng 동 바꾸다, 고치다
gèng 부 더욱, 더

- 更新 gēngxīn 동 갱신하다, 새롭게 바뀌다
- 更正 gēngzhèng 동 정정하다, 잘못을 고치다
- 更好 gèng hǎo 더욱 좋다
- 更多 gèng duō 더욱 많다

7획 更 更 更 更 更 更 更

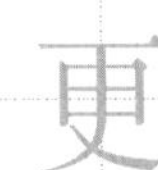

更

072

故
gù

故 연고 고

형 원래의, 종래의, 오래된
명 원인 / 사고
부 고의로, 일부러

- 故乡 gùxiāng 명 고향
- 事故 shìgù 명 사고, 의외의 손실·재난
- 无故 wúgù 부 이유 없이
- 故意 gùyì 부 고의로, 일부러

9획 故 故 故 故 故 故 故 故 故

故

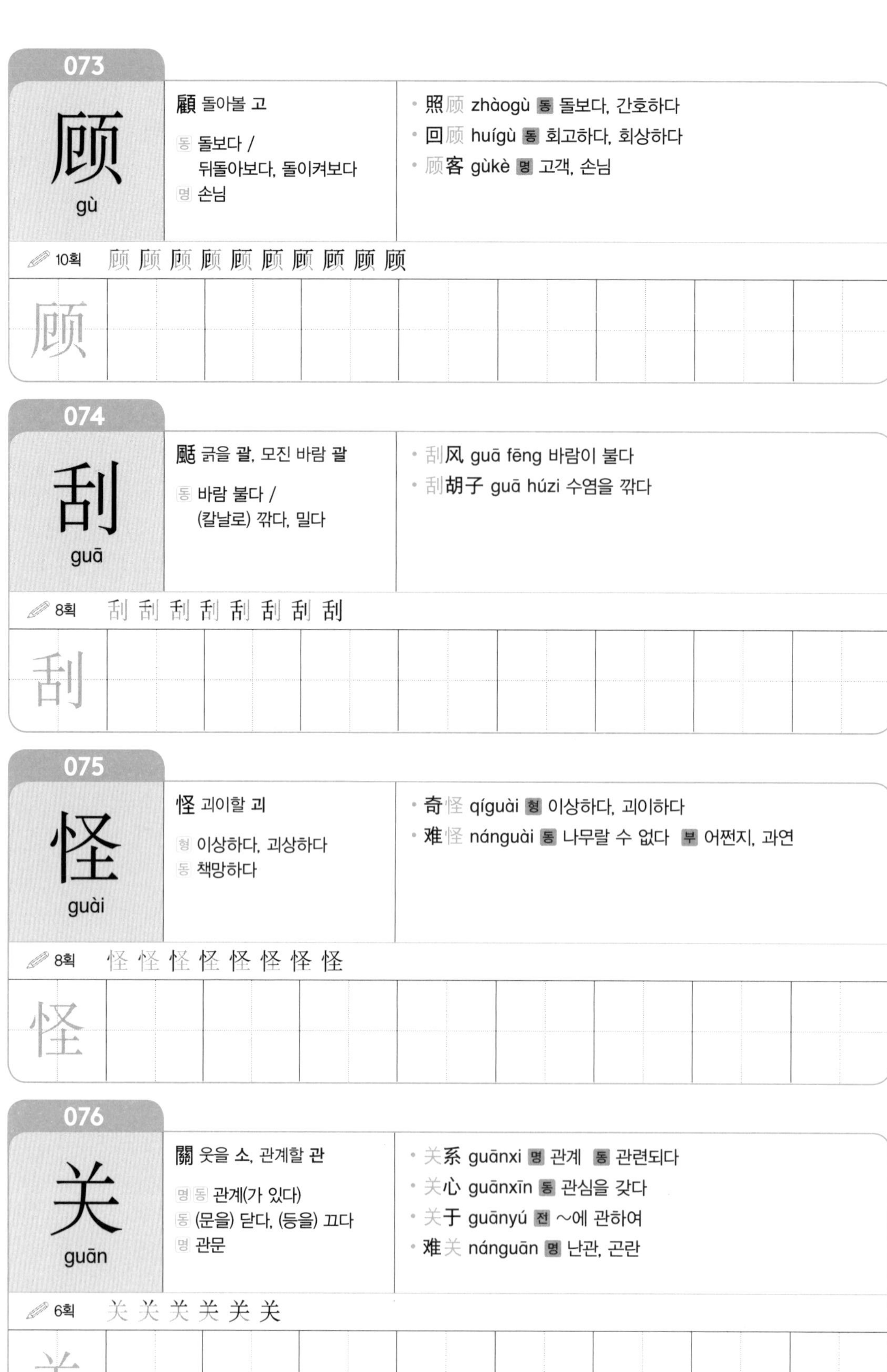

073

顾

gù

顧 돌아볼 고

동 돌보다 / 뒤돌아보다, 돌이켜보다

명 손님

- 照顾 zhàogù 동 돌보다, 간호하다
- 回顾 huígù 동 회고하다, 회상하다
- 顾客 gùkè 명 고객, 손님

10획 顾 顾 顾 顾 顾 顾 顾 顾 顾 顾

顾

074

刮

guā

颳 긁을 괄, 모진 바람 괄

동 바람 불다 / (칼날로) 깎다, 밀다

- 刮风 guā fēng 바람이 불다
- 刮胡子 guā húzi 수염을 깎다

8획 刮 刮 刮 刮 刮 刮 刮 刮

刮

075

怪

guài

怪 괴이할 괴

형 이상하다, 괴상하다

동 책망하다

- 奇怪 qíguài 형 이상하다, 괴이하다
- 难怪 nánguài 동 나무랄 수 없다 부 어쩐지, 과연

8획 怪 怪 怪 怪 怪 怪 怪 怪

怪

076

关

guān

關 웃을 소, 관계할 관

명 동 관계(가 있다)

동 (문을) 닫다, (등을) 끄다

명 관문

- 关系 guānxi 명 관계 동 관련되다
- 关心 guānxīn 동 관심을 갖다
- 关于 guānyú 전 ~에 관하여
- 难关 nánguān 명 난관, 곤란

6획 关 关 关 关 关 关

关

077

馆
guǎn

館 집 관

명 ~관 [전용 건물·영업장 등] / 호텔, 여관, 식당

- 大使馆 dàshǐguǎn 명 대사관
- 博物馆 bówùguǎn 명 박물관
- 宾馆 bīnguǎn 명 호텔
- 茶馆 cháguǎn 명 찻집

11획 馆 馆 馆 馆 馆 馆 馆 馆 馆 馆 馆

馆

078

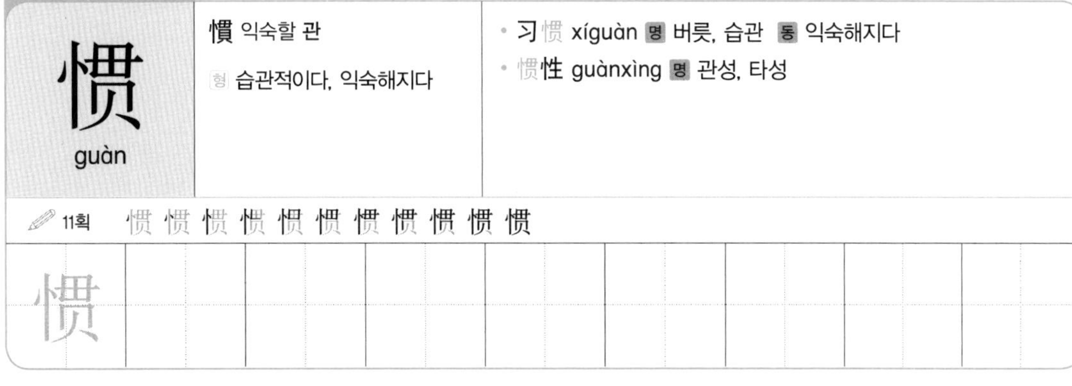

惯
guàn

慣 익숙할 관

형 습관적이다, 익숙해지다

- 习惯 xíguàn 명 버릇, 습관 동 익숙해지다
- 惯性 guànxìng 명 관성, 타성

11획 惯 惯 惯 惯 惯 惯 惯 惯 惯 惯 惯

惯

079

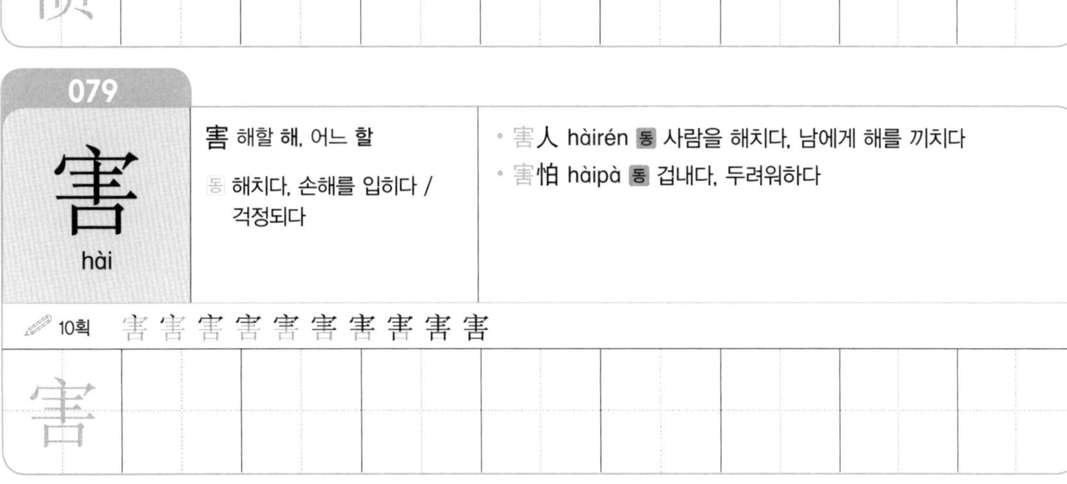

害
hài

害 해할 해, 어느 할

동 해치다, 손해를 입히다 / 걱정되다

- 害人 hàirén 동 사람을 해치다, 남에게 해를 끼치다
- 害怕 hàipà 동 겁내다, 두려워하다

10획 害 害 害 害 害 害 害 害 害 害

害

080

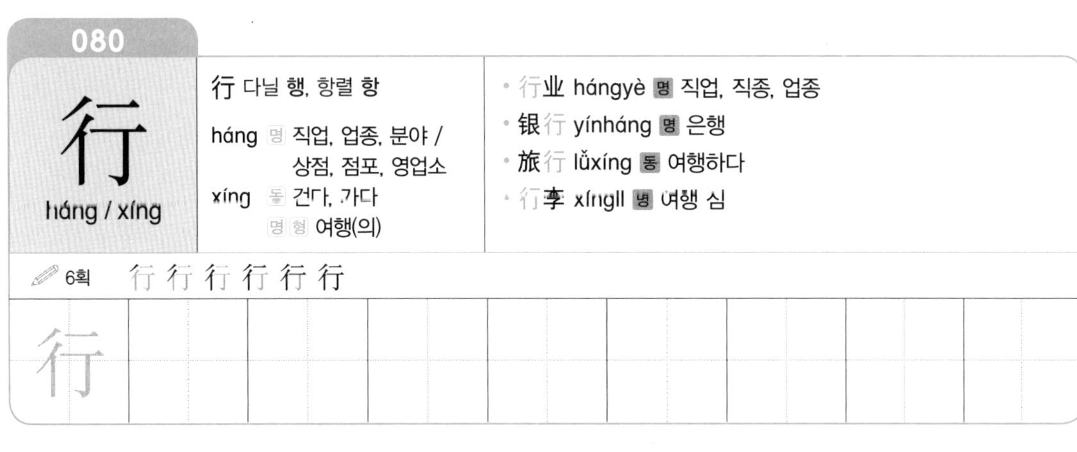

行
háng / xíng

行 다닐 행, 항렬 항

háng 명 직업, 업종, 분야 / 상점, 점포, 영업소

xíng 동 걷다, 가다

명 형 여행(의)

- 行业 hángyè 명 직업, 직종, 업종
- 银行 yínháng 명 은행
- 旅行 lǚxíng 동 여행하다
- 行李 xíngli 명 여행 짐

6획 行 行 行 行 行 行

行

3급

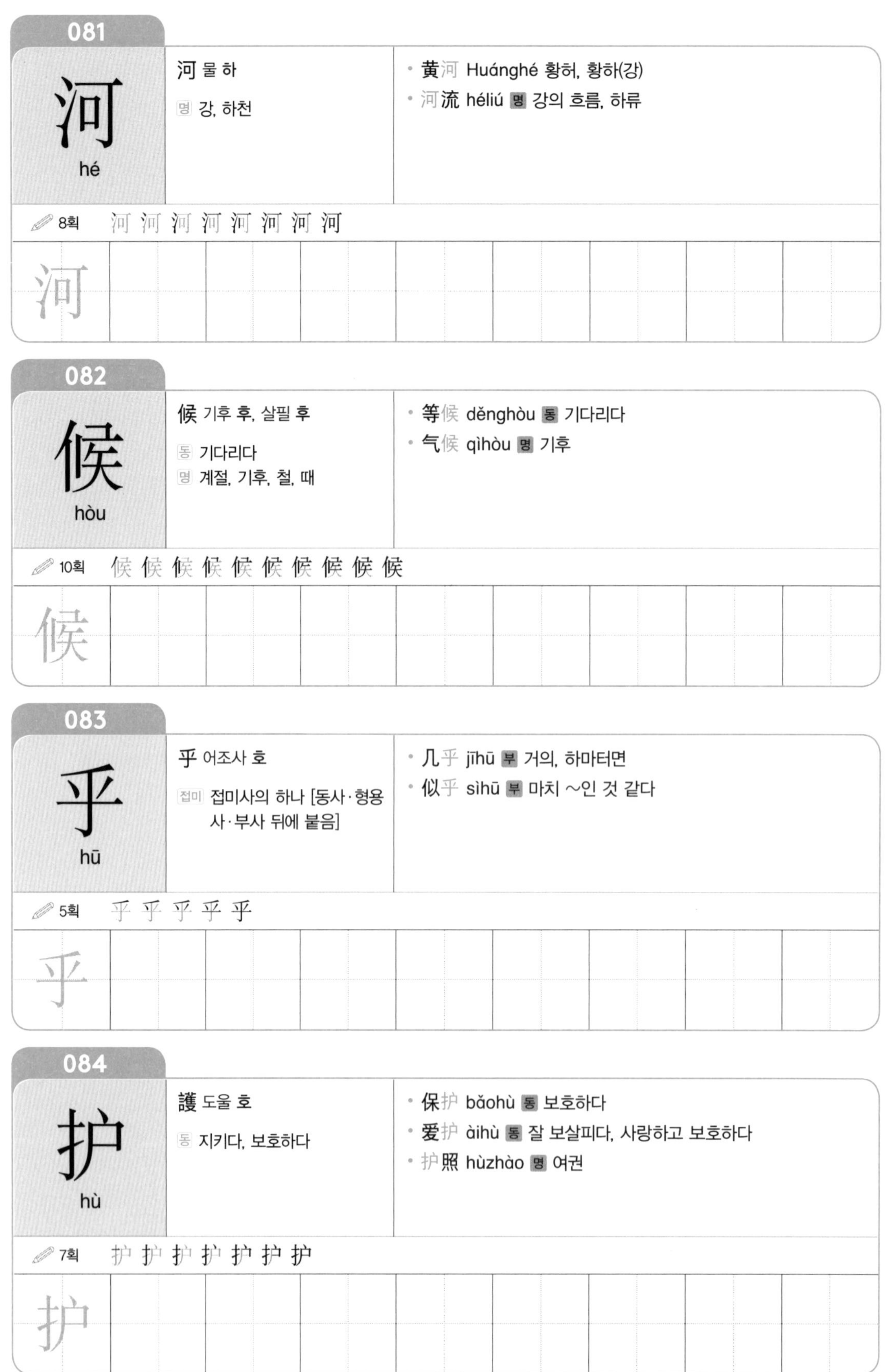

081

河

hé

河 물 하

명 강, 하천

- 黄河 Huánghé 황허, 황하(강)
- 河流 héliú 명 강의 흐름, 하류

8획 河 河 河 河 河 河 河 河

河

082

候

hòu

候 기후 후, 살필 후

동 기다리다

명 계절, 기후, 철, 때

- 等候 děnghòu 동 기다리다
- 气候 qìhòu 명 기후

10획 候 候 候 候 候 候 候 候 候 候

候

083

乎

hū

乎 어조사 호

접미 접미사의 하나 [동사·형용사·부사 뒤에 붙음]

- 几乎 jīhū 부 거의, 하마터면
- 似乎 sìhū 부 마치 ~인 것 같다

5획 乎 乎 乎 乎 乎

乎

084

护

hù

護 도울 호

동 지키다, 보호하다

- 保护 bǎohù 동 보호하다
- 爱护 àihù 동 잘 보살피다, 사랑하고 보호하다
- 护照 hùzhào 명 여권

7획 护 护 护 护 护 护 护

护

085

花

huā

花 꽃 화

명 꽃
동 소비하다, 쓰다

- 棉花 miánhuā 명 목화, 목화 솜
- 花钱 huā qián 돈을 쓰다
- 花费 huāfèi 동 소비하다

7획 花 花 花 花 花 花 花

花

086

化

huà

化 될 화, 잘못 와

동 변하다 / 소화하다
명 화학 [약칭]
접미 ~화(하다)

- 变化 biànhuà 명 동 변화(하다)
- 消化 xiāohuà 동 소화하다
- 化学 huàxué 명 화학
- 多元化 duōyuánhuà 동 다원화하다

4획 化 化 化 化

化

087

画

huà

畫 그림 화, 그을 획

동 (그림을) 그리다
명 그림

- 画画儿 huà huàr 그림을 그리다
- 漫画 mànhuà 명 만화
- 动画片 dònghuàpiàn 명 만화 영화

8획 画 画 画 画 画 画 画 画

画

088

坏

huài

壞 무너질 괴, 앓을 회

형 나쁘다 / 고장 나다

- 坏人 huàirén 명 나쁜 사람, 악당
- 破坏 pòhuài 동 파괴하다
- 损坏 sǔnhuài 동 손상시키다, 훼손시키다

7획 坏 坏 坏 坏 坏 坏 坏

坏

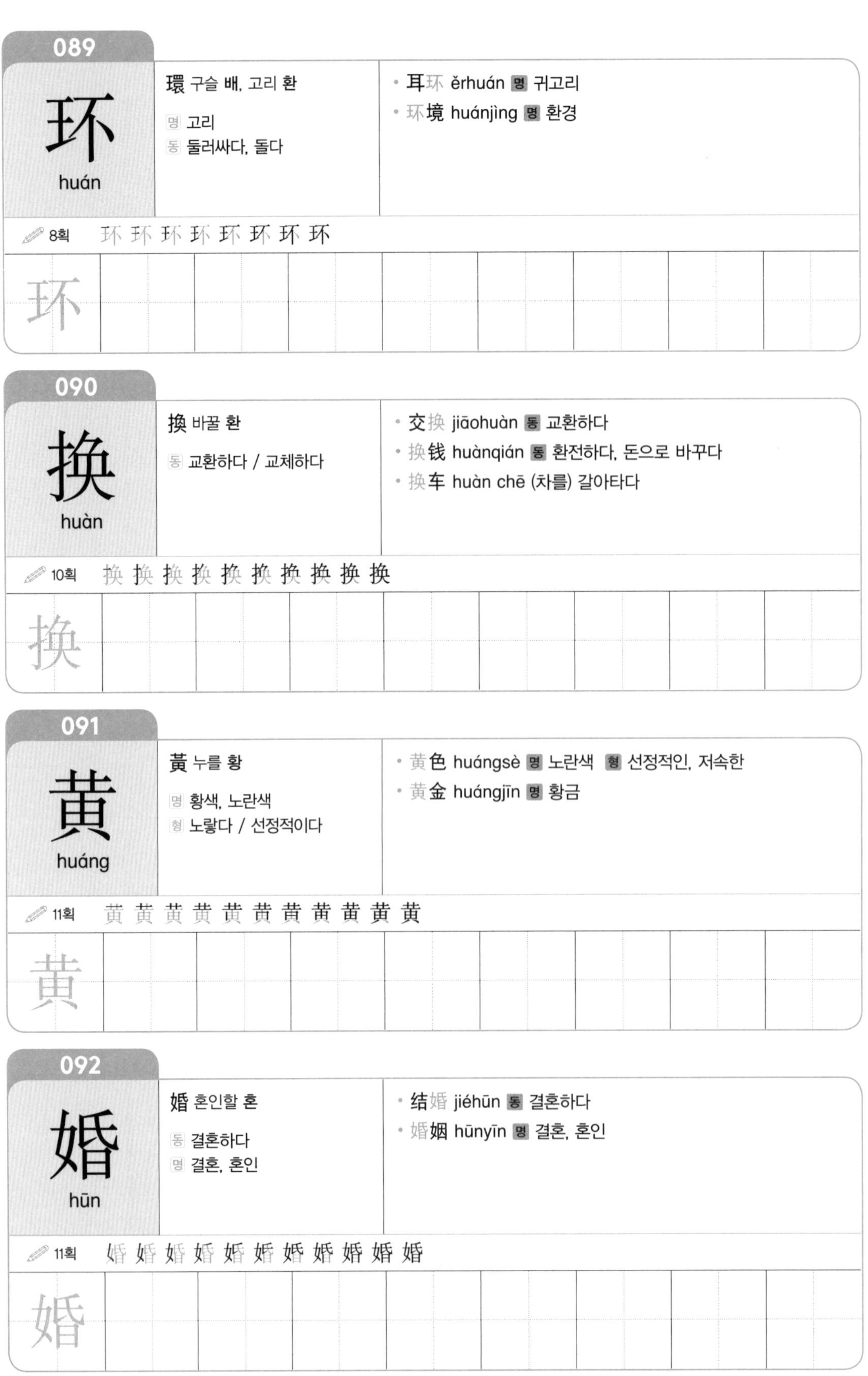

089

环
huán

環 구슬 배, 고리 환

명 고리
동 둘러싸다, 돌다

- 耳环 ěrhuán 명 귀고리
- 环境 huánjìng 명 환경

8획 环 环 环 环 环 环 环 环

090

换
huàn

換 바꿀 환

동 교환하다 / 교체하다

- 交换 jiāohuàn 동 교환하다
- 换钱 huànqián 동 환전하다, 돈으로 바꾸다
- 换车 huàn chē (차를) 갈아타다

10획 换 换 换 换 换 换 换 换 换 换

091

黄
huáng

黃 누를 황

명 황색, 노란색
형 노랗다 / 선정적이다

- 黄色 huángsè 명 노란색 형 선정적인, 저속한
- 黄金 huángjīn 명 황금

11획 黄 黄 黄 黄 黄 黄 黄 黄 黄 黄 黄

092

婚
hūn

婚 혼인할 혼

동 결혼하다
명 결혼, 혼인

- 结婚 jiéhūn 동 결혼하다
- 婚姻 hūnyīn 명 결혼, 혼인

11획 婚 婚 婚 婚 婚 婚 婚 婚 婚 婚 婚

093

或
huò

或 혹 혹, 나라 역

접 혹은, 또는
부 혹시, 아마

- 或者 huòzhě 접 ~이든가 아니면 ~이다
- 或许 huòxǔ 부 아마, 어쩌면

8획 或 或 或 或 或 或 或 或

或

094

级
jí

级 등급 급

명 등급 / 학년

- 级别 jíbié 명 등급, 순위
- 级会 jíhuì 명 학급회, 학년 회의

6획 级 级 级 级 级 级

级

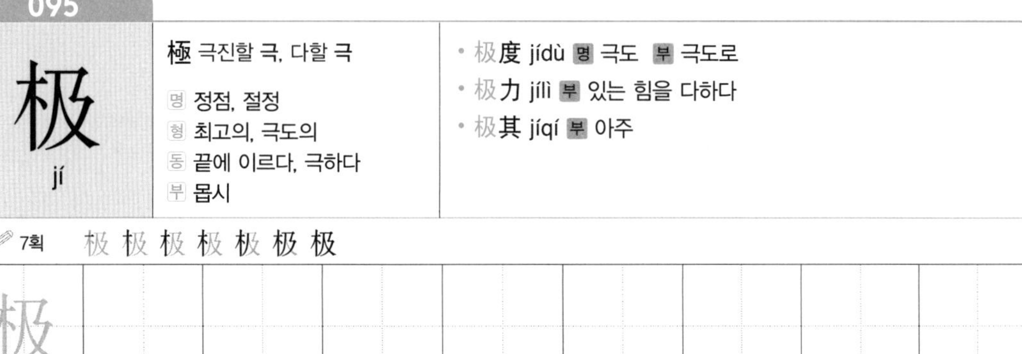

095

极
jí

極 극진할 극, 다할 극

명 정점, 절정
형 최고의, 극도의
동 끝에 이르다, 극하다
부 몹시

- 极度 jídù 명 극도 부 극도로
- 极力 jílì 부 있는 힘을 다하다
- 极其 jíqí 부 아주

7획 极 极 极 极 极 极 极

极

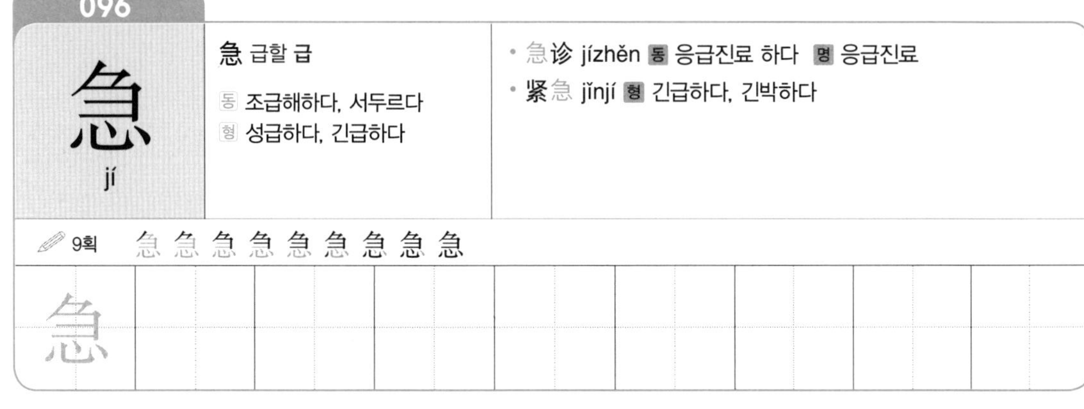

096

急
jí

急 급할 급

동 조급해하다, 서두르다
형 성급하다, 긴급하다

- 急诊 jízhěn 동 응급진료 하다 명 응급진료
- 紧急 jǐnjí 형 긴급하다, 긴박하다

9획 急 急 急 急 急 急 急 急 急

急

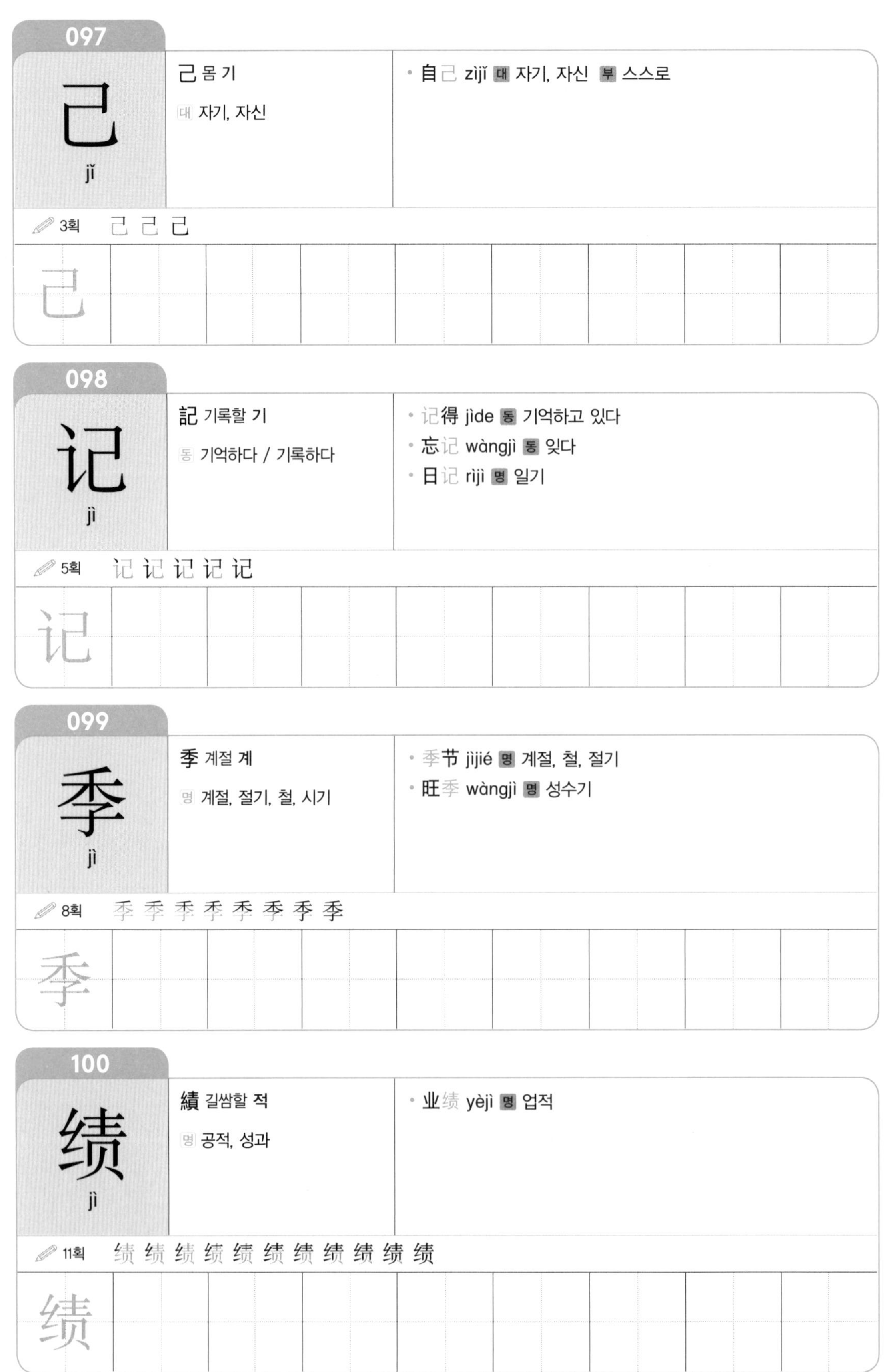

097

己

jǐ

己 몸 기

대 자기, 자신

• 自己 zìjǐ 대 자기, 자신 부 스스로

3획 己 己 己

己

098

记

jì

記 기록할 기

동 기억하다 / 기록하다

• 记得 jìde 동 기억하고 있다
• 忘记 wàngjì 동 잊다
• 日记 rìjì 명 일기

5획 记 记 记 记 记

记

099

季

jì

季 계절 계

명 계절, 절기, 철, 시기

• 季节 jìjié 명 계절, 철, 절기
• 旺季 wàngjì 명 성수기

8획 季 季 季 季 季 季 季 季

季

100

绩

jì

績 길쌈할 적

명 공적, 성과

• 业绩 yèjì 명 업적

11획 绩 绩 绩 绩 绩 绩 绩 绩 绩 绩 绩

绩

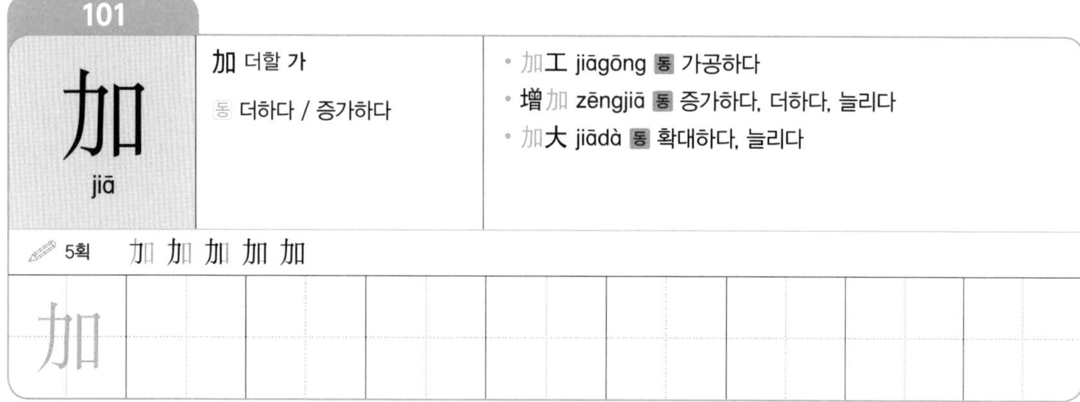
101

加 jiā

加 더할 가

동 더하다 / 증가하다

- 加工 jiāgōng 동 가공하다
- 增加 zēngjiā 동 증가하다, 더하다, 늘리다
- 加大 jiādà 동 확대하다, 늘리다

5획 加 加 加 加 加

102

检 jiǎn

檢 검사할 검

동 검사하다, 조사하다

- 检验 jiǎnyàn 동 검증하다, 검사하다

11획 检 检 检 检 检 检 检 检 检 检 检

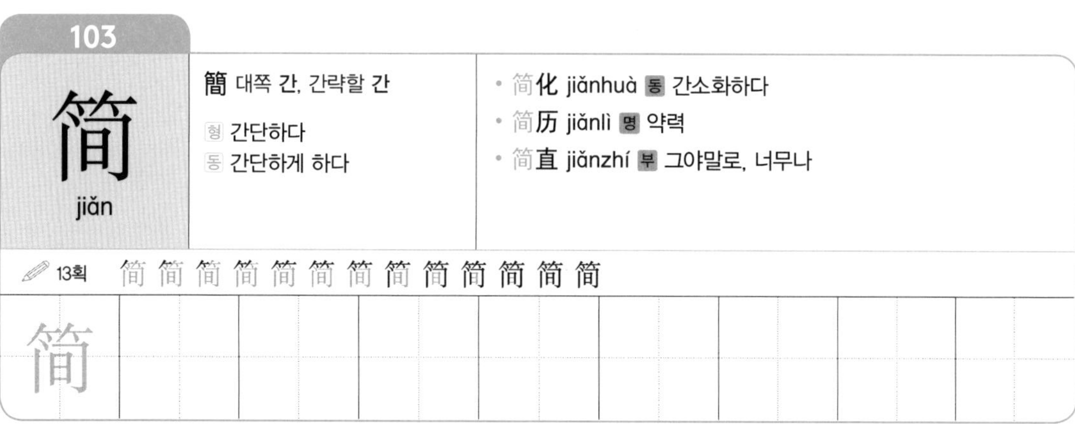
103

简 jiǎn

簡 대쪽 간, 간략할 간

형 간단하다
동 간단하게 하다

- 简化 jiǎnhuà 동 간소화하다
- 简历 jiǎnlì 명 약력
- 简直 jiǎnzhí 부 그야말로, 너무나

13획 简 简 简 简 简 简 简 简 简 简 简 简 简

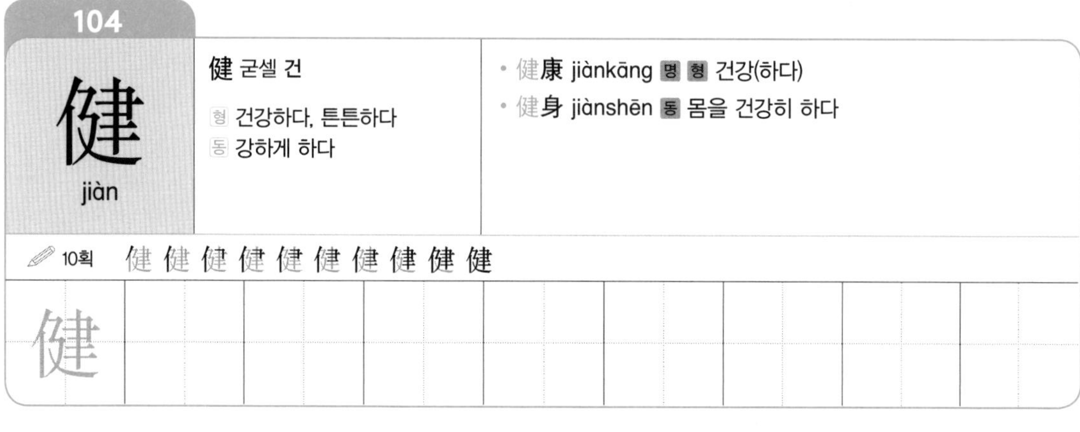
104

健 jiàn

健 굳셀 건

형 건강하다, 튼튼하다
동 강하게 하다

- 健康 jiànkāng 명 형 건강(하다)
- 健身 jiànshēn 동 몸을 건강히 하다

10획 健 健 健 健 健 健 健 健 健 健

3급

105

讲
jiǎng

講 외울 강, 얽을 구

동 말하다 / 중시하다

- 讲话 jiǎnghuà 동 말하다 명 연설, 말
- 讲座 jiǎngzuò 명 강좌
- 讲究 jiǎngjiu 동 중요시하다 형 정교하다 명 주의할 만한 내용

6획 讲 讲 讲 讲 讲 讲

讲

106

角
jiǎo

角 뿔 각, 사람 이름 록(녹)

명 (짐승의) 뿔 / 각, 각도 / 모서리, 구석

- 牛角 niújiǎo 명 쇠뿔
- 角度 jiǎodù 명 각도 / 관점
- 角落 jiǎoluò 명 구석, 모퉁이

7획 角 角 角 角 角 角 角

角

107

脚
jiǎo

脚 다리 각

명 발 / (물건의) 밑동, 굽

- 手脚 shǒujiǎo 명 손발
- 脚步 jiǎobù 명 (발)걸음, 보폭
- 桌脚 zhuōjiǎo 명 책상 다리

11획 脚 脚 脚 脚 脚 脚 脚 脚 脚 脚 脚

脚

108

较
jiào

較 견줄 교, 비교할 교, 차이 각

동 비교하다 / 따지다
부 비교적

- 计较 jìjiào 동 계산하여 비교하다, 논쟁하다
- 较大 jiào dà 비교적 크다

10획 较 较 较 较 较 较 较 较 较 较

较

109

接
jiē

接 이을 접

동 접근하다, 접촉하다 / 잇다, 연결하다 / 받다, 접수하다

- 接近 jiējìn 동 접근하다, 가까이하다
- 接着 jiēzhe 부 잇따라, 연이어
- 接受 jiēshòu 동 받아들이다, 수락하다

11획 接 接 接 接 接 接 接 接 接 接 接

接

110

jiē

街 거리 가

명 길, 거리

- 大街 dàjiē 명 큰길, 번화가
- 街头 jiētóu 명 길거리

12획 街 街 街 街 街 街 街 街 街 街 街 街

街

111

jié

節 마디 절

양 절, 마디, 단락
동 절약하다
명 명절, 기념일, 축제일

- 第二节 dì èr jié 2절
- 节约 jiéyuē 동 절약하다
- 国庆节 Guóqìng Jié 국경절, 건국 기념일

5획 节 节 节 节 节

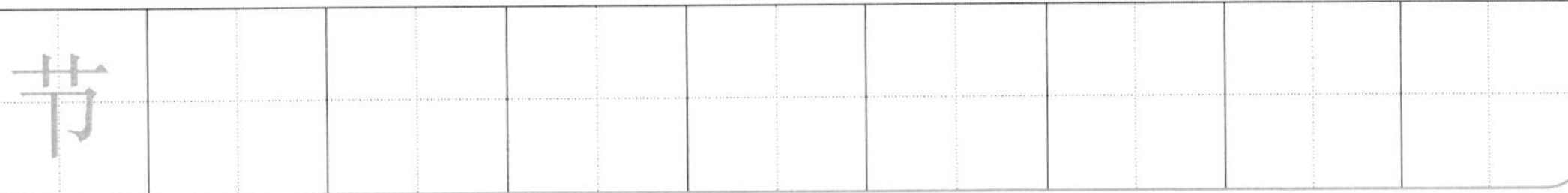

112

jié

結 맺을 결, 상투 계

동 매다, 묶다 / 맺다, 결합하다 / 끝맺다, 종결하다

- 结合 jiéhé 명 동 결합(하다)
- 总结 zǒngjié 명 동 총괄(하다), 총결산(하다)
- 结账 jiézhàng 동 장부를 결산하다, 계산하다

9획 结 结 结 结 结 结 结 结 结

结

3급

113

解
jiě

解 풀 해

동 나누다, 분리하다 / 해석하다, 풀다 / 이해하다

- 分解 fēnjiě 동 분해하다
- 解释 jiěshì 동 해석하다, 해설하다
- 解决 jiějué 동 해결하다
- 理解 lǐjiě 동 이해하다

13획 解 解 解 解 解 解 解 解 解 解 解 解 解

解

114

介
jiè

介 낄 개, 낱 개

동 소개하다 / 끼(이)다

- 介绍 jièshào 동 소개하다
- 中介 zhōngjiè 명 중개, 매개
- 介入 jièrù 동 개입하다, 끼어들다

4획 介 介 介 介

介

115

界
jiè

界 지경 계

명 지경, 범위, 분야, 계

- 世界 shìjiè 명 세계, 세상
- 界限 jièxiàn 명 한계, 경계
- 边界 biānjiè 명 지역 간의 경계, 국경, 변경

9획 界 界 界 界 界 界 界 界 界

界

116

借
jiè

藉 빌릴 차

동 빌다, 빌려주다 / 의지하다

- 借钱 jiè qián 돈을 빌리다
- 借手 jiè shǒu 남의 손을 빌다, 남에게 의지하다
- 借口 jièkǒu 동 구실로 삼다 명 구실

10획 借 借 借 借 借 借 借 借 借 借

借

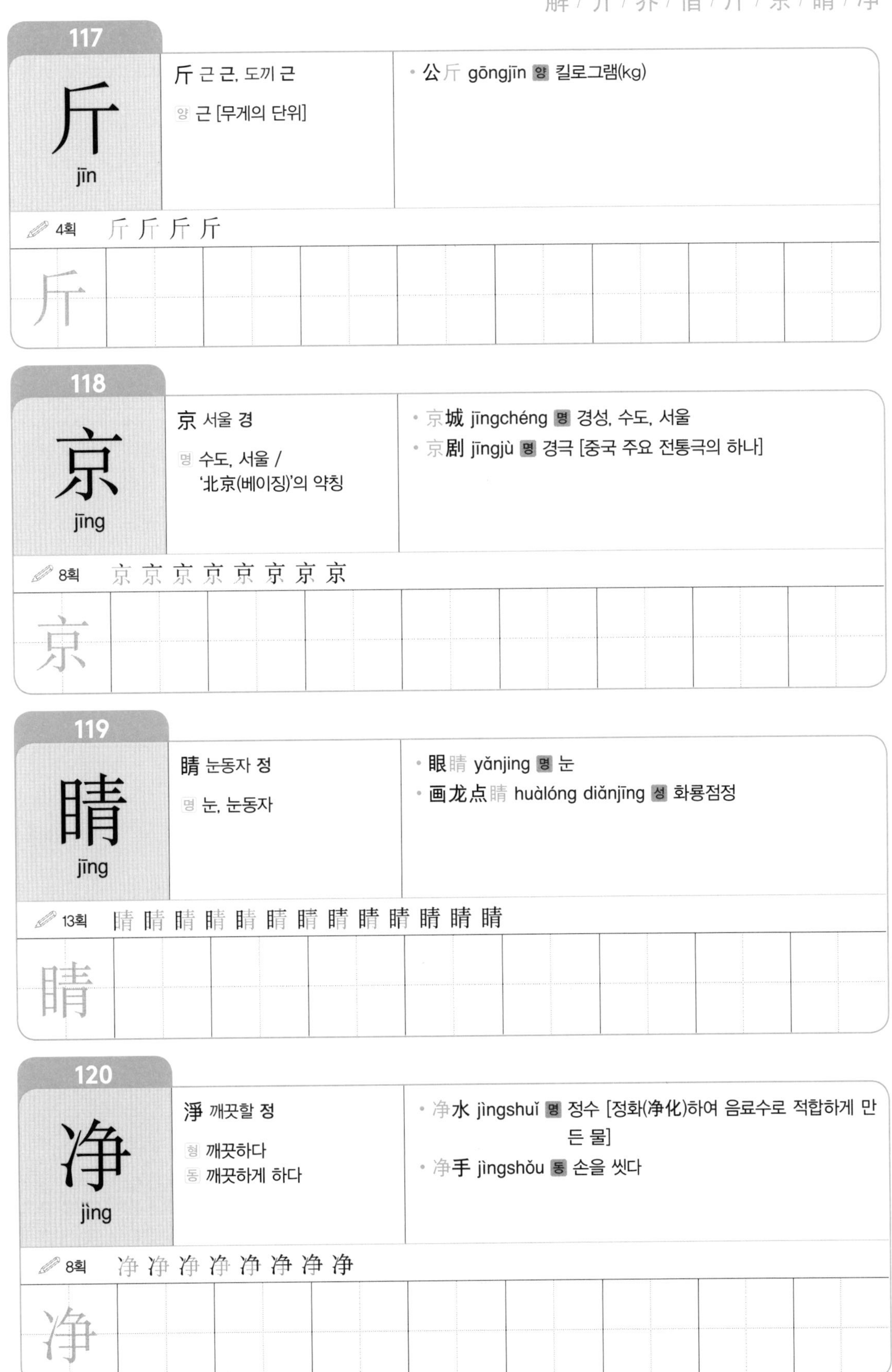

117

斤
jīn

斤 근 근, 도끼 근

양 근 [무게의 단위]

- 公斤 gōngjīn 양 킬로그램(kg)

4획 斤 斤 斤 斤

118

京
jīng

京 서울 경

명 수도, 서울 / '北京(베이징)'의 약칭

- 京城 jīngchéng 명 경성, 수도, 서울
- 京剧 jīngjù 명 경극 [중국 주요 전통극의 하나]

8획 京 京 京 京 京 京 京 京

119

睛
jīng

睛 눈동자 정

명 눈, 눈동자

- 眼睛 yǎnjing 명 눈
- 画龙点睛 huàlóng diǎnjīng 성 화룡점정

13획 睛 睛 睛 睛 睛 睛 睛 睛 睛 睛 睛 睛 睛

120

净
jìng

淨 깨끗할 정

형 깨끗하다
동 깨끗하게 하다

- 净水 jìngshuǐ 명 정수 [정화(净化)하여 음료수로 적합하게 만든 물]
- 净手 jìngshǒu 동 손을 씻다

8획 净 净 净 净 净 净 净 净

121

静

jìng

静 고요할 **정**

형 조용하다, 움직이지 않다
동 조용히 하다

- 平静 píngjìng 형 (태도·감정 등이) 조용하다, (상황·환경 등이) 평온하다, 평정하다
- 静止 jìngzhǐ 동 정지하다

14획 静 静 静 静 静 静 静 静 静 静 静 静 静 静

静

122

境

jìng

境 지경 **경**

명 경계, 곳, 형편, 경지

- 境界 jìngjiè 명 경계, 경지
- 处境 chǔjìng 명 (처해 있는) 상태·상황·환경·처지 [주로 불리한 상황을 말함]

14획 境 境 境 境 境 境 境 境 境 境 境 境 境 境

境

123

久

jiǔ

久 오랠 **구**

형 오래다, (시간이) 길다

- 长久 chángjiǔ 명 형 장구(하다), 영구(하다)
- 好久 hǎojiǔ 형 (꽤) 오랜
- 久等 jiǔděng 동 오래 기다리다

3획 久 久 久

久

124

酒

jiǔ

酒 술 **주**

명 술

- 啤酒 píjiǔ 명 맥주
- 酒精 jiǔjīng 명 알코올, 주정
- 酒店 jiǔdiàn 명 호텔

10획 酒 酒 酒 酒 酒 酒 酒 酒 酒 酒

酒

125

旧
jiù

舊 예 구, 옛 구

형 옛날의, 이전의 / 낡다

- 旧友 jiùyǒu 명 오랜 친구, 옛 친구
- 旧书 jiùshū 명 낡은 책, 옛 책, 오래된 책
- 旧衣服 jiù yīfu 헌 옷

5획 旧 旧 旧 旧 旧

126

居
jū

居 살 거

동 살다, 거주하다
명 거처, 주소

- 同居 tóngjū 동 동거하다, 같이 살다
- 定居 dìngjū 동 정착하다
- 邻居 línjū 명 이웃(집)

8획 居 居 居 居 居 居 居 居

127

句
jù

句 글귀 구, 올가미 구, 글귀 귀

명 문장
양 마디, 편 [말·글의 수를 세는 단위]

- 句子 jùzi 명 구(句), 문장, 문(文)
- 造句 zàojù 동 글을 짓다, 문장을 만들다
- 句号 jùhào 명 마침표
- 一句话 yí jù huà 한 마디 말

5획 句 句 句 句 句

128

据
jù

據 근거 거

명 증거
동 의거하다
전 ~에 따르면

- 证据 zhèngjù 명 증거, 근거
- 据说 jùshuō 동 말하는 바에 의하면, 듣건대

11획 据 据 据 据 据 据 据 据 据 据 据

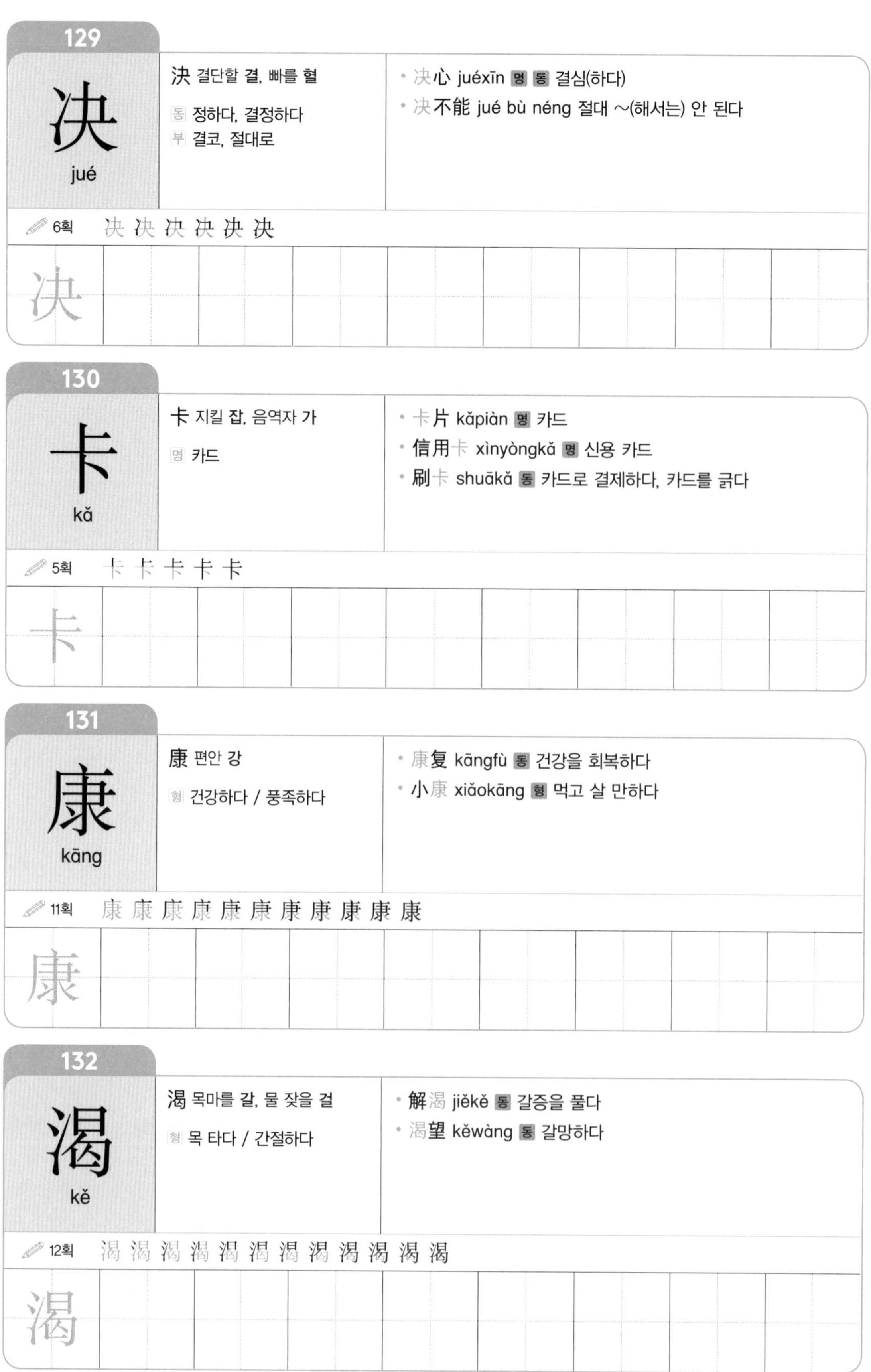

129

决

jué

决 결단할 결, 빠를 혈

동 정하다, 결정하다
부 결코, 절대로

- 决心 juéxīn 명 동 결심(하다)
- 决不能 jué bù néng 절대 ~(해서는) 안 된다

6획 决 决 决 决 决 决

决

130

卡

kǎ

卡 지킬 잡, 음역자 가

명 카드

- 卡片 kǎpiàn 명 카드
- 信用卡 xìnyòngkǎ 명 신용 카드
- 刷卡 shuākǎ 동 카드로 결제하다, 카드를 긁다

5획 卡 卡 卡 卡 卡

卡

131

康

kāng

康 편안 강

형 건강하다 / 풍족하다

- 康复 kāngfù 동 건강을 회복하다
- 小康 xiǎokāng 형 먹고 살 만하다

11획 康 康 康 康 康 康 康 康 康 康 康

康

132

渴

kě

渴 목마를 갈, 물 잦을 걸

형 목 타다 / 간절하다

- 解渴 jiěkě 동 갈증을 풀다
- 渴望 kěwàng 동 갈망하다

12획 渴 渴 渴 渴 渴 渴 渴 渴 渴 渴 渴 渴

渴

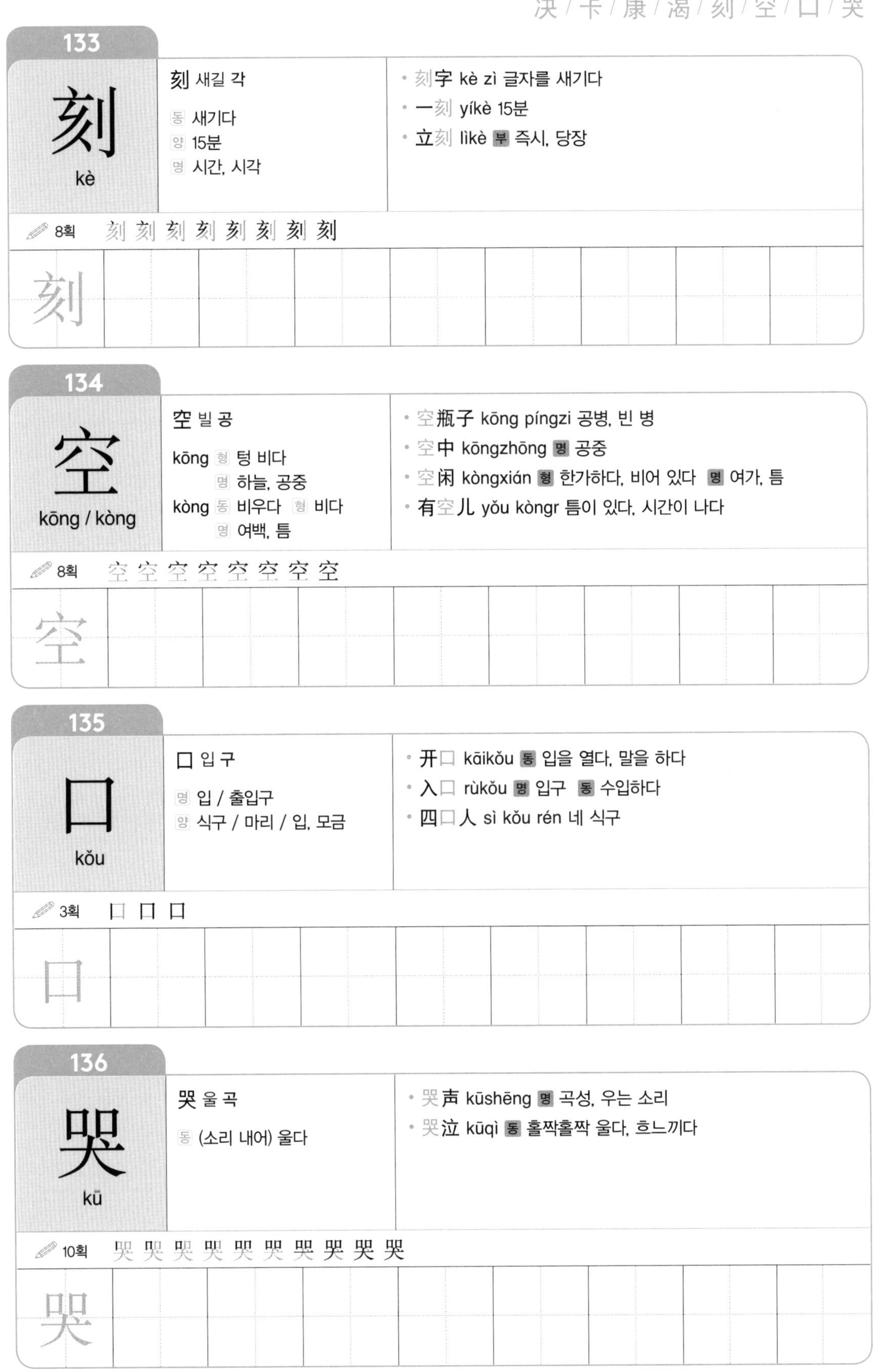

133 刻 kè

刻 새길 각

- 동 새기다
- 양 15분
- 명 시간, 시각

- 刻字 kè zì 글자를 새기다
- 一刻 yíkè 15분
- 立刻 lìkè 부 즉시, 당장

8획 刻 刻 刻 刻 刻 刻 刻 刻

134 空 kōng / kòng

空 빌 공

kōng 형 텅 비다
명 하늘, 공중
kòng 동 비우다 형 비다
명 여백, 틈

- 空瓶子 kōng píngzi 공병, 빈 병
- 空中 kōngzhōng 명 공중
- 空闲 kòngxián 형 한가하다, 비어 있다 명 여가, 틈
- 有空儿 yǒu kòngr 틈이 있다, 시간이 나다

8획 空 空 空 空 空 空 空 空

135 口 kǒu

口 입 구

- 명 입 / 출입구
- 양 식구 / 마리 / 입, 모금

- 开口 kāikǒu 동 입을 열다, 말을 하다
- 入口 rùkǒu 명 입구 동 수입하다
- 四口人 sì kǒu rén 네 식구

3획 口 口 口

136 哭 kū

哭 울 곡

- 동 (소리 내어) 울다

- 哭声 kūshēng 명 곡성, 우는 소리
- 哭泣 kūqì 동 훌쩍훌쩍 울다, 흐느끼다

10획 哭 哭 哭 哭 哭 哭 哭 哭 哭 哭

137

裤

kù

褲 바지 고, 사타구니 과

명 바지

- 裤子 kùzi 명 바지
- 牛仔裤 niúzǎikù 명 청바지

12획 裤 裤 裤 裤 裤 裤 裤 裤 裤 裤 裤 裤

裤

138

筷

kuài

筷 젓가락 쾌

명 젓가락

- 筷子 kuàizi 명 젓가락

13획 筷 筷 筷 筷 筷 筷 筷 筷 筷 筷 筷 筷 筷

筷

139

蓝

lán

藍 쪽 람(남), 볼 감

형 남빛의, 남색의

- 蓝色 lánsè 명 남색, 청색
- 蓝莓 lánméi 명 블루베리

13획 蓝 蓝 蓝 蓝 蓝 蓝 蓝 蓝 蓝 蓝 蓝 蓝 蓝

蓝

140

篮

lán

籃 대바구니 람(남)

명 바구니 / 농구

- 篮子 lánzi 명 바구니, 광주리
- 篮球 lánqiú 명 농구
- 篮球赛 lánqiúsài 명 농구 경기

16획 篮 篮 篮 篮 篮 篮 篮 篮 篮 篮 篮 篮 篮 篮 篮 篮

篮

141

礼
lǐ

禮 예도 례(예)

명 예 / 예식 / 선물, 예물

- 礼貌 lǐmào 명 예의 형 예의 바르다
- 婚礼 hūnlǐ 명 결혼식, 혼례
- 礼物 lǐwù 명 선물, 예물

5획 礼 礼 礼 礼 礼

礼

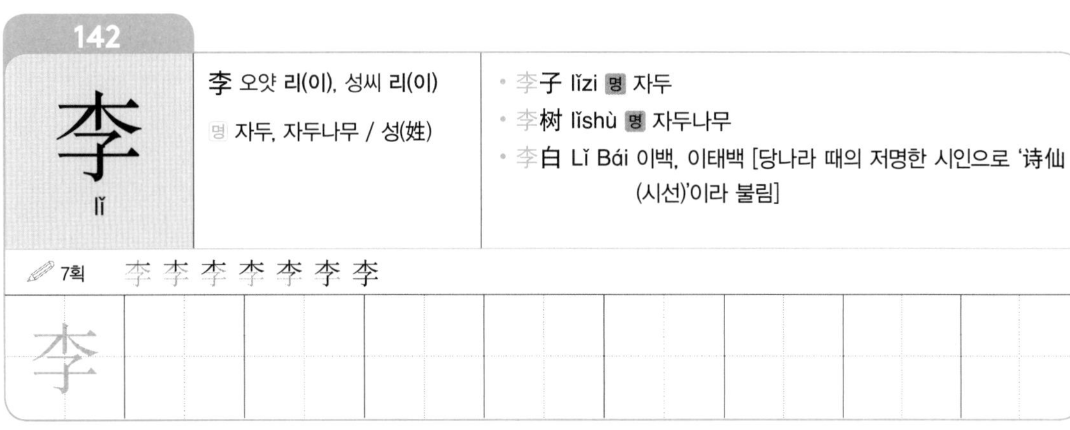

142

李
lǐ

李 오얏 리(이), 성씨 리(이)

명 자두, 자두나무 / 성(姓)

- 李子 lǐzi 명 자두
- 李树 lǐshù 명 자두나무
- 李白 Lǐ Bái 이백, 이태백 [당나라 때의 저명한 시인으로 '诗仙(시선)'이라 불림]

7획 李 李 李 李 李 李 李

李

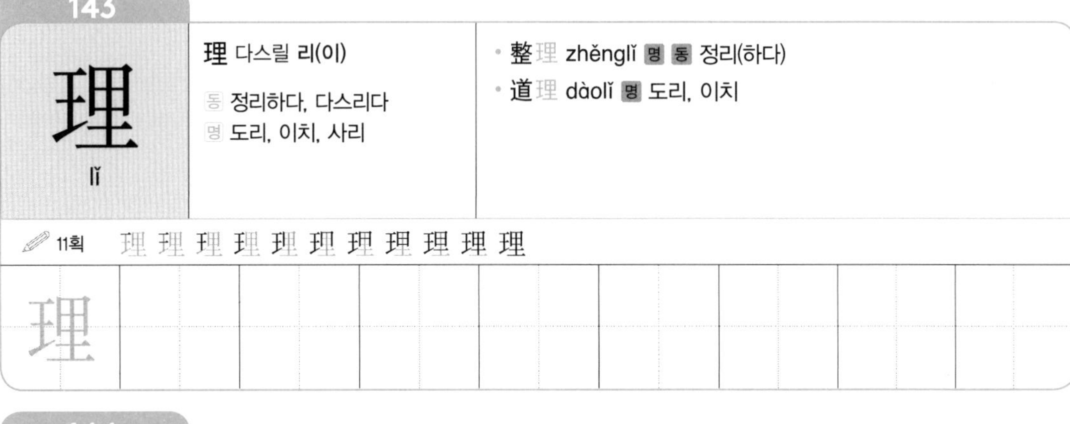

143

理
lǐ

理 다스릴 리(이)

동 정리하다, 다스리다
명 도리, 이치, 사리

- 整理 zhěnglǐ 명 동 정리(하다)
- 道理 dàolǐ 명 도리, 이치

11획 理 理 理 理 理 理 理 理 理 理 理

理

144

力
lì

力 힘 력(역)

명 힘, 능력, 체력
동 힘을 다하다

- 力气 lìqi 명 (육체적인) 힘, 완력, 체력
- 用力 yònglì 동 힘을 내다 / 노력하다

2획 力 力

力

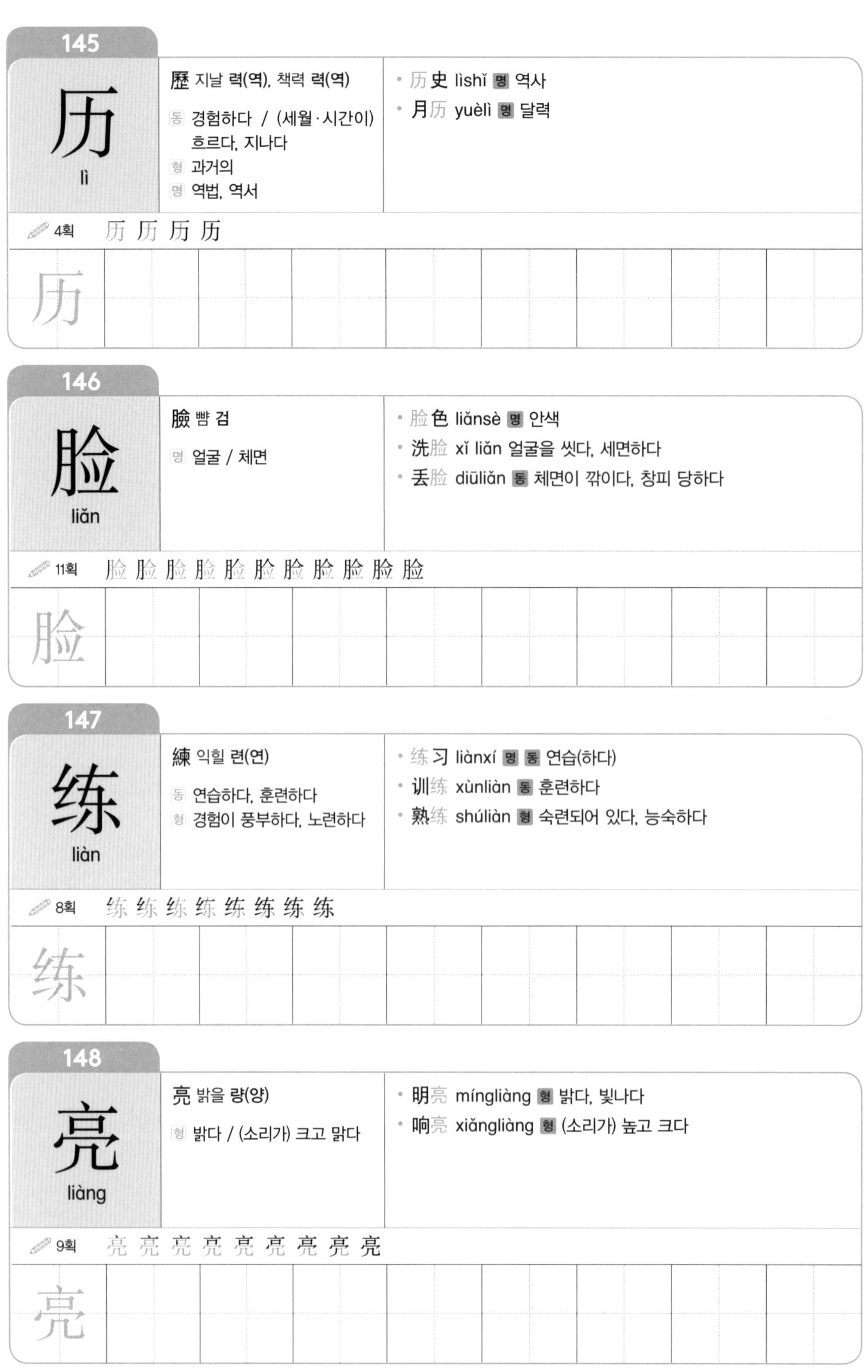

145

历
lì

歷 지날 력(역), 책력 력(역)

동 경험하다 / (세월·시간이) 흐르다, 지나다

형 과거의

명 역법, 역서

- 历史 lìshǐ 명 역사
- 月历 yuèlì 명 달력

4획 历 历 历 历

146

脸
liǎn

臉 뺨 검

명 얼굴 / 체면

- 脸色 liǎnsè 명 안색
- 洗脸 xǐ liǎn 얼굴을 씻다, 세면하다
- 丢脸 diūliǎn 동 체면이 깎이다, 창피 당하다

11획 脸 脸 脸 脸 脸 脸 脸 脸 脸 脸 脸

147

练
liàn

練 익힐 련(연)

동 연습하다, 훈련하다

형 경험이 풍부하다, 노련하다

- 练习 liànxí 명 동 연습(하다)
- 训练 xùnliàn 동 훈련하다
- 熟练 shúliàn 형 숙련되어 있다, 능숙하다

8획 练 练 练 练 练 练 练 练

148

亮
liàng

亮 밝을 량(양)

형 밝다 / (소리가) 크고 맑다

- 明亮 míngliàng 형 밝다, 빛나다
- 响亮 xiǎngliàng 형 (소리가) 높고 크다

9획 亮 亮 亮 亮 亮 亮 亮 亮 亮

149

辆
liàng

輛 수레 량(양)

양 대 [차량을 세는 단위]

- 一辆车 yí liàng chē 차 한 대
- 车辆 chēliàng 명 차량

11획 辆 辆 辆 辆 辆 辆 辆 辆 辆 辆 辆

辆

150

聊
liáo

聊 귀 울 료(요)

동 한담하다, 잡담하다

- 无聊 wúliáo 형 심심하다, 지루하다
- 聊天 liáotiān 동 대화하다, 잡담하다
- 闲聊 xiánliáo 동 잡담하다, 한담하다

11획 聊 聊 聊 聊 聊 聊 聊 聊 聊 聊 聊

聊

151

料
liào

料 헤아릴 료(요)

동 예상하다
명 재료, 원료

- 料到 liào dào 생각이 미치다, 미리 예측하다
- 资料 zīliào 명 자료
- 饮料 yǐnliào 명 음료

10획 料 料 料 料 料 料 料 料 料 料

料

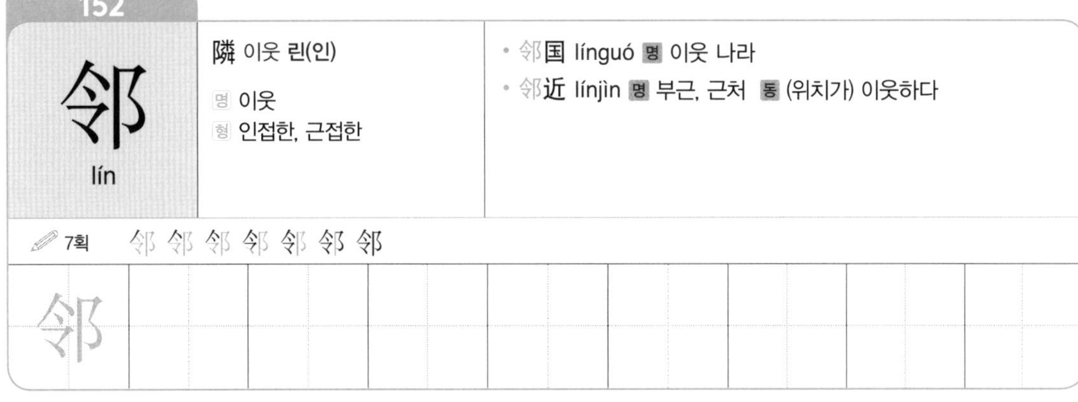

152

邻
lín

隣 이웃 린(인)

명 이웃
형 인접한, 근접한

- 邻国 línguó 명 이웃 나라
- 邻近 línjìn 명 부근, 근처 동 (위치가) 이웃하다

7획 邻 邻 邻 邻 邻 邻 邻

邻

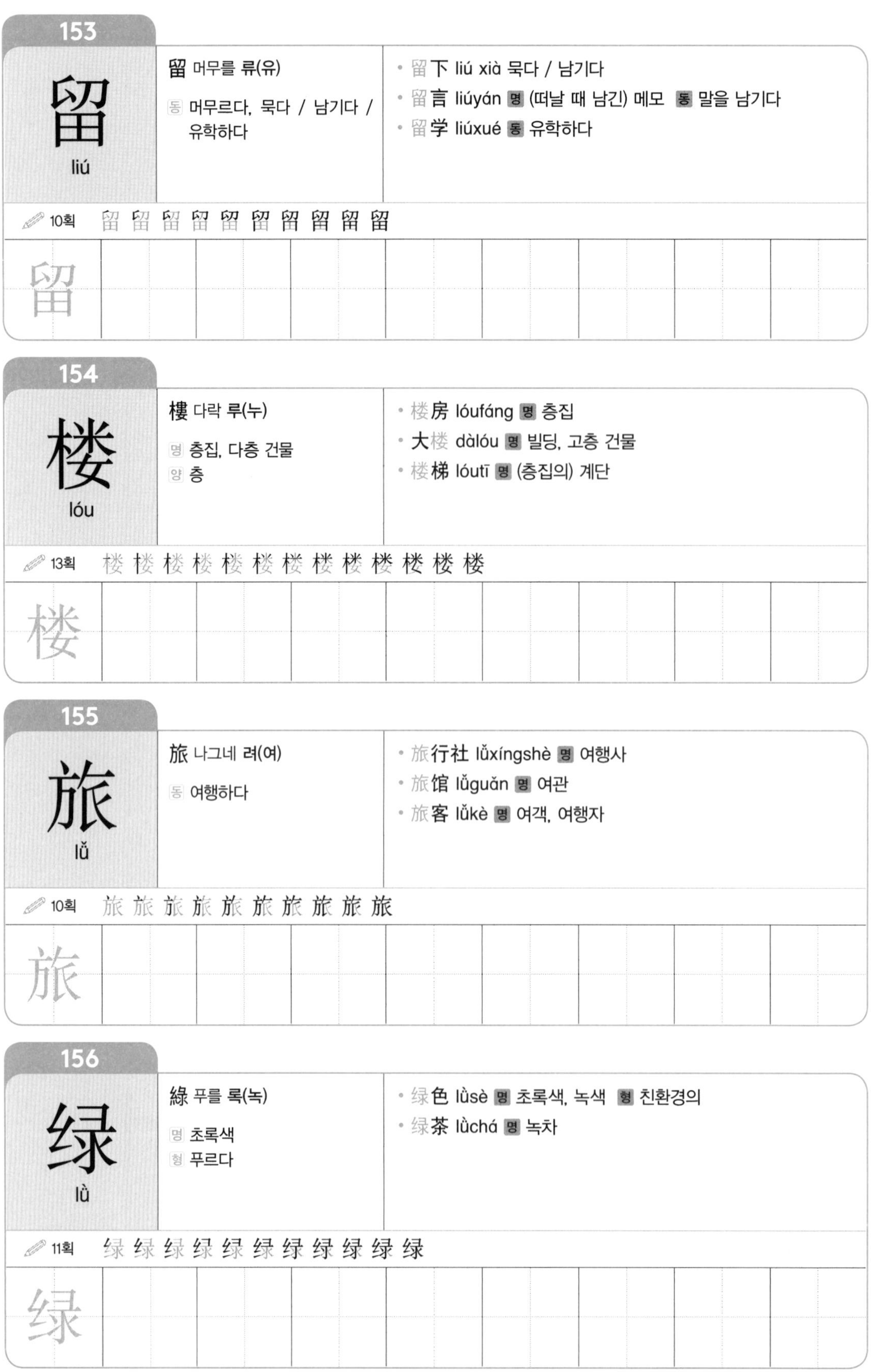

153

留

liú

留 머무를 류(유)

동 머무르다, 묵다 / 남기다 / 유학하다

- 留下 liú xià 묵다 / 남기다
- 留言 liúyán 명 (떠날 때 남긴) 메모 동 말을 남기다
- 留学 liúxué 동 유학하다

10획 留 留 留 留 留 留 留 留 留 留

留

154

楼

lóu

樓 다락 루(누)

명 층집, 다층 건물
양 층

- 楼房 lóufáng 명 층집
- 大楼 dàlóu 명 빌딩, 고층 건물
- 楼梯 lóutī 명 (층집의) 계단

13획 楼 楼 楼 楼 楼 楼 楼 楼 楼 楼 楼 楼 楼

楼

155

旅

lǚ

旅 나그네 려(여)

동 여행하다

- 旅行社 lǚxíngshè 명 여행사
- 旅馆 lǚguǎn 명 여관
- 旅客 lǚkè 명 여객, 여행자

10획 旅 旅 旅 旅 旅 旅 旅 旅 旅 旅

旅

156

绿

lǜ

綠 푸를 록(녹)

명 초록색
형 푸르다

- 绿色 lǜsè 명 초록색, 녹색 형 친환경의
- 绿茶 lǜchá 명 녹차

11획 绿 绿 绿 绿 绿 绿 绿 绿 绿 绿 绿

绿

157

马 mǎ

馬 말 마

명 말 [동물]

- 一匹马 yì pǐ mǎ 말 한 필
- 马路 mǎlù 명 대로, 큰길

3획 马 马 马

158

满 mǎn

滿 찰 만, 번거로울 문

형 가득하다 / 만족하다
동 가득하게 하다

- 充满 chōngmǎn 동 가득차다, 충만하다
- 满足 mǎnzú 형 만족하다 / 충분하다 동 만족시키다
- 不满 bùmǎn 형 불만족하다 명 불만

13획 满 满 满 满 满 满 满 满 满 满 满 满 满

159

冒 mào

冒 무릅쓸 모

동 (위험·악조건 등을) 개의치 않다, 무릅쓰다

- 冒险 màoxiǎn 동 모험하다, 위험을 무릅쓰다

9획 冒 冒 冒 冒 冒 冒 冒 冒 冒

160

帽 mào

帽 모자 모

명 모자 / 뚜껑

- 帽子 màozi 명 모자
- 安全帽 ānquánmào 명 안전모, 헬멧
- 笔帽 bǐmào(r) 명 펜 뚜껑

12획 帽 帽 帽 帽 帽 帽 帽 帽 帽 帽 帽 帽

3급

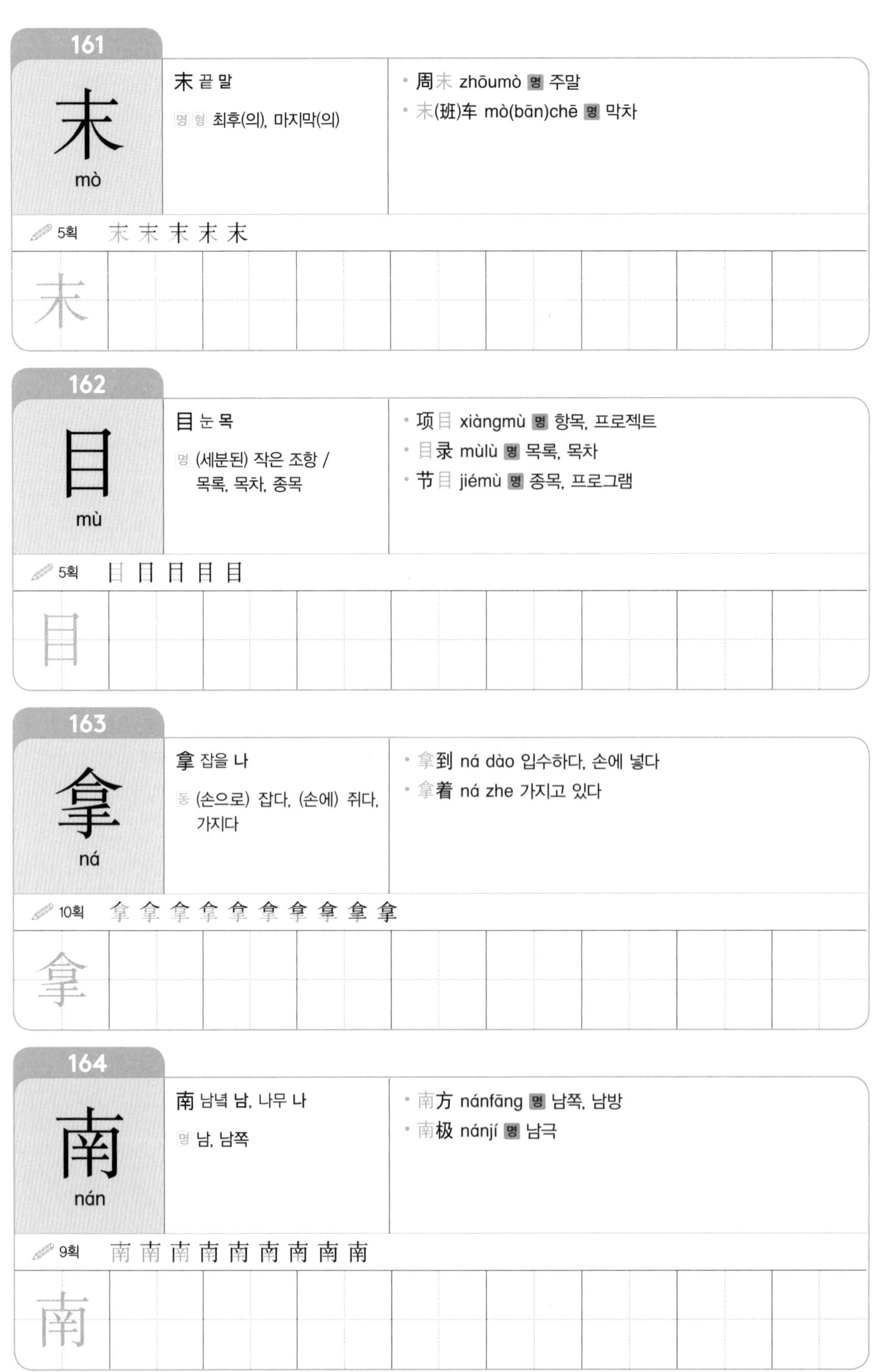

161

末 mò

末 끝 말

명 형 최후(의), 마지막(의)

- 周末 zhōumò 명 주말
- 末(班)车 mò(bān)chē 명 막차

5획 末 末 末 末 末

末

162

目 mù

目 눈 목

명 (세분된) 작은 조항 / 목록, 목차, 종목

- 项目 xiàngmù 명 항목, 프로젝트
- 目录 mùlù 명 목록, 목차
- 节目 jiémù 명 종목, 프로그램

5획 目 目 目 目 目

目

163

拿 ná

拿 잡을 나

동 (손으로) 잡다, (손에) 쥐다, 가지다

- 拿到 ná dào 입수하다, 손에 넣다
- 拿着 ná zhe 가지고 있다

10획 拿 拿 拿 拿 拿 拿 拿 拿 拿 拿

拿

164

南 nán

南 남녘 남, 나무 나

명 남, 남쪽

- 南方 nánfāng 명 남쪽, 남방
- 南极 nánjí 명 남극

9획 南 南 南 南 南 南 南 南 南

南

165

nán

難 어려울 난, 우거질 나

형 어렵다, 곤란하다, 힘들다
동 어렵게 하다, 곤란하게 하다

- 困难 kùnnan 형 어렵다, 곤란하다 명 어려움, 곤란
- 难过 nánguò 형 괴롭다, 슬프다 동 넘기 어렵다
- 为难 wéinán 형 난처하다 동 난처하게 만들다

10획

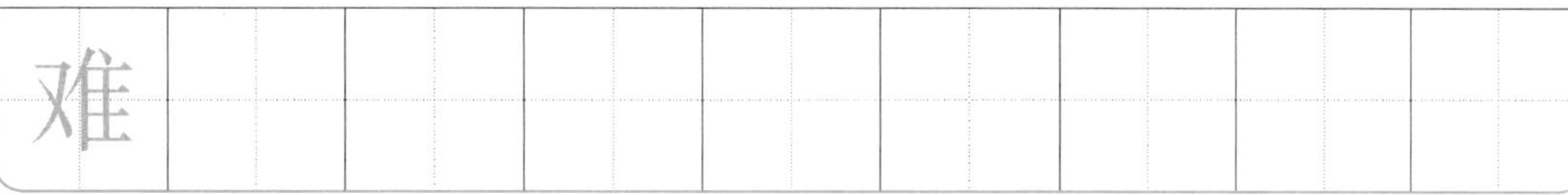

166

nǎo

腦 골 뇌, 뇌수 뇌, 가슴 흉

명 뇌, 머리

- 脑子 nǎozi 명 두뇌, 머리
- 头脑 tóunǎo 명 두뇌, 사고 능력
- 脑海 nǎohǎi 명 머리, 생각, 기억

10획

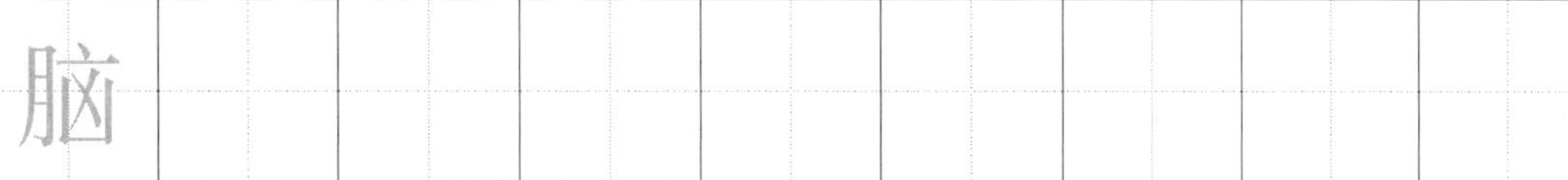

167

niǎo

鳥 새 조, 땅 이름 작, 섬 도

명 새

- 鸟窝 niǎowō 명 새 둥지
- 鸟笼 niǎolóng 명 새장
- 一石二鸟 yìshí èrniǎo 성 일석이조

5획

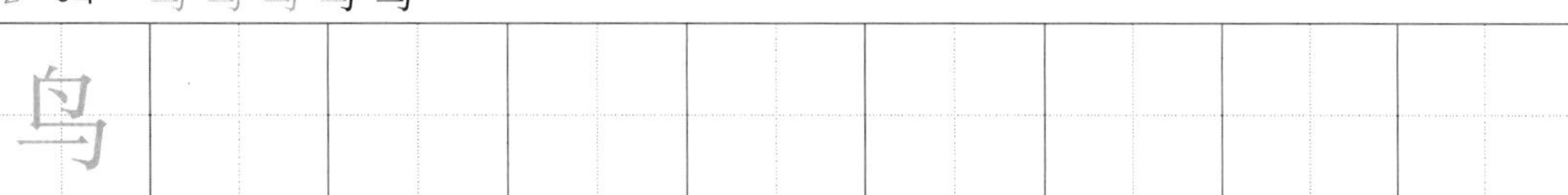

168

nǔ

努 힘쓸 노

동 힘쓰다, 노력하다

- 努力 nǔlì 명 동 노력(하다) 형 열심이다

7획

169

爬 pá

爬 긁을 파

동 기다, 기어오르다

- 爬行 páxíng 동 기다, 기어가다
- 爬山 pá shān 등산하다

8획 爬 爬 爬 爬 爬 爬 爬 爬

170

怕 pà

怕 두려워할 파, 담담할 백

동 무서워하다, 두려워하다
부 아마 (~일 것이다, ~일지 모른다)

- 可怕 kěpà 형 무섭다, 끔찍하다
- 恐怕 kǒngpà 부 (나쁜 결과를 예상해서) 아마 ~일 것이다

8획 怕 怕 怕 怕 怕 怕 怕 怕

171

盘 pán

盤 소반 반

명 큰 접시
양 판, 대, 그릇
동 빙빙 돌다

- 盘子 pánzi 명 쟁반
- 一盘 yì pán 한 접시
- 盘头 pántóu 동 머리를 빙빙 틀어 얹다

11획 盘 盘 盘 盘 盘 盘 盘 盘 盘 盘 盘

172

胖 pàng

胖 클 반, 희생 반쪽 판

형 뚱뚱하다, 살찌다

- 胖子 pàngzi 명 뚱뚱보, 뚱뚱이
- 发胖 fāpàng 동 살찌다
- 胖乎乎 pànghūhū 형 통통하다

9획 胖 胖 胖 胖 胖 胖 胖 胖 胖

173

皮
pí

皮 가죽 피

명 피부, 가죽 / 포장
형 장난이 심하다

- 皮肤 pífū 명 피부
- 皮鞋 píxié 명 가죽 구두
- 书皮儿 shūpí(r) 명 책의 표지
- 调皮 tiáopí 동 장난치다, 까불다 형 말을 잘 듣지 않다

5획 皮 皮 皮 皮 皮

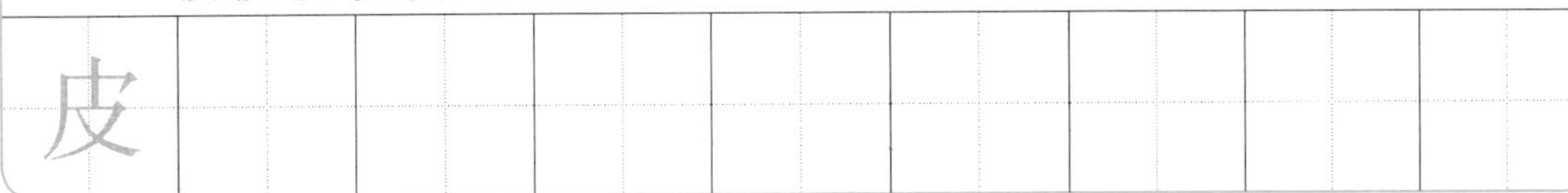

皮

174

片
piàn

片 조각 편, 절반 반

명 (평평하고 얇은) 조각, 판, 편
양 얇고 작은 사물이나 작게 잘라진 부분을 세는 단위

- 照片 zhàopiàn 명 사진
- 图片 túpiàn 명 사진·그림·탁본 등의 총칭
- 一片面包 yí piàn miànbāo 빵 한 조각

4획 片 片 片 片

片

175

漂
piāo / piǎo

漂 떠다닐 표

piāo 동 (물 위에) 뜨다
piǎo 동 표백하다

- 漂流 piāoliú 동 표류하다
- 漂白 piǎobái 동 표백하다

14획 漂 漂 漂 漂 漂 漂 漂 漂 漂 漂 漂 漂 漂 漂

漂

176

平
píng

平 평평할 평, 다스릴 편

형 평평하다, 균등하다
동 평평하게 만들다

- 平坦 píngtǎn 형 평탄하다, 순탄하다
- 平均 píngjūn 동 균등히 하다 형 균등하다, 평균적이다

5획 平 平 平 平 平

平

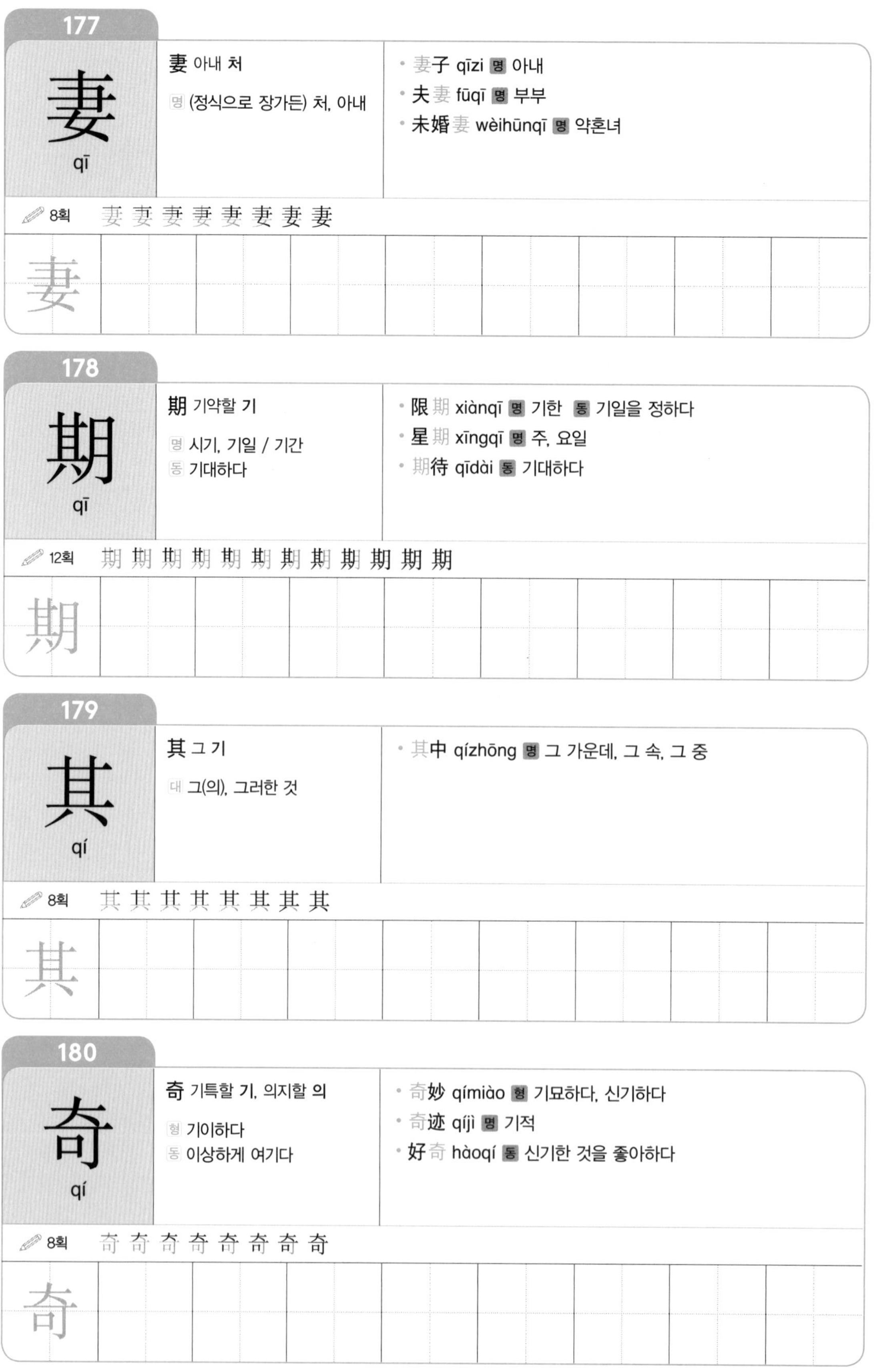

177

妻 qī

妻 아내 처

명 (정식으로 장가든) 처, 아내

- 妻子 qīzi 명 아내
- 夫妻 fūqī 명 부부
- 未婚妻 wèihūnqī 명 약혼녀

8획 妻 妻 妻 妻 妻 妻 妻 妻

妻

178

期 qī

期 기약할 기

명 시기, 기일 / 기간
동 기대하다

- 限期 xiànqī 명 기한 동 기일을 정하다
- 星期 xīngqī 명 주, 요일
- 期待 qīdài 동 기대하다

12획 期 期 期 期 期 期 期 期 期 期 期 期

期

179

其 qí

其 그 기

대 그(의), 그러한 것

- 其中 qízhōng 명 그 가운데, 그 속, 그 중

8획 其 其 其 其 其 其 其 其

其

180

奇 qí

奇 기특할 기, 의지할 의

형 기이하다
동 이상하게 여기다

- 奇妙 qímiào 형 기묘하다, 신기하다
- 奇迹 qíjì 명 기적
- 好奇 hàoqí 동 신기한 것을 좋아하다

8획 奇 奇 奇 奇 奇 奇 奇 奇

奇

181

骑

qí

騎 말 탈 기

동 (동물·자전거 등에 다리를 벌리고) 올라타다

- 骑马 qí mǎ 말을 타다
- 骑车 qí chē 자전거를 타다

11획 骑 骑 骑 骑 骑 骑 骑 骑 骑 骑 骑

骑

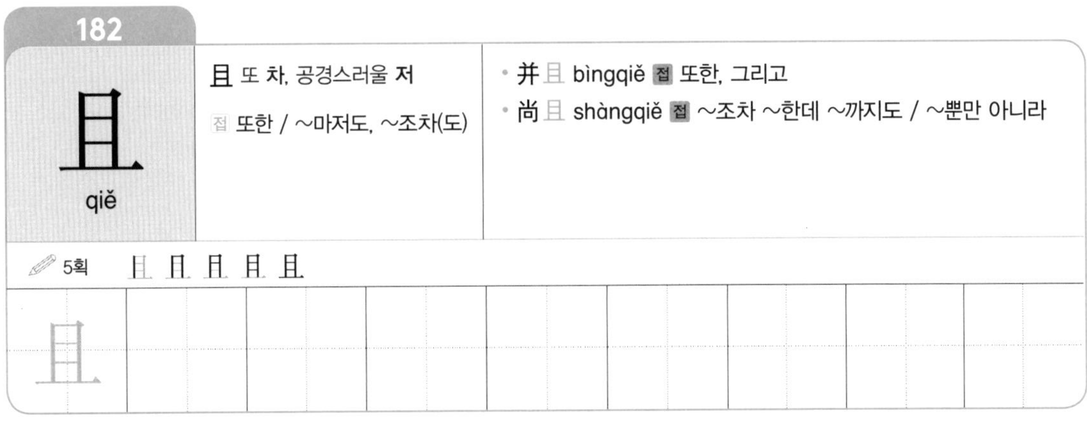

182

且

qiě

且 또 차, 공경스러울 저

접 또한 / ~마저도, ~조차(도)

- 并且 bìngqiě 접 또한, 그리고
- 尚且 shàngqiě 접 ~조차 ~한데 ~까지도 / ~뿐만 아니라

5획 且 且 且 且 且

且

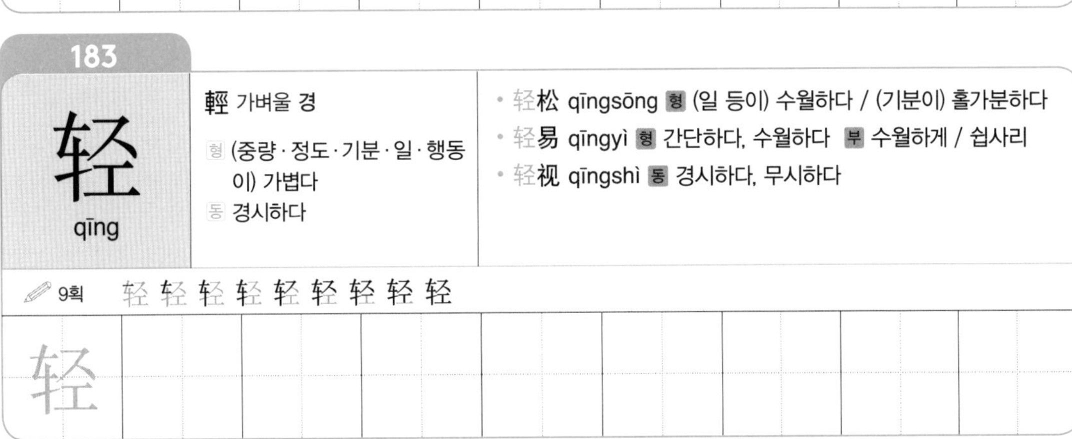

183

轻

qīng

輕 가벼울 경

형 (중량·정도·기분·일·행동이) 가볍다

동 경시하다

- 轻松 qīngsōng 형 (일 등이) 수월하다 / (기분이) 홀가분하다
- 轻易 qīngyì 형 간단하다, 수월하다 부 수월하게 / 쉽사리
- 轻视 qīngshì 동 경시하다, 무시하다

9획 轻 轻 轻 轻 轻 轻 轻 轻 轻

轻

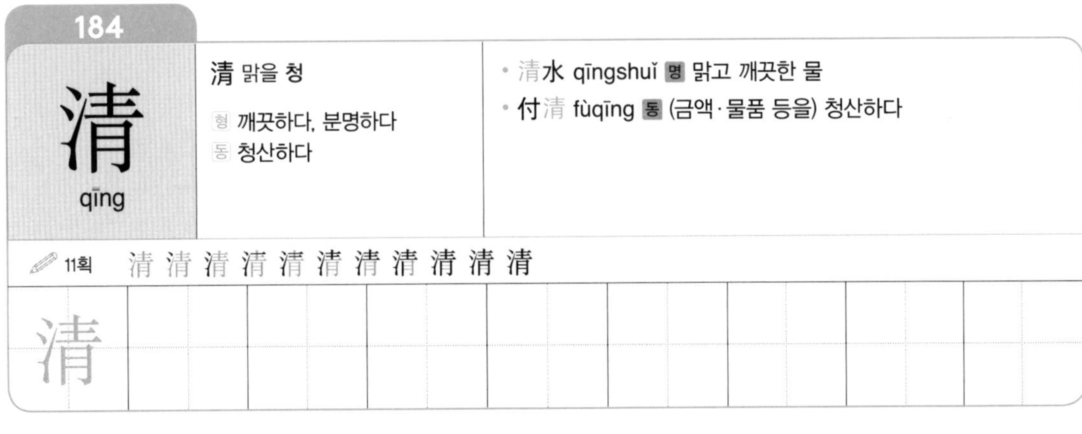

184

清

qīng

淸 맑을 청

형 깨끗하다, 분명하다

동 청산하다

- 清水 qīngshuǐ 명 맑고 깨끗한 물
- 付清 fùqīng 동 (금액·물품 등을) 청산하다

11획 清 清 清 清 清 清 清 清 清 清 清

清

3급

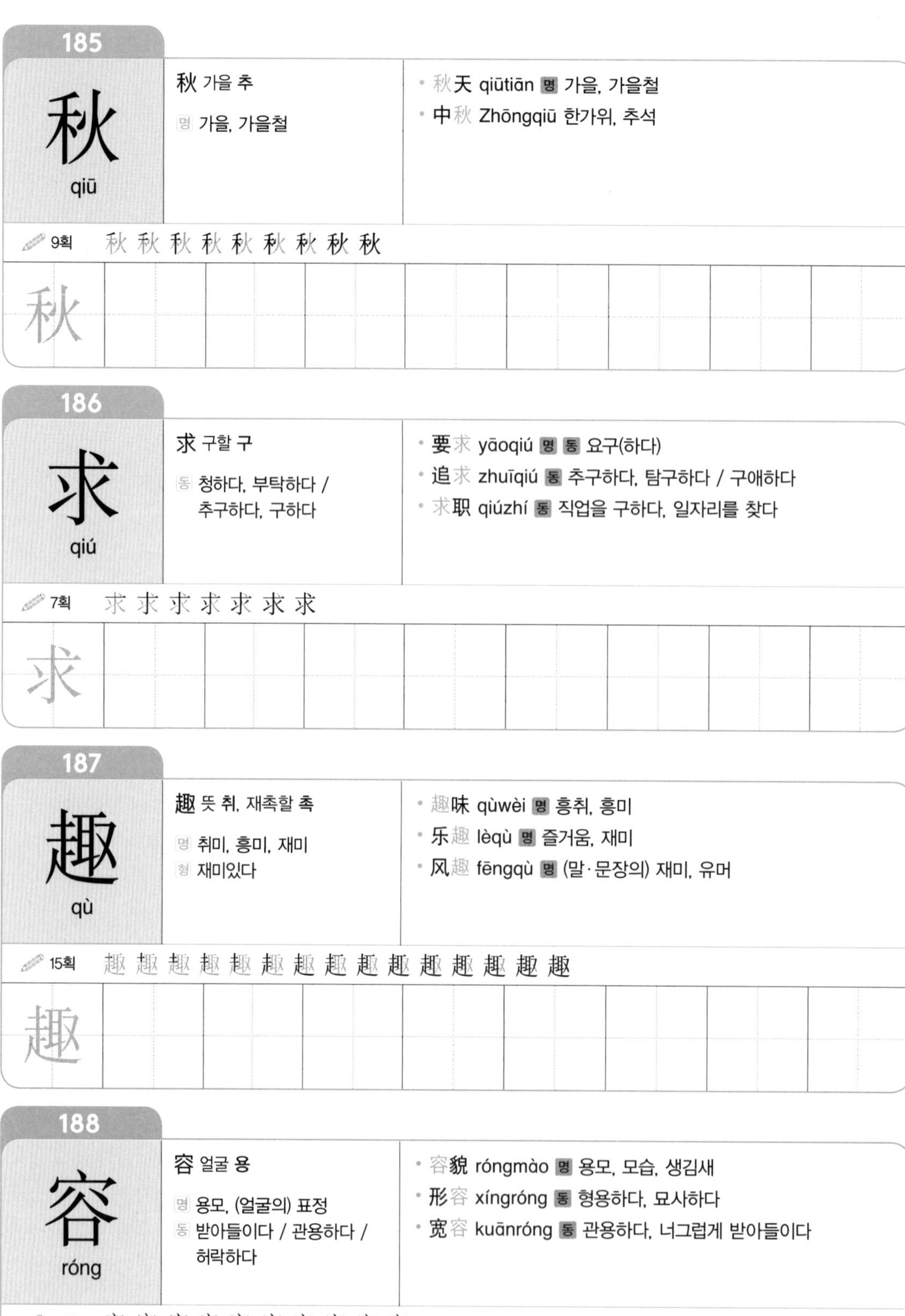

185

秋
qiū

秋 가을 추

명 가을, 가을철

- 秋天 qiūtiān 명 가을, 가을철
- 中秋 Zhōngqiū 한가위, 추석

9획 秋 秋 秋 秋 秋 秋 秋 秋 秋

秋

186

求
qiú

求 구할 구

동 청하다, 부탁하다 / 추구하다, 구하다

- 要求 yāoqiú 명 동 요구(하다)
- 追求 zhuīqiú 동 추구하다, 탐구하다 / 구애하다
- 求职 qiúzhí 동 직업을 구하다, 일자리를 찾다

7획 求 求 求 求 求 求 求

求

187

趣
qù

趣 뜻 취, 재촉할 촉

명 취미, 흥미, 재미
형 재미있다

- 趣味 qùwèi 명 흥취, 흥미
- 乐趣 lèqù 명 즐거움, 재미
- 风趣 fēngqù 명 (말·문장의) 재미, 유머

15획 趣 趣 趣 趣 趣 趣 趣 趣 趣 趣 趣 趣 趣 趣 趣

趣

188

容
róng

容 얼굴 용

명 용모, (얼굴의) 표정
동 받아들이다 / 관용하다 / 허락하다

- 容貌 róngmào 명 용모, 모습, 생김새
- 形容 xíngróng 동 형용하다, 묘사하다
- 宽容 kuānróng 동 관용하다, 너그럽게 받아들이다

10획 容 容 容 容 容 容 容 容 容 容

容

189

如
rú

如 같을 여, 말 이을 이

동 ~와 같다 / 예를 들다
접 만일, 만약

- 如下 rúxià 동 아래와 같다, 다음과 같다
- 例如 lìrú 동 예를 들면, 예컨대
- 如果 rúguǒ 접 만일, 만약

6획 如 如 如 如 如 如

如

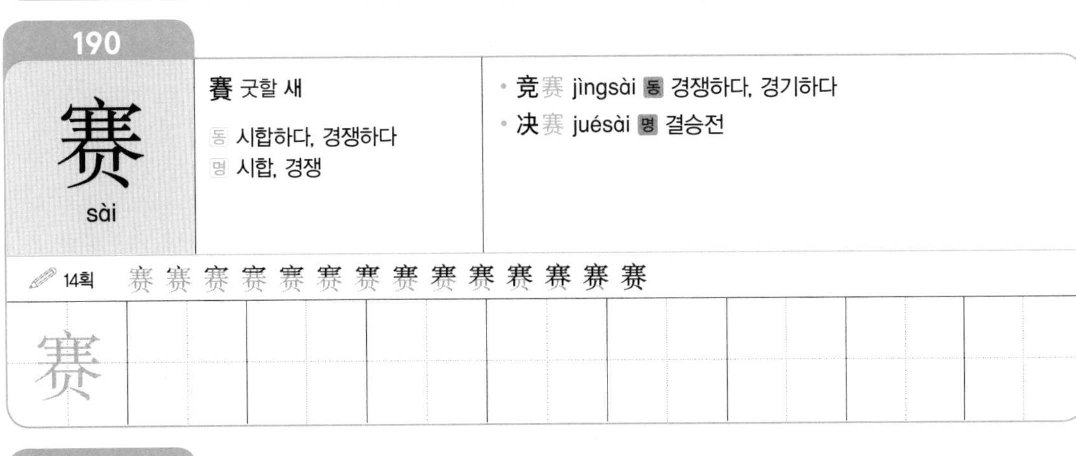

190

赛
sài

賽 굿할 새

동 시합하다, 경쟁하다
명 시합, 경쟁

- 竞赛 jìngsài 동 경쟁하다, 경기하다
- 决赛 juésài 명 결승전

14획 赛 赛 赛 赛 赛 赛 赛 赛 赛 赛 赛 赛 赛 赛

赛

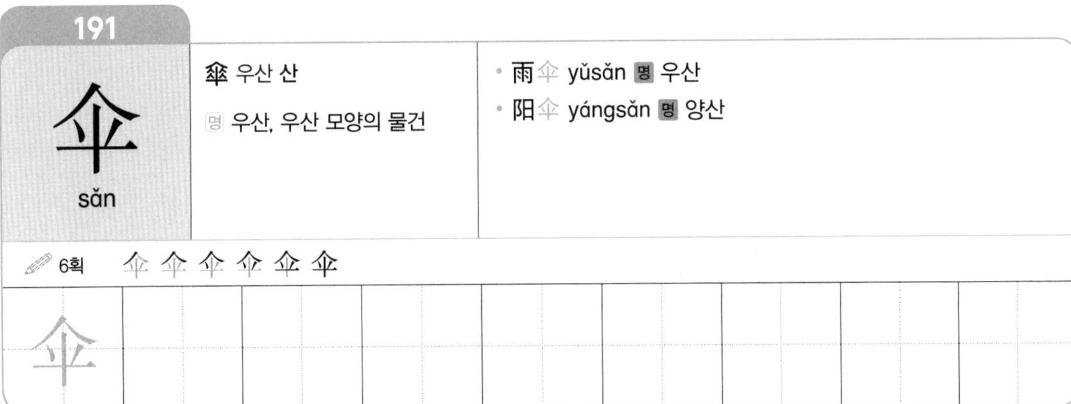

191

伞
sǎn

傘 우산 산

명 우산, 우산 모양의 물건

- 雨伞 yǔsǎn 명 우산
- 阳伞 yángsǎn 명 양산

6획 伞 伞 伞 伞 伞 伞

伞

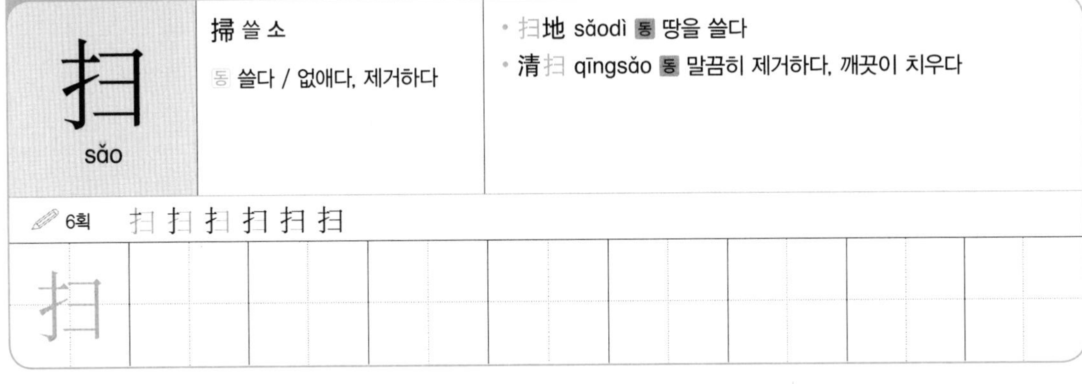

192

扫
sǎo

掃 쓸 소

동 쓸다 / 없애다, 제거하다

- 扫地 sǎodì 동 땅을 쓸다
- 清扫 qīngsǎo 동 말끔히 제거하다, 깨끗이 치우다

6획 扫 扫 扫 扫 扫 扫

扫

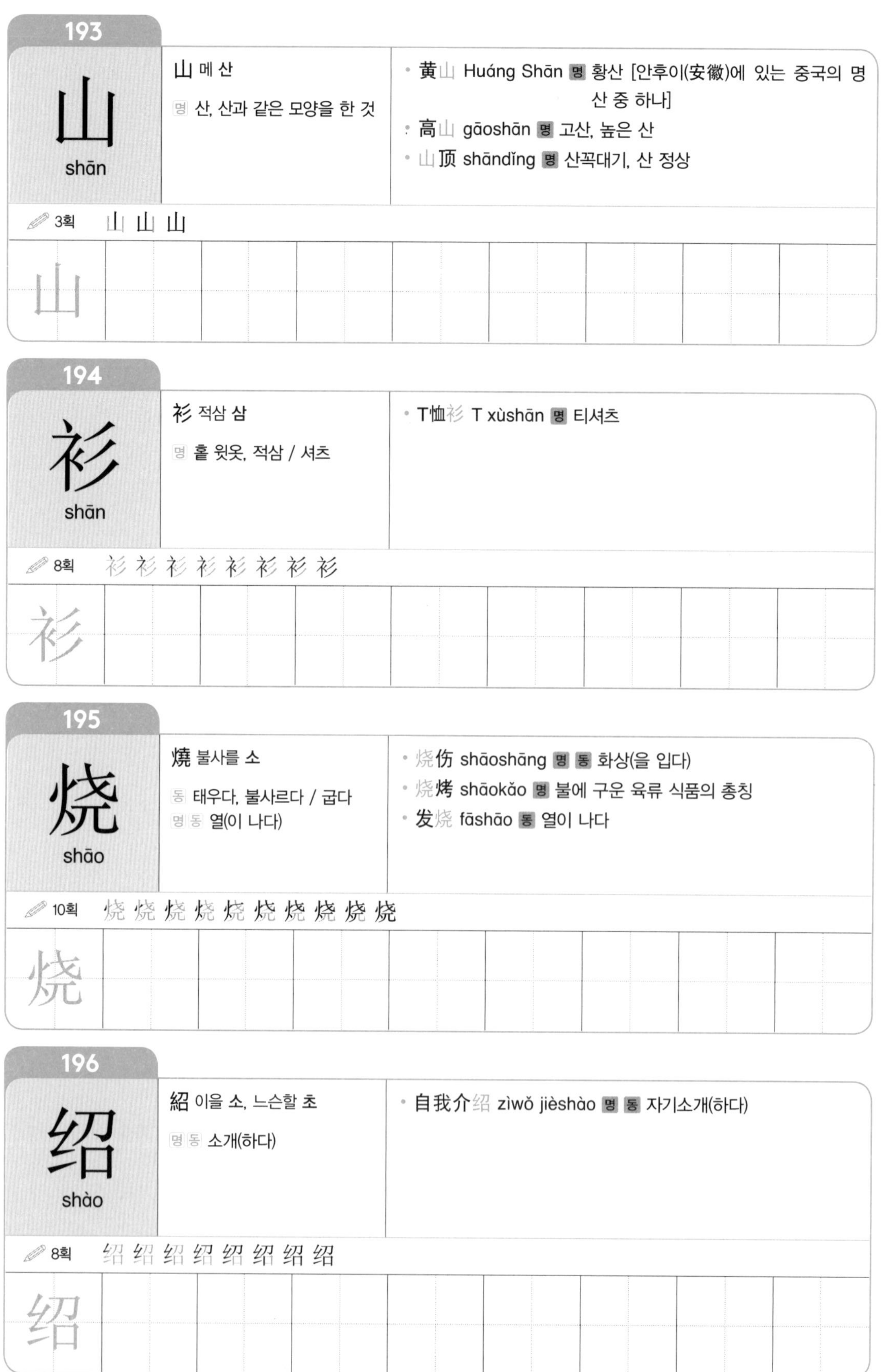

193

山

shān

山 메 산

명 산, 산과 같은 모양을 한 것

- 黄山 Huáng Shān 명 황산 [안후이(安徽)에 있는 중국의 명산 중 하나]
- 高山 gāoshān 명 고산, 높은 산
- 山顶 shāndǐng 명 산꼭대기, 산 정상

3획 山 山 山

山

194

衫

shān

衫 적삼 삼

명 홑 윗옷, 적삼 / 셔츠

- T恤衫 T xùshān 명 티셔츠

8획 衫 衫 衫 衫 衫 衫 衫 衫

衫

195

烧

shāo

燒 불사를 소

동 태우다, 불사르다 / 굽다
명 동 열(이 나다)

- 烧伤 shāoshāng 명 동 화상(을 입다)
- 烧烤 shāokǎo 명 불에 구운 육류 식품의 총칭
- 发烧 fāshāo 동 열이 나다

10획 烧 烧 烧 烧 烧 烧 烧 烧 烧 烧

烧

196

绍

shào

紹 이을 소, 느슨할 초

명 동 소개(하다)

- 自我介绍 zìwǒ jièshào 명 동 자기소개(하다)

8획 绍 绍 绍 绍 绍 绍 绍 绍

绍

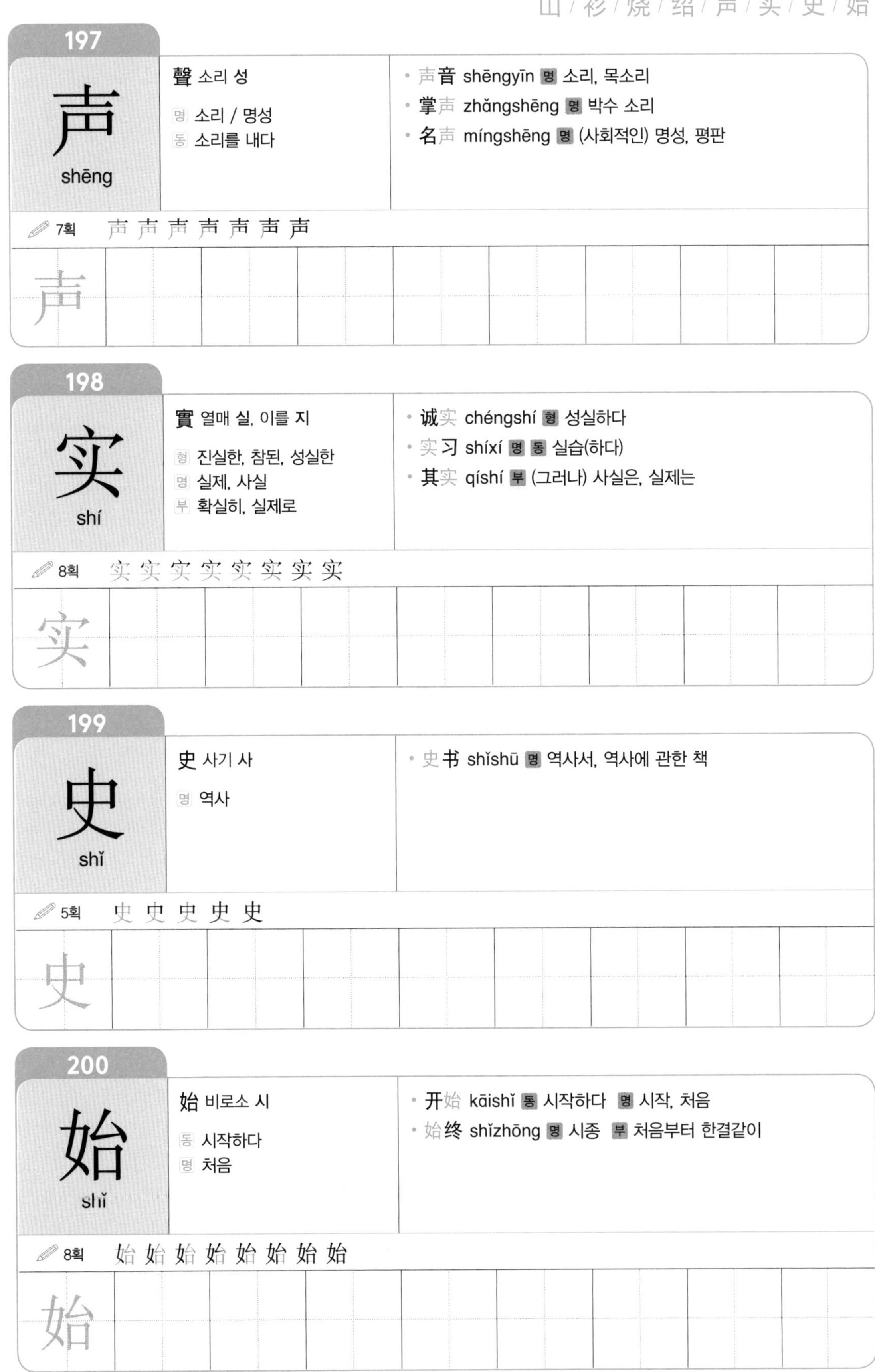

197

声

shēng

聲 소리 성

명 소리 / 명성
동 소리를 내다

- 声音 shēngyīn 명 소리, 목소리
- 掌声 zhǎngshēng 명 박수 소리
- 名声 míngshēng 명 (사회적인) 명성, 평판

7획 声 声 声 声 声 声 声

198

实

shí

實 열매 실, 이를 지

형 진실한, 참된, 성실한
명 실제, 사실
부 확실히, 실제로

- 诚实 chéngshí 형 성실하다
- 实习 shíxí 명 동 실습(하다)
- 其实 qíshí 부 (그러나) 사실은, 실제는

8획 实 实 实 实 实 实 实 实

199

史

shǐ

史 사기 사

명 역사

- 史书 shǐshū 명 역사서, 역사에 관한 책

5획 史 史 史 史 史

200

始

shǐ

始 비로소 시

동 시작하다
명 처음

- 开始 kāishǐ 동 시작하다 명 시작, 처음
- 始终 shǐzhōng 명 시종 부 처음부터 한결같이

8획 始 始 始 始 始 始 始 始

3급

201

世 shì

世 인간 세, 대 세

명 세대 / 세상 / 생애 / 시대

- 世纪 shìjì 명 세기
- 世代 shìdài 명 세대, 연대
- 逝世 shìshì 동 서거하다, 세상을 뜨다

5획 世 世 世 世 世

世

202

市 shì

市 저자 시

명 시장 / 도시

- 超市 chāoshì 명 슈퍼마켓
- 市民 shìmín 명 시민

5획 市 市 市 市 市

市

203

瘦 shòu

瘦 여윌 수

형 마르다, 여위다

- 瘦身 shòushēn 동 살을 빼다
- 瘦子 shòuzi 명 몹시 여윈 사람

14획 瘦 瘦 瘦 瘦 瘦 瘦 瘦 瘦 瘦 瘦 瘦 瘦 瘦 瘦

瘦

204

叔 shū

叔 아저씨 숙, 콩 숙

명 숙부, 작은 아버지 / 아저씨

- 叔叔 shūshu 명 숙부 / 아저씨
- 大叔 dàshū 명 아저씨

8획 叔 叔 叔 叔 叔 叔 叔 叔

叔

205

舒 shū

舒 펼 서

동 펴다, 늘이다
형 느리다, 여유 있다

- 舒展 shūzhǎn 동 (주름·구김살 등을) 펴다
  형 (심신이) 편안하다
- 舒服 shūfu 형 편안하다

12획 舒 舒 舒 舒 舒 舒 舒 舒 舒 舒 舒 舒

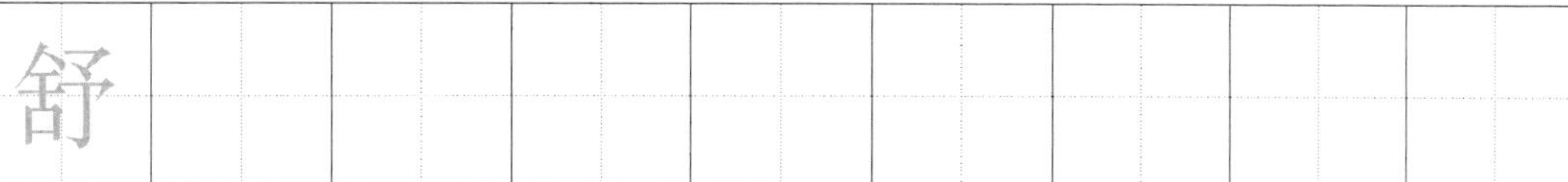

206

数 shǔ / shù

數 셈 수, 자주 삭, 촘촘할 촉

shǔ 동 세다, 헤아리다
shù 명 수, 숫자

- 数数(儿) shǔ shù(r) 수를 세다
- 数学 shùxué 명 수학

13획 数 数 数 数 数 数 数 数 数 数 数 数 数

数

207

束 shù

束 묶을 속, 약속할 속

양 묶음, 다발
명 끝, 결말
동 묶다, 매다 / 속박하다

- 一束花 yí shù huā 꽃 한 다발
- 结束 jiéshù 동 끝나다, 마치다
- 束手 shùshǒu 동 손을 묶다(묶이다)
- 约束 yuēshù 동 구속하다, 제약하다

7획 束 束 束 束 束 束 束

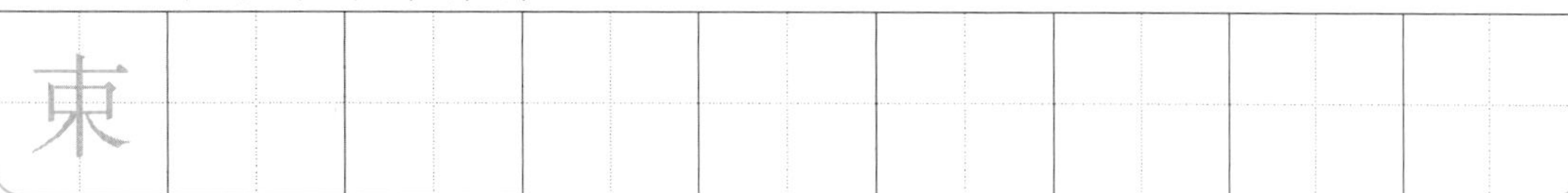

208

树 shù

樹 나무 수

명 나무, 수목
동 심다, 재배해다

- 树木 shùmù 명 동 나무(를 심다)
- 树林 shùlín 명 숲

9획 树 树 树 树 树 树 树 树 树

209

刷 shuā

刷 인쇄할 쇄

명 솔, 브러시
동 솔로 닦다 / 인쇄하다

- 牙刷 yáshuā 명 칫솔
- 刷牙 shuā yá 이를 닦다
- 印刷 yìnshuā 명 동 인쇄(하다)

8획

210

双 shuāng

雙 두 쌍, 쌍 쌍

양 쌍, 짝, 켤레

- 一双 yì shuāng 한 쌍
- 双方 shuāngfāng 명 쌍방, 양쪽
- 双胞胎 shuāngbāotāi 명 쌍둥이

4획

211

算 suàn

算 셈 산

명 동 (숫자를) 계산(하다)
동 계획하다

- 计算 jìsuàn 동 계산하다, 셈하다
- 总算 zǒngsuàn 부 마침내, 드디어, 대체로
- 打算 dǎsuàn 동 ~하려고 하다 명 생각, 계획

14획

212

特 tè

特 특별할 특

형 특수하다, 특별하다
부 특히, 아주, 유달리

- 特点 tèdiǎn 명 특색, 특징
- 特征 tèzhēng 명 특징

10획

213

疼
téng

疼 아플 동, 아플 등

형 아프다 / 몹시 아끼다, 매우 사랑하다

- 疼痛 téngtòng 형 아프다
- 疼爱 téng'ài 동 매우 귀여워하다(사랑하다)
- 心疼 xīnténg 동 몹시 아끼다(사랑하다)

10획 疼

214

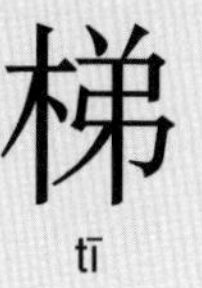
tī

梯 사다리 제

명 사다리, 계단

- 梯子 tīzi 명 사다리
- 电梯 diàntī 명 엘리베이터

11획 梯

215

tī

踢 찰 척

동 차다, 발길질하다

- 踢足球 tī zúqiú 축구를 하다

15획 踢

216

tí

提 끌 제, 떼지어 날 시

동 (고리·손잡이 등을 손에) 들다 / 들어올리다, 끌어올리다 / (정해진 기한을) 앞당기다

- 提包 tíbāo 명 손가방, 핸드백
- 提高 tígāo 동 제고하다, 향상시키다
- 提前 tíqián 동 앞당기다

12획 提

217

甜

tián

甜 달 첨

형 (맛이) 달다, (말이) 달콤하다

- 甜食 tiánshí 명 (주로 찹쌀과 사탕으로 만든) 단맛의 식품
- 甜甜圈 tiántiánquān 명 도넛
- 甜蜜 tiánmì 형 달콤하다 / 즐겁다, 행복하다

11획 甜 甜 甜 甜 甜 甜 甜 甜 甜 甜 甜

甜

218

条

tiáo

條 가지 조

명 가늘고 긴 것
양 가늘고 긴 것을 셀 때 쓰임

- 面条 miàntiáo 명 국수
- 枝条 zhītiáo 명 (나뭇)가지
- 苗条 miáotiao 형 날씬하다
- 一条河 yì tiáo hé 강 한 줄기

7획 条 条 条 条 条 条 条

条

219

铁

tiě

鐵 쇠 철

명 쇠, 철

- 地铁 dìtiě 명 지하철
- 钢铁 gāngtiě 명 강철

10획 铁 铁 铁 铁 铁 铁 铁 铁 铁 铁

铁

220

头

tóu / tou

頭 머리 두

tóu 명 머리
tou 접미 명사 뒤에 쓰이는 접미사

- 头疼 tóuténg 명 두통
- 木头 mùtou 명 나무, 목재, 재목
- 骨头 gǔtou 명 뼈
- 馒头 mántou 명 찐빵 [소가 없는 것]

5획 头 头 头 头 头

头

221

突
tū

突 갑자기 돌

부 갑자기, 돌연히
형 두드러지다
동 돌파하다, 충돌하다

- 突然 tūrán 형 갑작스럽다 부 갑자기, 문득
- 突出 tūchū 형 두드러지다, 뛰어나다 동 두드러지게 하다
- 突破 tūpò 동 (한계·난관 등을) 돌파하다

9획 突 突 突 突 突 突 突 突 突

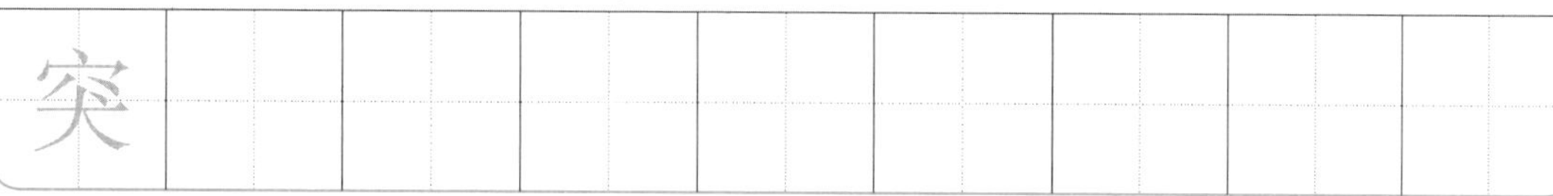

突

222

图
tú

圖 그림 도

명 그림, 도표

- 地图 dìtú 명 지도
- 图表 túbiǎo 명 도표, 통계표

8획 图 图 图 图 图 图 图 图

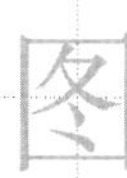

图

223

腿
tuǐ

腿 넓적다리 퇴

명 다리

- 大腿 dàtuǐ 명 허벅지, 넓적다리
- 鸡腿 jī tuǐ 닭 다리

13획 腿 腿 腿 腿 腿 腿 腿 腿 腿 腿 腿 腿 腿

腿

224

万
wàn

萬 일 만 만

수 10,000, 만
부 (긍정문에서) 매우 / (부정문에서) 전혀

- 三万五千 sān wàn wǔ qiān 삼만 오천
- 万一 wànyī 접 만일, 만약
- 万分 wànfēn 부 극히, 대단히, 매우

3획 万 万 万

万

3급

225

网
wǎng

網 그물 망

명 그물, 그물처럼 생긴 것 / 인터넷, 온라인 [약칭]

- 鱼网 yúwǎng 명 어망, (고기잡이용) 그물
- 网球 wǎngqiú 명 테니스
- 互联网 hùliánwǎng 명 인터넷
- 上网 shàngwǎng 동 인터넷을 하다

6획 网 网 网 网 网 网

网

226

忘
wàng

忘 잊을 망

동 잊다, 망각하다

- 难忘 nánwàng 형 잊기 어렵다, 잊을 수 없다

7획 忘 忘 忘 忘 忘 忘 忘

忘

227

望
wàng

望 바랄 망, 보름 망

동 (멀리) 바라보다 / 바라다, 희망하다

- 远望 yuǎnwàng 동 멀리 바라보다
- 失望 shīwàng 동 희망을 잃다, 실망하다
- 盼望 pànwàng 동 간절히 바라다

11획 望 望 望 望 望 望 望 望 望 望 望

望

228

喂
wéi / wèi

喂 두려울 위, 부르는 소리 외

wéi 감 (전화 상에서) 여보세요
wèi 감 야, 어이
동 기르다, 먹이다

- 喂养 wèiyǎng 동 (아이를) 양육하다, (동물을) 사육하다
- 喂饭 wèi fàn 밥을 먹이다
- 喂药 wèi yào 약을 먹이다

12획 喂 喂 喂 喂 喂 喂 喂 喂 喂 喂 喂 喂

喂

229

位 wèi

位 자리 위, 임할 리(이)

양 분, 명 [사람을 세는 단위]
명 곳, 자리 / 지위, 직위
동 위치하다, 자리잡다

- 三位老师 sān wèi lǎoshī 선생님 세 분
- 座位 zuòwèi 명 좌석, 자리
- 地位 dìwèi 명 지위
- 位于 wèiyú 동 ~에 위치하다

7획 位 位 位 位 位 位 位

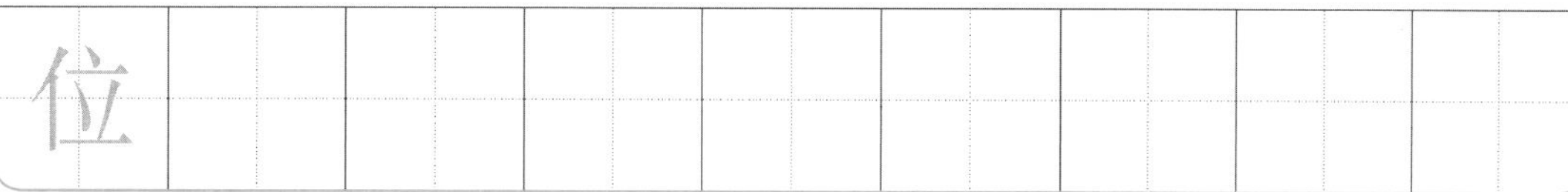

230

文 wén

文 글월 문

명 문장, 글 / 문화, 문명 / 언어, 국어

- 论文 lùnwén 명 논문
- 文化 wénhuà 명 문화 / 교육수준
- 中文 Zhōngwén 중국어

4획 文 文 文 文

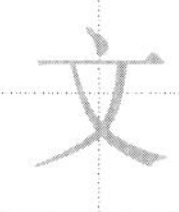

231

闻 wén

聞 들을 문

동 듣다 / 냄새를 맡다

- 见闻 jiànwén 명 견문, 보고 들은 것
- 闻名 wénmíng 동 이름을 듣다 형 유명하다
- 闻味儿 wén wèir 냄새를 맡다

9획 闻 闻 闻 闻 闻 闻 闻 闻 闻

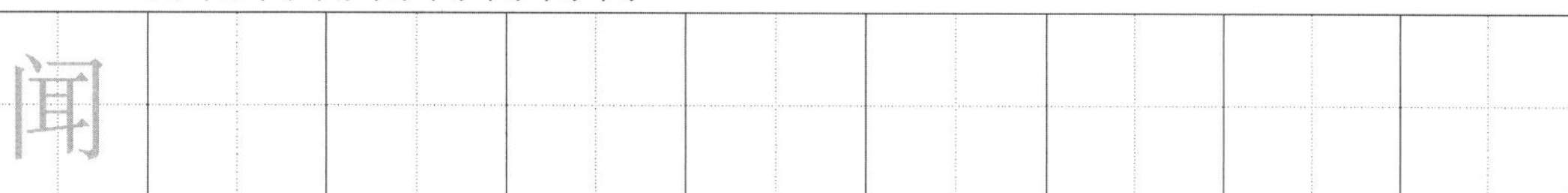

232

舞 wǔ

舞 춤출 무

명 춤, 무용
동 춤추다

- 舞会 wǔhuì 명 무도회
- 舞台 wǔtái 명 무대
- 舞蹈 wǔdǎo 명 동 춤(추다), 무용(하다)

14획 舞 舞 舞 舞 舞 舞 舞 舞 舞 舞 舞 舞 舞 舞

3급

233

务
wù

務 힘쓸 무, 업신여길 모

명 일, 업무, 임무

- 家务 jiāwù 명 집안일
- 业务 yèwù 명 업무
- 任务 rènwu 명 임무

5획 务 务 务 务 务

务

234

物
wù

物 물건 물

명 물건, 물체

- 植物 zhíwù 명 식물
- 购物 gòuwù 동 물건을 구입하다, 쇼핑하다

8획 物 物 物 物 物 物 物 物

物

235

西
xī

西 서녘 서

명 서쪽

- 西面 xīmiàn 명 서쪽
- 东西 dōngxī 명 동쪽과 서쪽

6획 西 西 西 西 西 西

西

236

希
xī

希 바랄 희

동 바라다, 희망하다

- 希望 xīwàng 명 동 희망(하다)

7획 希 希 希 希 希 希 希

希

237

息
xī

息 쉴 식

동 쉬다, 휴식하다
명 숨, 호흡 / 소식

- 休息 xiūxi 명 동 휴식(하다)
- 信息 xìnxī 명 정보

10획 息 息 息 息 息 息 息 息 息 息

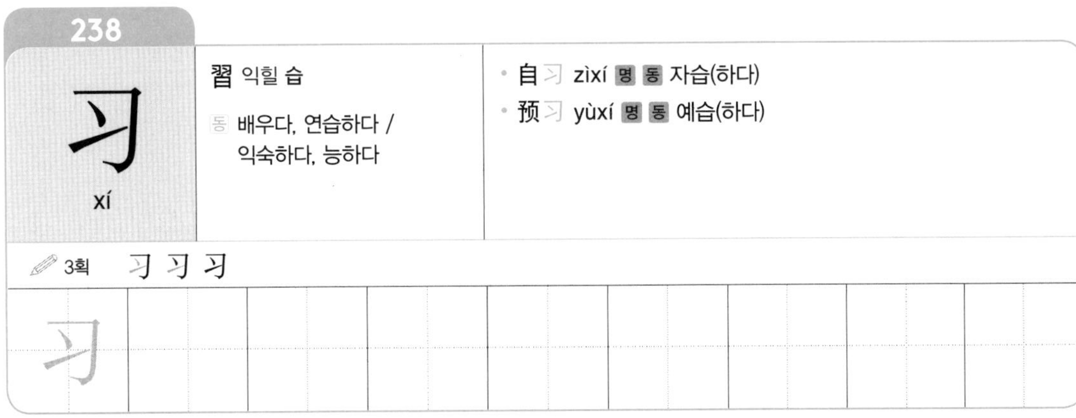

238

习
xí

習 익힐 습

동 배우다, 연습하다 / 익숙하다, 능하다

- 自习 zìxí 명 동 자습(하다)
- 预习 yùxí 명 동 예습(하다)

3획 习 习 习

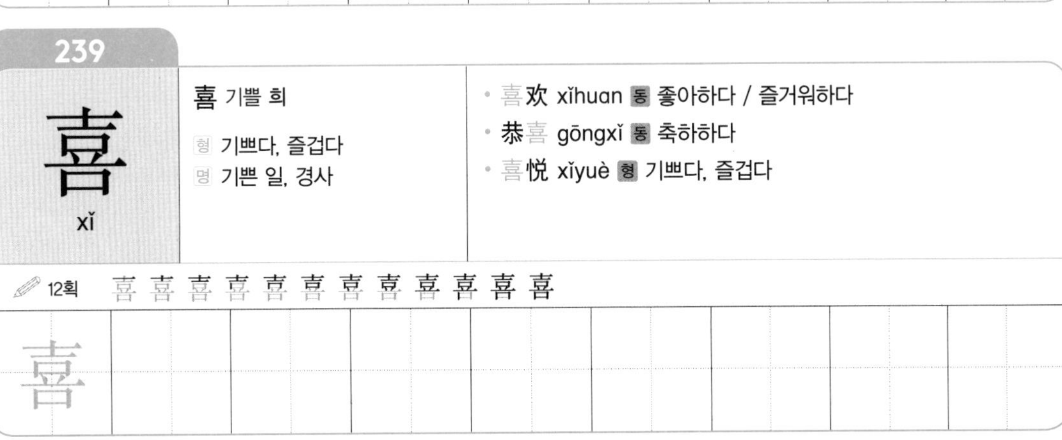

239

喜
xǐ

喜 기쁠 희

형 기쁘다, 즐겁다
명 기쁜 일, 경사

- 喜欢 xǐhuan 동 좋아하다 / 즐거워하다
- 恭喜 gōngxǐ 동 축하하다
- 喜悦 xǐyuè 형 기쁘다, 즐겁다

12획 喜 喜 喜 喜 喜 喜 喜 喜 喜 喜 喜 喜

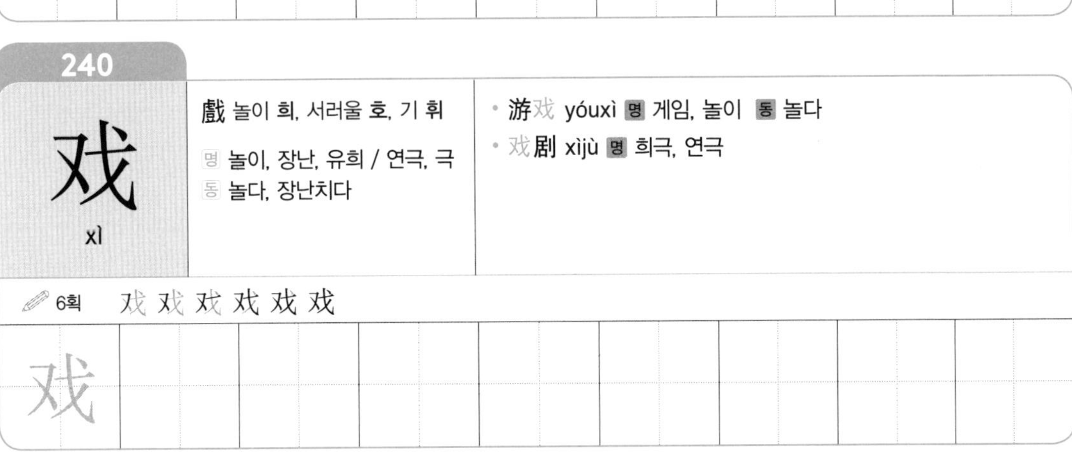

240

戏
xì

戲 놀이 희, 서러울 호, 기 휘

명 놀이, 장난, 유희 / 연극, 극
동 놀다, 장난치다

- 游戏 yóuxì 명 게임, 놀이 동 놀다
- 戏剧 xìjù 명 희극, 연극

6획 戏 戏 戏 戏 戏 戏

3급

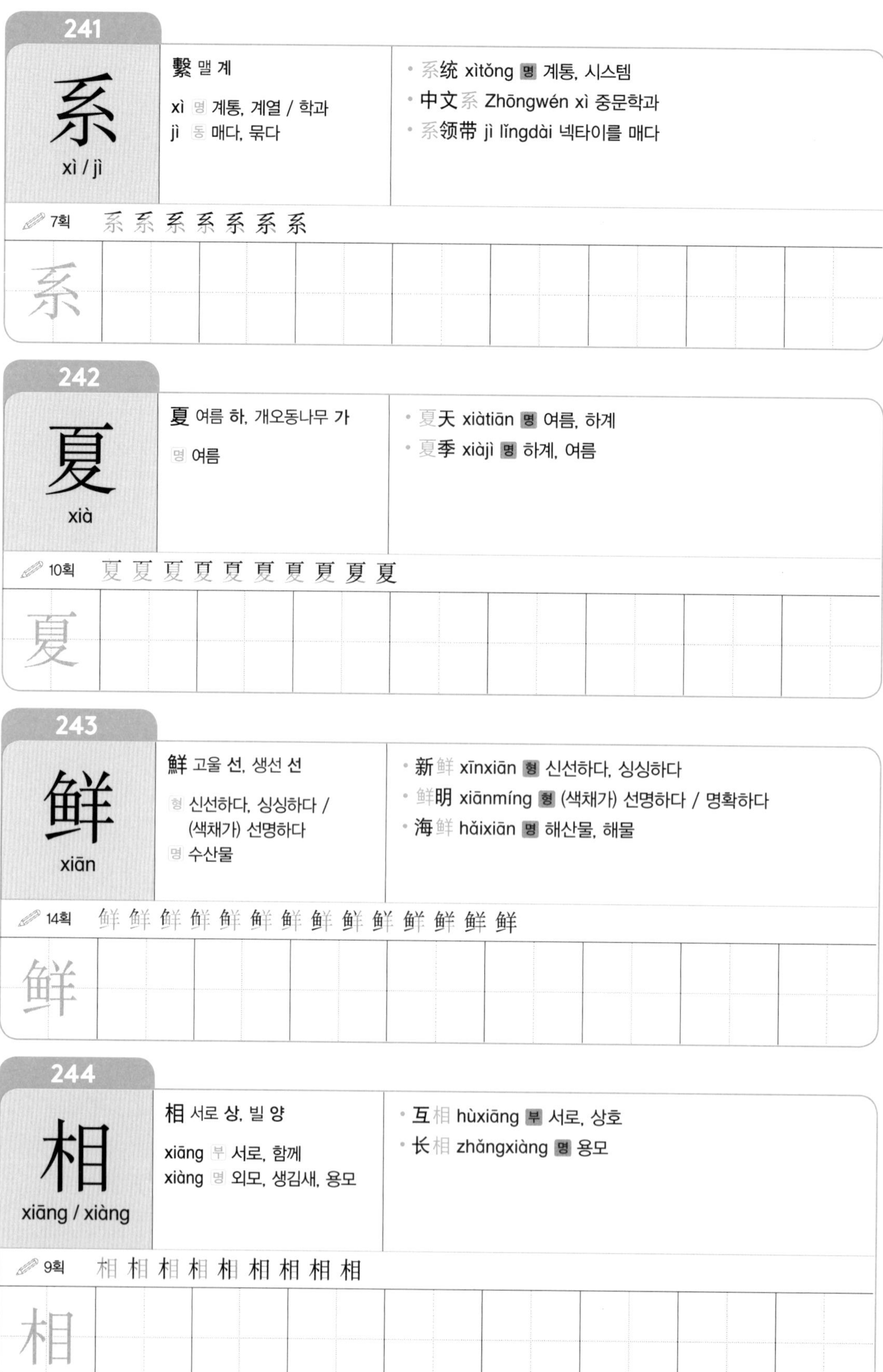

241

系
xì / jì

繫 맬 계

xì 명 계통, 계열 / 학과
jì 동 매다, 묶다

- 系统 xìtǒng 명 계통, 시스템
- 中文系 Zhōngwén xì 중문학과
- 系领带 jì lǐngdài 넥타이를 매다

7획 系 系 系 系 系 系 系

系

242

夏
xià

夏 여름 하, 개오동나무 가

명 여름

- 夏天 xiàtiān 명 여름, 하계
- 夏季 xiàjì 명 하계, 여름

10획 夏 夏 夏 夏 夏 夏 夏 夏 夏 夏

夏

243

鲜
xiān

鮮 고울 선, 생선 선

형 신선하다, 싱싱하다 / (색채가) 선명하다
명 수산물

- 新鲜 xīnxiān 형 신선하다, 싱싱하다
- 鲜明 xiānmíng 형 (색채가) 선명하다 / 명확하다
- 海鲜 hǎixiān 명 해산물, 해물

14획 鲜 鲜 鲜 鲜 鲜 鲜 鲜 鲜 鲜 鲜 鲜 鲜 鲜 鲜

鲜

244

相
xiāng / xiàng

相 서로 상, 빌 양

xiāng 부 서로, 함께
xiàng 명 외모, 생김새, 용모

- 互相 hùxiāng 부 서로, 상호
- 长相 zhǎngxiàng 명 용모

9획 相 相 相 相 相 相 相 相 相

相

245

香
xiāng

香 향기 향

형 향기롭다 / 맛이 좋다

- 香水(儿) xiāngshuǐ(r) 명 향수
- 香蕉 xiāngjiāo 명 바나나
- 香肠 xiāngcháng 명 소시지

9획 香 香 香 香 香 香 香 香 香

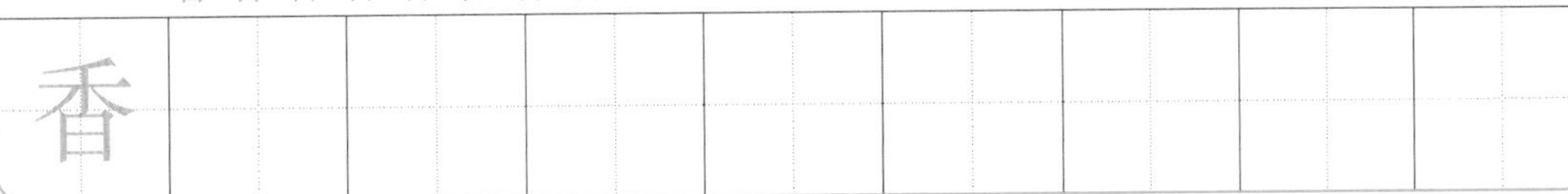

246

xiāng

箱 상자 상

명 상자, 트렁크

- 箱子 xiāngzi 명 상자

15획 箱 箱 箱 箱 箱 箱 箱 箱 箱 箱 箱 箱 箱 箱 箱

247

xiǎng

響 울릴 향

명 소리, 음향
동 울리다, 소리를 내다
명 동 메아리(치다), 반향(하다)

- 音响 yīnxiǎng 명 음향
- 反响 fǎnxiǎng 명 동 메아리(치다), 반향(하다)
- 影响 yǐngxiǎng 명 영향 동 영향을 주다

9획 响 响 响 响 响 响 响 响 响

248

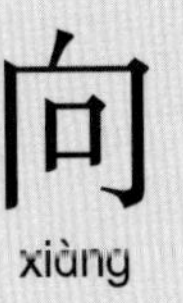
xiàng

嚮 향할 향, 성씨 상

명 방향
동 (앞을) 향하다
전 ~을(를) 향하여

- 风向 fēngxiàng 명 풍향, 바람 방향 / 동향, 형세
- 倾向 qīngxiàng 명 경향, 추세 동 쏠리다

6획 向 向 向 向 向 向

3급

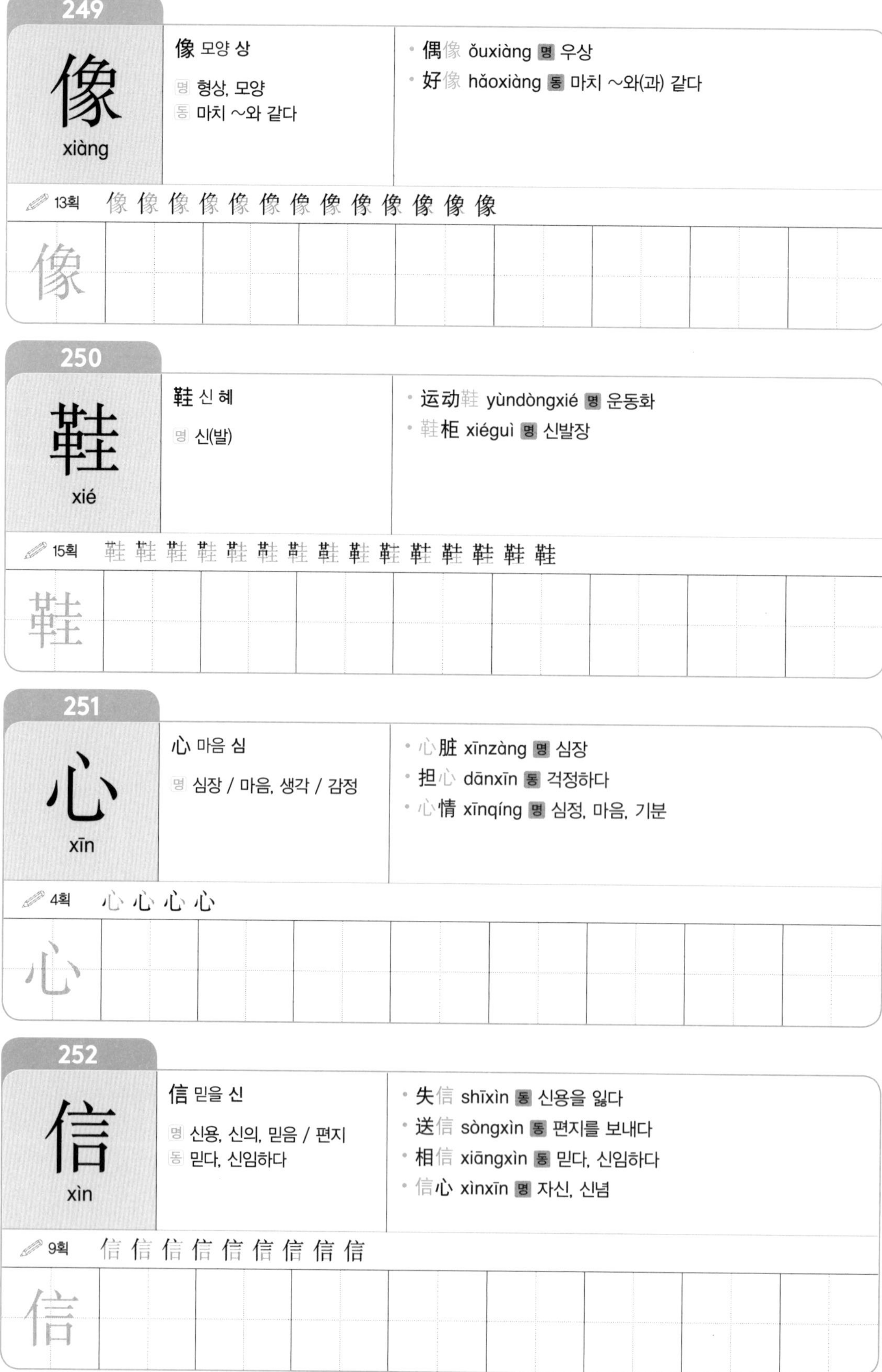

249

像

xiàng

像 모양 상

명 형상, 모양
동 마치 ~와 같다

- 偶像 ǒuxiàng 명 우상
- 好像 hǎoxiàng 동 마치 ~와(과) 같다

13획 像 像 像 像 像 像 像 像 像 像 像 像 像

250

鞋

xié

鞋 신 혜

명 신(발)

- 运动鞋 yùndòngxié 명 운동화
- 鞋柜 xiéguì 명 신발장

15획 鞋 鞋 鞋 鞋 鞋 鞋 鞋 鞋 鞋 鞋 鞋 鞋 鞋 鞋 鞋

251

心

xīn

心 마음 심

명 심장 / 마음, 생각 / 감정

- 心脏 xīnzàng 명 심장
- 担心 dānxīn 동 걱정하다
- 心情 xīnqíng 명 심정, 마음, 기분

4획 心 心 心 心

252

信

xìn

信 믿을 신

명 신용, 신의, 믿음 / 편지
동 믿다, 신임하다

- 失信 shīxìn 동 신용을 잃다
- 送信 sòngxìn 동 편지를 보내다
- 相信 xiāngxìn 동 믿다, 신임하다
- 信心 xìnxīn 명 자신, 신념

9획 信 信 信 信 信 信 信 信 信

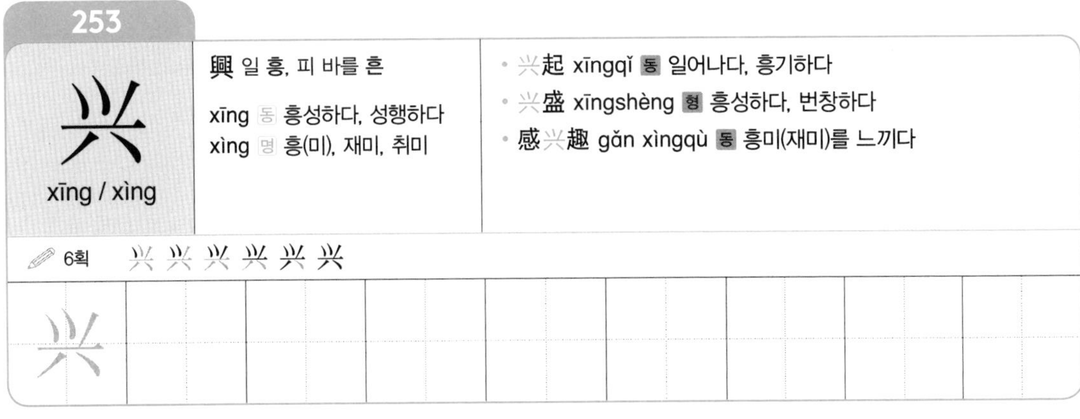

253

兴

xīng / xìng

興 일 흥, 피 바를 흔

xīng 동 흥성하다, 성행하다
xìng 명 흥(미), 재미, 취미

- 兴起 xīngqǐ 동 일어나다, 흥기하다
- 兴盛 xīngshèng 형 흥성하다, 번창하다
- 感兴趣 gǎn xìngqù 동 흥미(재미)를 느끼다

6획 兴 兴 兴 兴 兴 兴

兴

254

星

xīng

星 별 성

명 (지구·달·태양 등을 제외한) 별 / (연예계·스포츠 등의) 스타

- 星星 xīngxing 명 별
- 明星 míngxīng 명 스타

9획 星 星 星 星 星 星 星 星 星

星

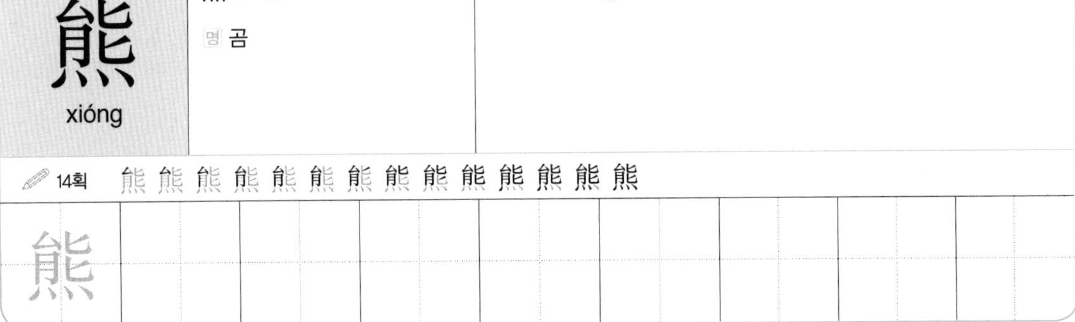

255

熊

xióng

熊 곰 웅, 세 발 자라 내

명 곰

- 熊猫 xióngmāo 명 판다

14획 熊 熊 熊 熊 熊 熊 熊 熊 熊 熊 熊 熊 熊 熊

熊

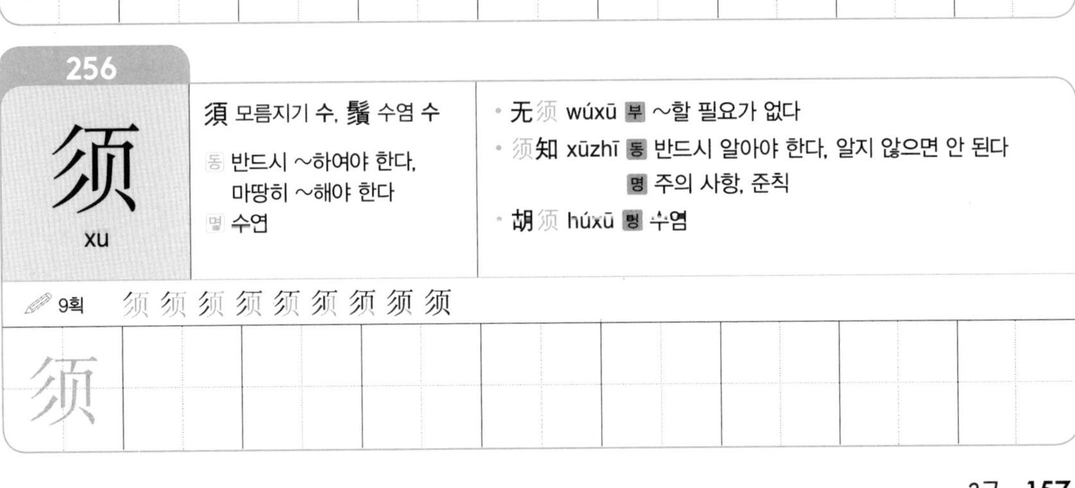

256

须

xu

須 모름지기 수, 鬚 수염 수

동 반드시 ~하여야 한다, 마땅히 ~해야 한다
명 수염

- 无须 wúxū 부 ~할 필요가 없다
- 须知 xūzhī 동 반드시 알아야 한다, 알지 않으면 안 된다
  명 주의 사항, 준칙
- 胡须 húxū 명 수염

9획 须 须 须 须 须 须 须 须 须

须

257

需
xū

需 쓰일 수, 쓸 수, 연할 연

동 필요로 하다, 요구되다
명 필수품, 수요

- 需求 xūqiú 동 필요로 하다, 요구되다 명 필요, 요구
- 必需 bìxū 부 반드시 ~해야 한다

14획 需 需 需 需 需 需 需 需 需 需 需 需 需 需

需

258

选
xuǎn

選 가릴 선

동 고르다, 뽑다, 선택하다

- 选择 xuǎnzé 동 고르다, 선택하다
- 选举 xuǎnjǔ 동 선거하다, 선출하다
- 当选 dāngxuǎn 동 당선하다
- 选手 xuǎnshǒu 명 선수

9획 选 选 选 选 选 选 选 选 选

选

259

牙
yá

牙 어금니 아

명 이, 치아

- 牙齿 yáchǐ 명 이, 치아
- 牙膏 yágāo 명 치약
- 牙签儿 yáqiān(r) 명 이쑤시개

4획 牙 牙 牙 牙

牙

260

颜
yán

顔 낯 안

명 얼굴, 얼굴 표정 / 색, 색채

- 颜面 yánmiàn 명 얼굴 / 체면, 명예
- 颜料 yánliào 명 물감

15획 颜 颜 颜 颜 颜 颜 颜 颜 颜 颜 颜 颜 颜 颜 颜

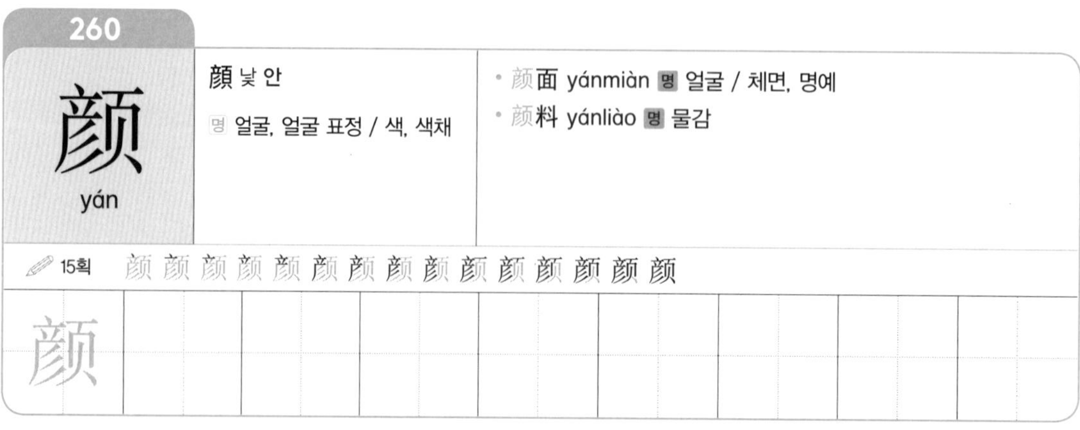

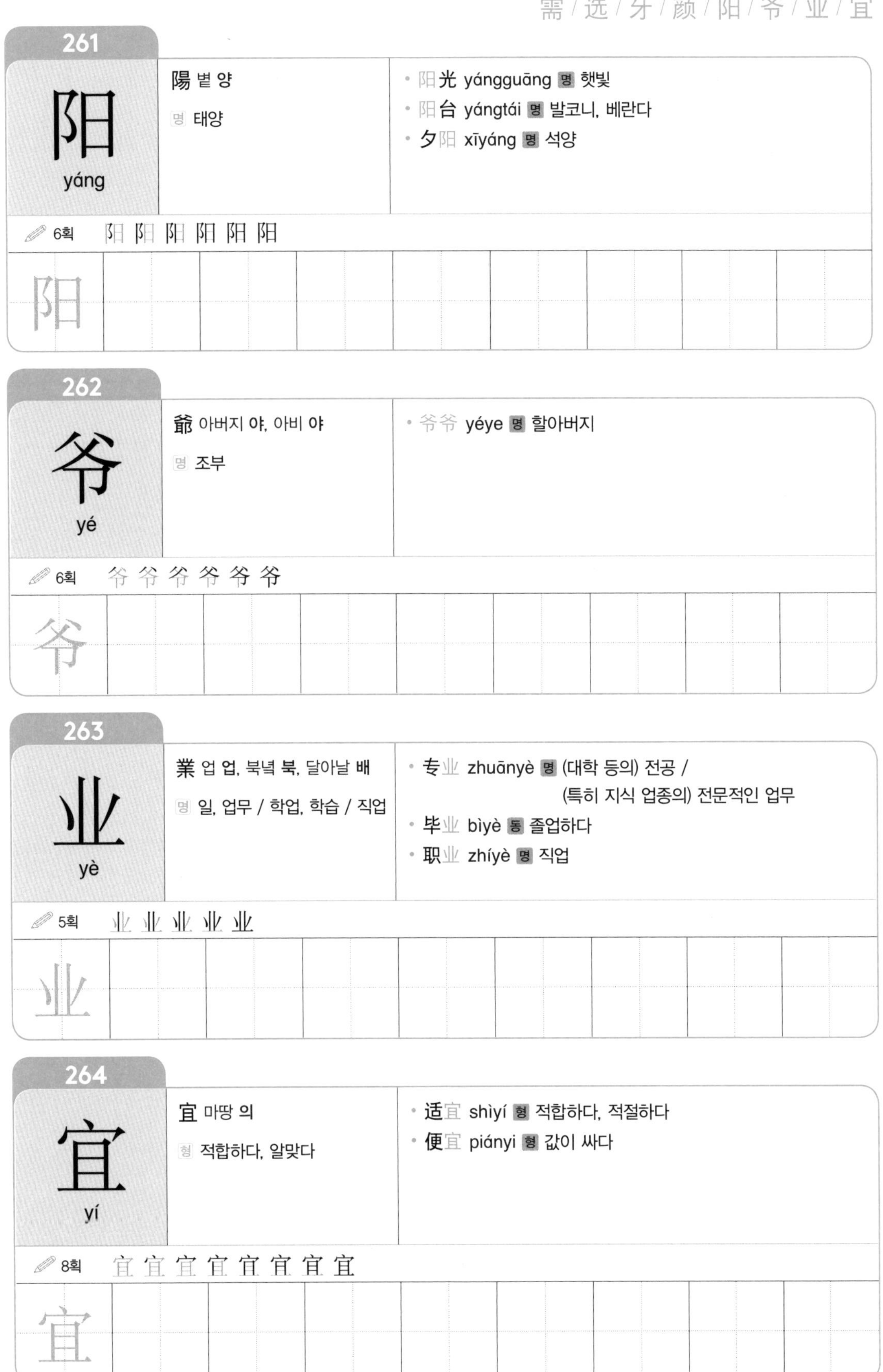

261

阳 yáng

陽 볕 양

명 태양

- 阳光 yángguāng 명 햇빛
- 阳台 yángtái 명 발코니, 베란다
- 夕阳 xīyáng 명 석양

6획

262

爷 yé

爺 아버지 야, 아비 야

명 조부

- 爷爷 yéye 명 할아버지

6획

263

业 yè

業 업 업, 북녘 북, 달아날 배

명 일, 업무 / 학업, 학습 / 직업

- 专业 zhuānyè 명 (대학 등의) 전공 / (특히 지식 업종의) 전문적인 업무
- 毕业 bìyè 동 졸업하다
- 职业 zhíyè 명 직업

5획

264

宜 yí

宜 마땅 의

형 적합하다, 알맞다

- 适宜 shìyí 형 적합하다, 적절하다
- 便宜 piányi 형 값이 싸다

8획

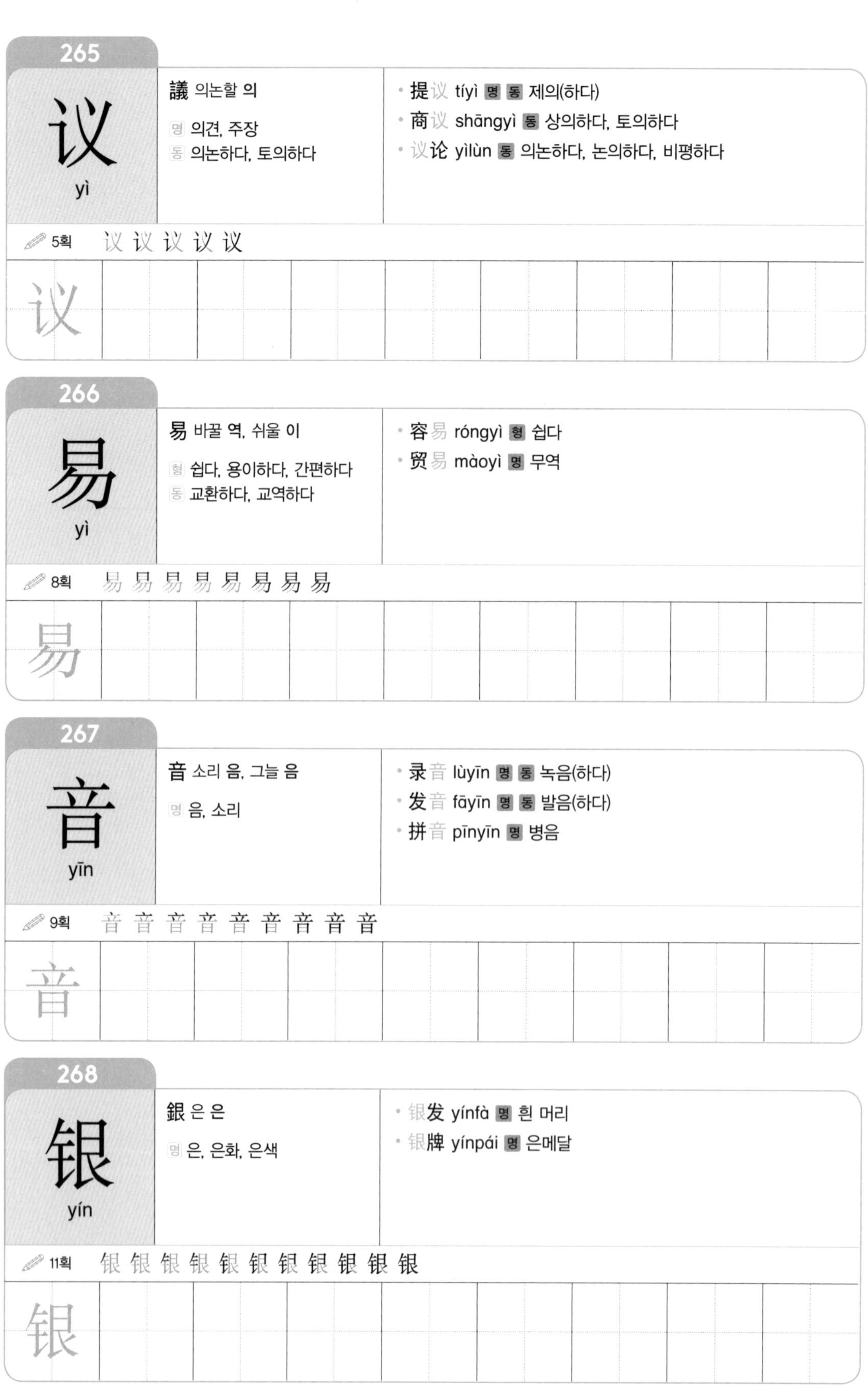

265

议 yì

議 의논할 의

명 의견, 주장
동 의논하다, 토의하다

- 提议 tíyì 명 동 제의(하다)
- 商议 shāngyì 동 상의하다, 토의하다
- 议论 yìlùn 동 의논하다, 논의하다, 비평하다

5획 议 议 议 议 议

266

易 yì

易 바꿀 역, 쉬울 이

형 쉽다, 용이하다, 간편하다
동 교환하다, 교역하다

- 容易 róngyì 형 쉽다
- 贸易 màoyì 명 무역

8획 易 易 易 易 易 易 易 易

267

音 yīn

音 소리 음, 그늘 음

명 음, 소리

- 录音 lùyīn 명 동 녹음(하다)
- 发音 fāyīn 명 동 발음(하다)
- 拼音 pīnyīn 명 병음

9획 音 音 音 音 音 音 音 音 音

268

银 yín

銀 은 은

명 은, 은화, 은색

- 银发 yínfà 명 흰 머리
- 银牌 yínpái 명 은메달

11획 银 银 银 银 银 银 银 银 银 银 银

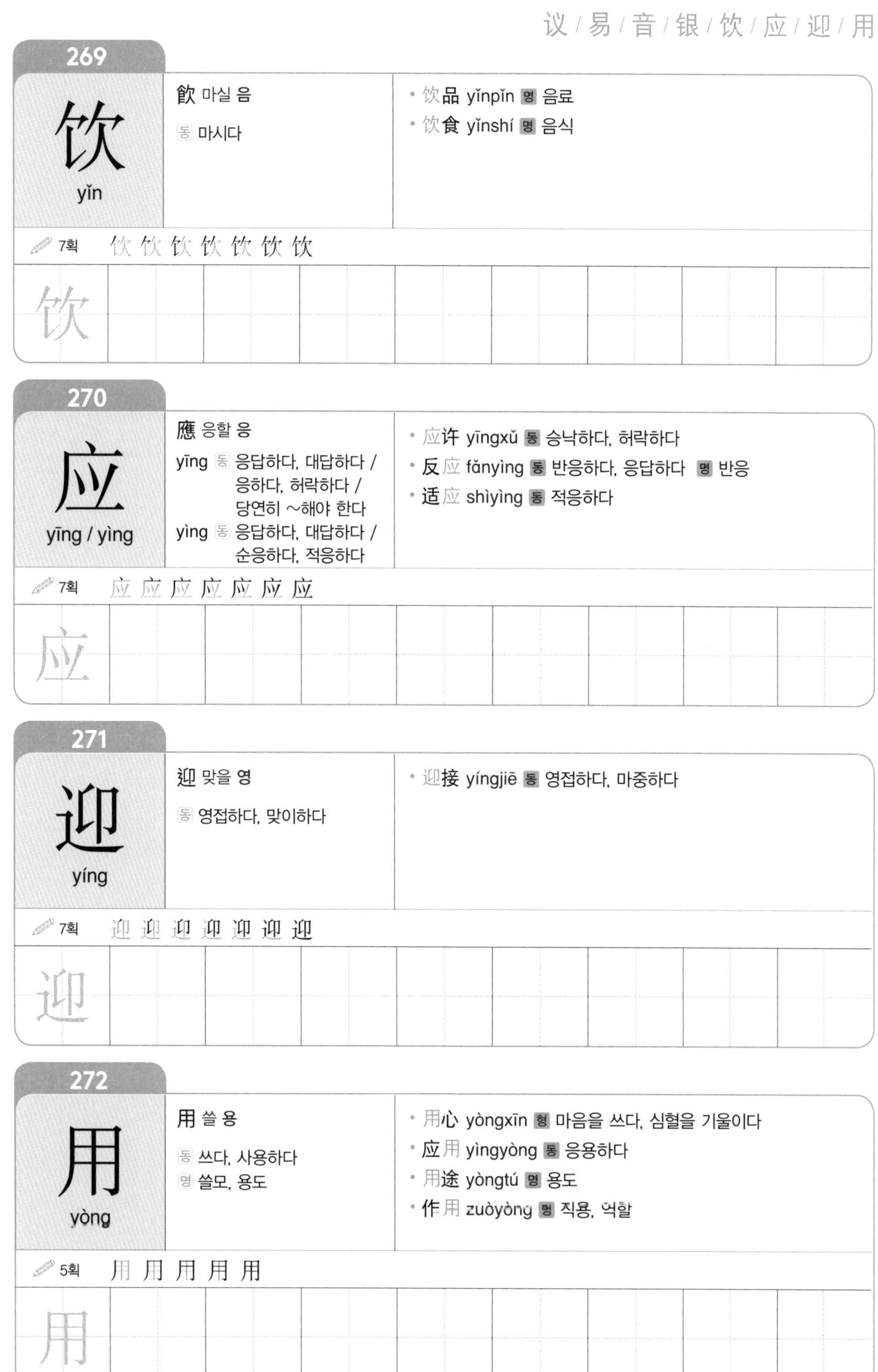

269

饮
yǐn

飲 마실 음

동 마시다

- 饮品 yǐnpǐn 명 음료
- 饮食 yǐnshí 명 음식

7획 饮 饮 饮 饮 饮 饮 饮

270

应
yīng / yìng

應 응할 응

yīng 동 응답하다, 대답하다 / 응하다, 허락하다 / 당연히 ~해야 한다

yìng 동 응답하다, 대답하다 / 순응하다, 적응하다

- 应许 yīngxǔ 동 승낙하다, 허락하다
- 反应 fǎnyìng 동 반응하다, 응답하다 명 반응
- 适应 shìyìng 동 적응하다

7획 应 应 应 应 应 应 应

271

迎
yíng

迎 맞을 영

동 영접하다, 맞이하다

- 迎接 yíngjiē 동 영접하다, 마중하다

7획 迎 迎 迎 迎 迎 迎 迎

272

用
yòng

用 쓸 용

동 쓰다, 사용하다

명 쓸모, 용도

- 用心 yòngxīn 형 마음을 쓰다, 심혈을 기울이다
- 应用 yìngyòng 동 응용하다
- 用途 yòngtú 명 용도
- 作用 zuòyòng 명 작용, 역할

5획 用 用 用 用 用

273

邮

yóu

郵 우편 우

동 우편으로 부치다
형 우편(업무)의

- 电子邮件 diànzǐ yóujiàn 명 이메일
- 邮局 yóujú 명 우체국

7획 邮 邮 邮 邮 邮 邮 邮

邮

274

又

yòu

又 또 우

부 또, 다시

- 又来了 yòu lái le 또 왔다 / 또 시작이다

2획 又 又

又

275

于

yú

于 어조사 우, 어조사 어

전 ~에, ~에서 [장소나 시간, 방향이나 대상을 나타냄]

- 由于 yóuyú 접 ~때문에, ~에 인하여
- 对于 duìyú 전 ~에 대해(서), ~에 대하여

3획 于 于 于

于

276

育

yù

育 기를 육

동 양육하다, 기르다
명 동 교육(하다)

- 养育 yǎngyù 명 동 양육(하다)
- 发育 fāyù 명 동 발육(하다)

8획 育 育 育 育 育 育 育 育

育

277

遇
yù

遇 만날 우

동 만나다, 상봉하다 / 대접하다, 대우하다
명 기회

- 遇见 yùjiàn 동 만나다
- 待遇 dàiyù 명 대우, 대접 동 대우하다
- 机遇 jīyù 명 좋은 기회, 찬스

12획 遇 遇 遇 遇 遇 遇 遇 遇 遇 遇 遇 遇

遇

278

元
yuán

元 으뜸 원

양 위안 [중국 본위 화폐 단위]
명 형 처음(의)

- 一百元 yì bǎi yuán 백 위안
- 元旦 Yuándàn 원단, 양력 1월 1일

4획 元 元 元 元

279

园
yuán

園 깎을 완, 동산 원

명 (채소·과목·화초 등을 가꾸는) 밭 / (관람·오락 등을 위한) 공공 장소

- 花园 huāyuán 명 화원
- 园林 yuánlín 명 정원, 공원
- 幼儿园 yòu'éryuán 명 유치원

7획 园 园 园 园 园 园 园

园

280

愿
yuàn

願 원할 원

동 원하다, 바라다
명 염원, 바람

- 愿意 yuànyì 조동 ~하기를 바라다 동 희망하다
- 自愿 zìyuàn 동 자원하다
- 愿望 yuànwàng 명 희망, 바람

14획 愿 愿 愿 愿 愿 愿 愿 愿 愿 愿 愿 愿 愿 愿

3급

281

yuè

越 넘을 월, 부들자리 활

부 점점 ~하다

동 뛰어넘다

- 越来越 yuèláiyuè 부 더욱더, 점점
- 穿越 chuānyuè 동 (산 등을) 넘다, 통과하다

12획

越

282

zǎo

澡 씻을 조

동 (몸을) 씻다, 목욕하다

- 澡堂 zǎotáng 명 (대중) 목욕탕

16획

澡

283

zé

擇 가릴 택

동 선택하다, 고르다

- 择业 zéyè 동 직업을 선택하다
- 择偶 zé'ǒu 동 배필을 고르다

8획

择

284

zhāng

張 베풀 장

양 장 [종이·책상·의자·침대 등 넓은 표면을 가진 것을 셀 때 쓰임]

동 열다, 펼치다 / 확대하다, 과장하다

- 一张纸 yì zhāng zhǐ 종이 한 장
- 张开 zhāngkāi 동 열다, 펼치다, 벌리다
- 夸张 kuāzhāng 형 과장되다 명 과장, 과장법

7획

张

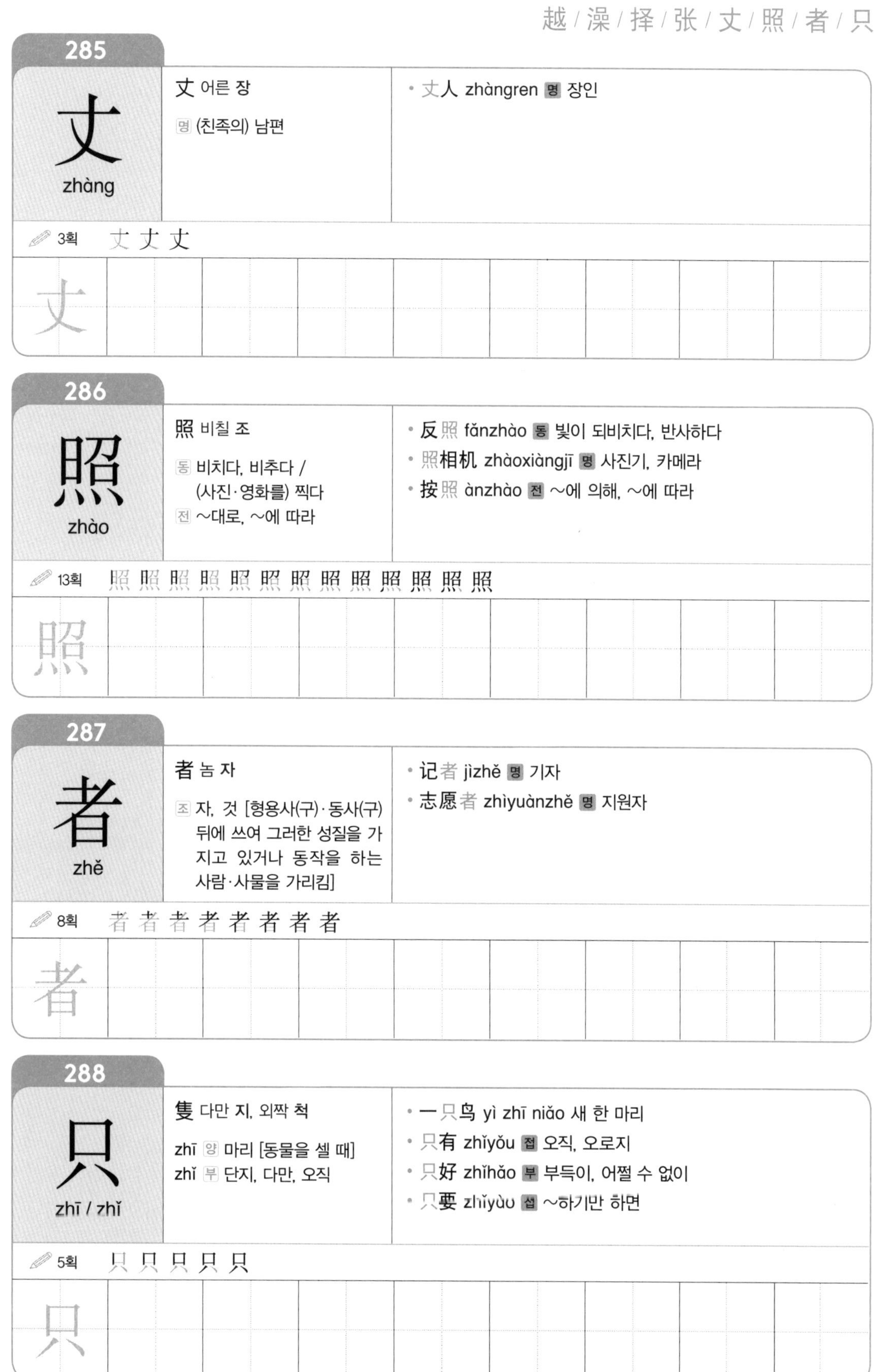

285

丈 zhàng

丈 어른 장

명 (친족의) 남편

- 丈人 zhàngren 명 장인

3획 丈 丈 丈

286

照 zhào

照 비칠 조

동 비치다, 비추다 / (사진·영화를) 찍다

전 ~대로, ~에 따라

- 反照 fǎnzhào 동 빛이 되비치다, 반사하다
- 照相机 zhàoxiàngjī 명 사진기, 카메라
- 按照 ànzhào 전 ~에 의해, ~에 따라

13획 照 照 照 照 照 照 照 照 照 照 照 照 照

287

者 zhě

者 놈 자

조 자, 것 [형용사(구)·동사(구) 뒤에 쓰여 그러한 성질을 가지고 있거나 동작을 하는 사람·사물을 가리킴]

- 记者 jìzhě 명 기자
- 志愿者 zhìyuànzhě 명 지원자

8획 者 者 者 者 者 者 者 者

288

只 zhī / zhǐ

隻 다만 지, 외짝 척

zhī 양 마리 [동물을 셀 때]

zhǐ 부 단지, 다만, 오직

- 一只鸟 yì zhī niǎo 새 한 마리
- 只有 zhǐyǒu 접 오직, 오로지
- 只好 zhǐhǎo 부 부득이, 어쩔 수 없이
- 只要 zhǐyào 접 ~하기만 하면

5획 只 只 只 只 只

3급

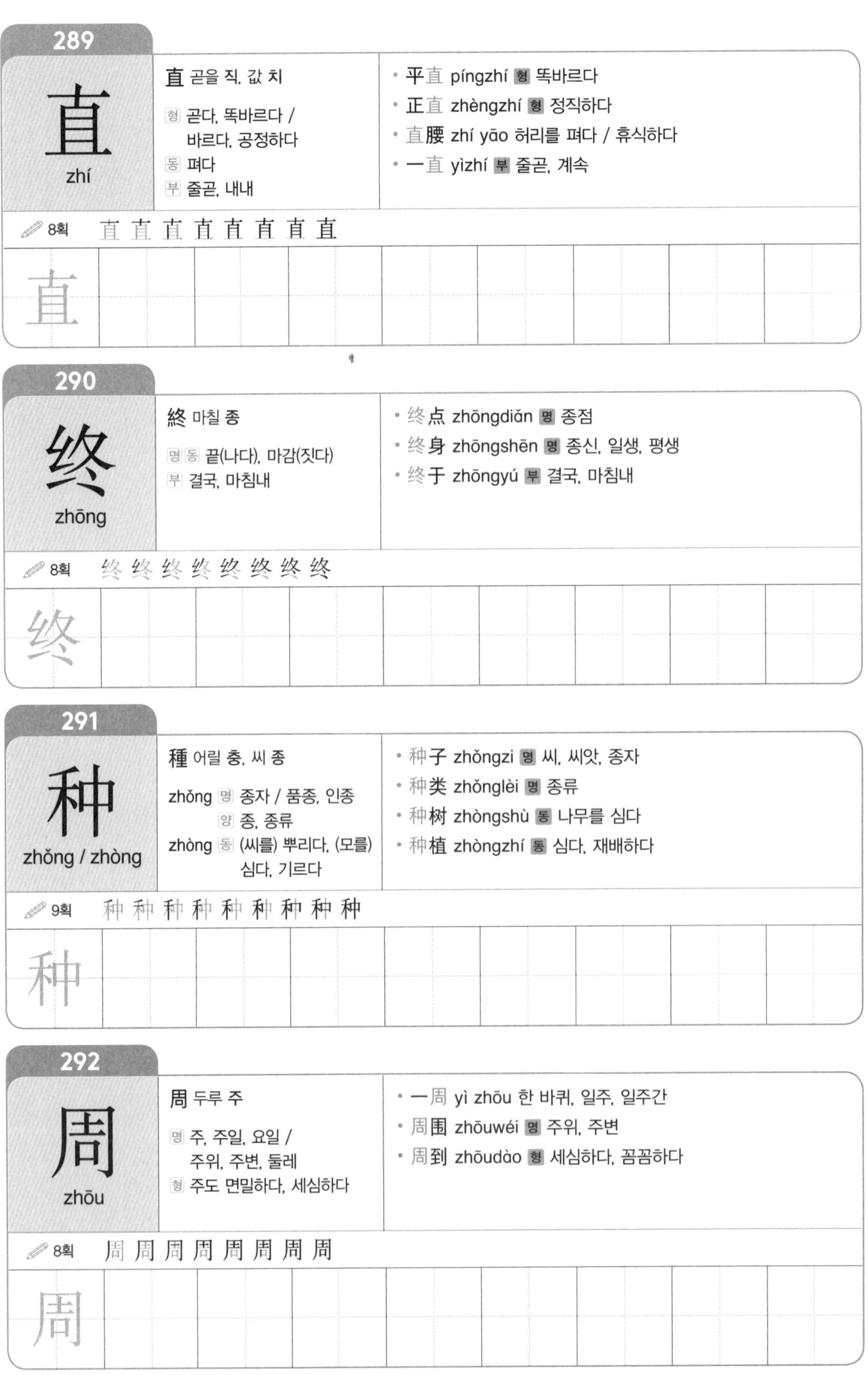

289

直
zhí

直 곧을 직, 값 치

형 곧다, 똑바르다 / 바르다, 공정하다
동 펴다
부 줄곧, 내내

- 平直 píngzhí 형 똑바르다
- 正直 zhèngzhí 형 정직하다
- 直腰 zhí yāo 허리를 펴다 / 휴식하다
- 一直 yìzhí 부 줄곧, 계속

8획 直 直 直 直 直 直 直 直

直

290

终
zhōng

終 마칠 종

명 동 끝(나다), 마감(짓다)
부 결국, 마침내

- 终点 zhōngdiǎn 명 종점
- 终身 zhōngshēn 명 종신, 일생, 평생
- 终于 zhōngyú 부 결국, 마침내

8획 终 终 终 终 终 终 终 终

终

291

种
zhǒng / zhòng

種 어릴 충, 씨 종

zhǒng 명 종자 / 품종, 인종
양 종, 종류
zhòng 동 (씨를) 뿌리다, (모를) 심다, 기르다

- 种子 zhǒngzi 명 씨, 씨앗, 종자
- 种类 zhǒnglèi 명 종류
- 种树 zhòngshù 동 나무를 심다
- 种植 zhòngzhí 동 심다, 재배하다

9획 种 种 种 种 种 种 种 种 种

种

292

周
zhōu

周 두루 주

명 주, 주일, 요일 / 주위, 주변, 둘레
형 주도 면밀하다, 세심하다

- 一周 yì zhōu 한 바퀴, 일주, 일주간
- 周围 zhōuwéi 명 주위, 주변
- 周到 zhōudào 형 세심하다, 꼼꼼하다

8획 周 周 周 周 周 周 周 周

周

293

主
zhǔ

主 임금 주, 주인 주

명 주인, 소유자
형 가장 주요한, 가장 기본적인

- 主人 zhǔrén 명 주인
- 主要 zhǔyào 형 주요한, 주된

5획 主 主 主 主 主

主

294

注
zhù

注 부을 주, 주를 달 주

동 쏟다, 주입하다 / 기재하다, 등록하다 / (정신·힘 등을) 한곳에 모으다, 집중하다

- 注入 zhùrù 동 주입하다
- 注册 zhùcè 동 등록하다
- 注意 zhùyì 동 주의하다
- 关注 guānzhù 명 동 관심(을 가지다)

8획 注 注 注 注 注 注 注 注

注

295

准
zhǔn

準 준할 준, 콧마루 절

동 허락하다, 허가하다
명 표준, 기준, 규격
형 정확하다, 확실하다

- 准许 zhǔnxǔ 명 동 허가(하다)
- 标准 biāozhǔn 명 표준, 기준
- 准时 zhǔnshí 형 시간에 맞다 부 제때에
- 准确 zhǔnquè 형 확실하다, 정확하다

10획 准 准 准 准 准 准 准 准 准 准

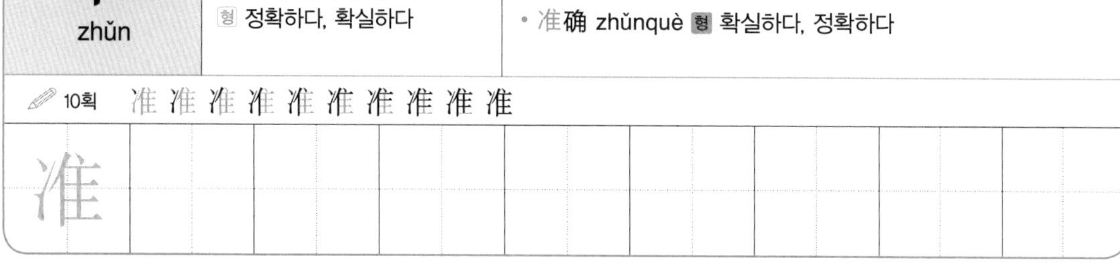

准

296

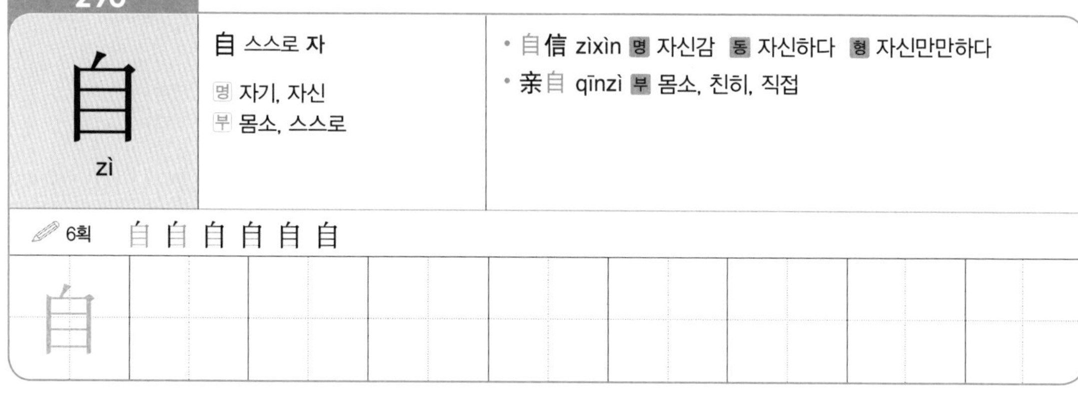

自
zì

自 스스로 자

명 자기, 자신
부 몸소, 스스로

- 自信 zìxìn 명 자신감 동 자신하다 형 자신만만하다
- 亲自 qīnzì 부 몸소, 친히, 직접

6획 自 自 自 自 自 自

自

297

总

zǒng

總 다 총, 합할 총

동 총괄하다, 종합하다
형 전부의, 전면적인, 전체의
부 늘, 언제나

- 总理 zǒnglǐ 명 총리
- 总共 zǒnggòng 부 합쳐서, 도합
- 总是 zǒngshì 부 늘, 언제나

9획 总 总 总 总 总 总 总 总 总

总

298

租

zū

租 조세 조, 쌀 저

동 세내다, 임차하다 / 세놓다, 임대하다

- 租房 zūfáng 동 집을 세내다 명 전셋집
- 租金 zūjīn 명 임대료

10획 租 租 租 租 租 租 租 租 租 租

租

299

足

zú

足 발 족, 지나칠 주

명 다리 / 발
형 풍요롭다, 충분하다

- 足球队 zúqiú duì 축구팀
- 不足 bùzú 형 부족하다 동 (일정한 숫자에) 이르지 못하다

7획 足 足 足 足 足 足 足

足

300

嘴

zuǐ

嘴 부리 취

명 입

- 嘴唇 zuǐchún 명 입술의 통칭
- 嘴巴 zuǐba 명 입
- 闭嘴 bìzuǐ 동 입을 다물다

16획 嘴 嘴 嘴 嘴 嘴 嘴 嘴 嘴 嘴 嘴 嘴 嘴 嘴 嘴 嘴 嘴

嘴

벌써 600자를 모두 공부했어요. 여기까지 오느라 수고했어요.
중국어 공부 자극 글귀까지 함께 써 봐요!

学习是永恒的财富。

学习是永恒的财富。

Xuéxí shì yǒnghéng de cáifù.

학습은 변하지 않는 재산이다.

学习是不断挑战自己的过程。

学习是不断挑战自己的过程。

Xuéxí shì búduàn tiǎozhàn zìjǐ de guòchéng.

학습은 끊임없이 스스로에게 도전하는 과정이다.

教育是最强大的武器，你可以用它改变世界。

教育是最强大的武器，你可以用它改变世界。

Jiàoyù shì zuì qiángdà de wǔqì, nǐ kěyǐ yòng tā gǎibiàn shìjiè.

교육은 가장 강대한 무기로, 교육으로 세계를 변화시킬 수 있다.

1 사다리 타기를 통해 한어병음에 알맞은 한자를 쓰세요.

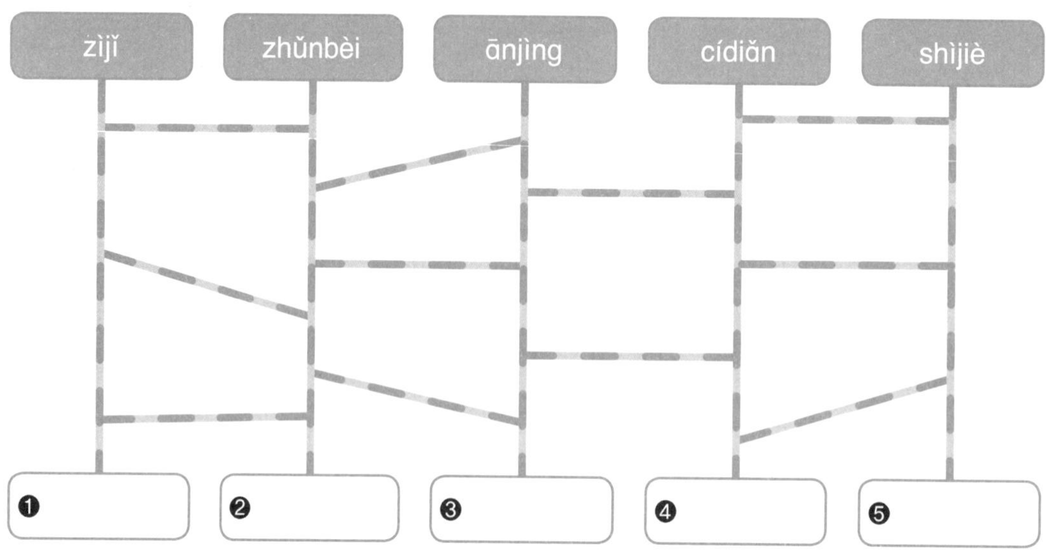

2 다음 그림을 보고 알맞은 한자와 한어병음을 쓰세요.

(1) 계절

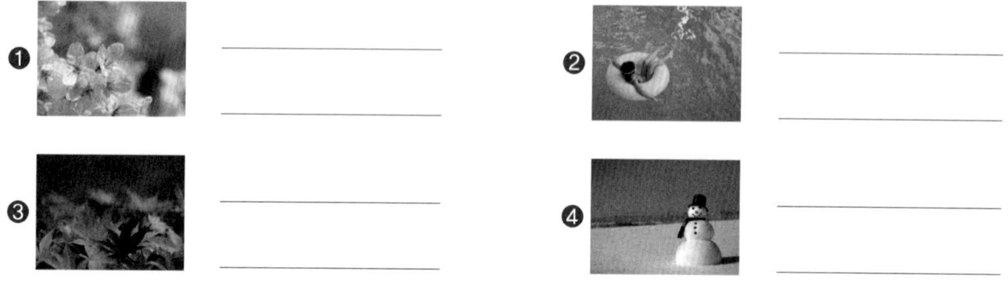

(2) 동서남북

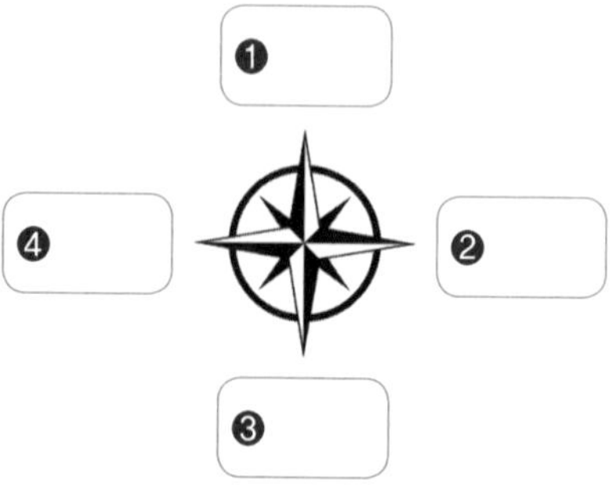

3 빈칸에 공통으로 들어갈 한자를 보기에서 찾아 쓰세요.

보기	照 zhào	历 lì	节 jié	婚 hūn

❶ 계절 季 jì [ ] | [ ] 目 mù 종목

❷ 결혼 结 jié [ ] | [ ] 礼 lǐ 혼례

❸ 여권 护 hù [ ] | [ ] 相 xiàng 사진

❹ 음력 阴 yīn [ ] | [ ] 史 shǐ 역사

4 알맞은 어순으로 문장을 완성하세요.

❶ 나 다리 아파.
疼 / 我 / 腿 → ______________________。

❷ 이거 매우 달다.
很 / 这个 / 甜 → ______________________。

❸ 그는 감기에 걸렸다.
感冒 / 他 / 了 → ______________________。

❹ 나의 신발은 노란색이다.
是 / 鞋 / 黄色的 / 我的 → ______________________。

❺ 그녀는 방금 울었다.
了 / 刚才 / 她 / 哭 → ______________________。

➡ 정답 279쪽

단어 그림 찾기

다음 단어에 해당하는 그림을 찾아보세요.

帽子 / 运动鞋 / 爷爷 / 脚

➡ 정답 175쪽

*
정답

*
색인

정답

1급 p.48

1.

一	二	三	四	五
yī	èr	sān	sì	wǔ
六	七	八	九	十
liù	qī	bā	jiǔ	shí

2. ❶去年二月十四号
❷明年十二月二十五号
❸上午十一点十分
❹下午八点四十分

3. ❶水果 ❷书 ❸椅子
❹桌子 ❺飞机 ❻茶

4. ❶很高 hěn gāo ❷很多 hěn duō
❸很冷 hěn lěng ❹很热 hěn rè

5. ❶你好! ❷再见!
❸我看电影。 ❹你回家吗?
❺他睡觉。 ❻她写汉字。
❼我们说汉语。

★ 단어 그림 찾기
의사 / 컴퓨터 / 의자 / 책

2급 p.90

1. ❶dìdi 남동생 ❷唱歌 노래 부르다
❸旁边 옆, 곁 ❹红色 hóngsè

2. ❶狗 gǒu ❷猫 māo ❸鸡 jī
❹牛 niú ❺羊 yáng

3. ❶黑 ❷出 ❸右 ❹快 ❺远

4. ❶考试 / 思考 / 参考
❷运动 / 活动 / 动物
❸外面 / 外国人 / 另外
❹问题 / 反问 / 问候

5. ❶我帮你吧! ❷哥哥等你。
❸我也知道。 ❹你别笑!
❺我卖完了。

★ 단어 그림 찾기
장난감 / 수박 / 남자아이 / 강아지

3급

p.170

1. ❶词典 ❷世界 ❸准备
❹自己 ❺安静

2. (1) ❶春天 chūntiān
❷夏天 xiàtiān
❸秋天 qiūtiān
❹冬天 dōngtiān
(2) ❶北 ❷东 ❸南 ❹西

3. ❶节 ❷婚 ❸照 ❹历

4. ❶我腿疼。
❷这个很甜。
❸他感冒了。
❹我的鞋是黄色的。
❺她刚才哭了。

★ 단어 그림 찾기
모자 / 운동화 / 할아버지 / 발

1급 중국어 상용한자표 150자

			A
1	爱	ài	동 사랑하다, ~하기를 좋아하다
			B
2	八	bā	수 8, 여덟
3	爸	bà	명 아빠, 아버지
4	杯	bēi	명 수 잔
5	本	běn	명 책, 공책 양 (책의) 권
6	不	bù	부 (동사 · 형용사 또는 기타 부사 앞에서) 부정을 나타냄
			C
7	菜	cài	명 요리 / 채소
8	茶	chá	명 차
9	车	chē	명 차, 수레
10	吃	chī	동 먹다
			D
11	打	dǎ	동 때리다, 치다 / (놀이 · 운동을) 하다, (어떤 동작을) 하다 / (전화를) 걸다
12	大	dà	형 크다, 넓다, 많다
13	的	de	조 ~한, ~의
14	点	diǎn	양 시 [시간의 단위] 동 지명하다 / 주문하다 / 불을 붙이다
15	电	diàn	명 전기
16	店	diàn	명 상점, 가게
17	都	dōu	부 모두 / 이미
		dū	명 수도
18	读	dú	동 읽다, 낭독하다
19	对	duì	명 형 맞은편(의), 상대(의) 형 맞다, 옳다
20	多	duō	형 수량이 많다 부 얼마나 / 아무리
			E
21	儿	ér	명 아이, 어린이
22	二	èr	수 2, 둘

F

23	饭	fàn	명 밥, 식사
24	飞	fēi	동 (비행기 · 미사일 등이) 날다, (곤충 · 새 등이) 날다
25	分	fēn	양 분 [시간의 단위], 분 [수학] 동 나누다

G

26	高	gāo	형 (높이 · 기준이) 높다
27	个	gè	양 개 형 단독의 명 (사람의) 키
28	工	gōng	명 일꾼, 노동자 / 노동, 작업
29	国	guó	명 국가, 나라
30	果	guǒ	명 과실, 열매 / (사물의) 귀결, 결과

H

31	汉	hàn	명 한 [유방(刘邦)이 세운 나라(B.C.206~A.D.220)]
32	好	hǎo	형 좋다, 낫다
		hào	동 좋아하다
33	号	hào	명 번호
34	喝	hē	동 마시다
35	和	hé	접 ~와(과) 형 평화롭다 / 부드럽다
36	很	hěn	부 매우, 대단히, 아주
37	后	hòu	명 (시 · 공간의) 뒤, 후, 다음
38	话	huà	동 말하다, 이야기하다 명 말
39	回	huí	양 번, 회 동 돌아오다(가다) / 회답하다
40	会	huì	조동 (배워서) ~을 할 수 있다 동 모이다 명 모임 / 기회

J

41	机	jī	명 기계, 기구
42	几	jǐ	대 몇
43	家	jiā	명 집 / 어떤 전문 학문에 종사하는 사람
44	见	jiàn	동 보(이)다, 눈에 띄다 명 의견, 견해
45	叫	jiào	동 (~라고) 하다, 부르다
46	觉	jiào	명 잠, 수면
		jué	명 감각, 느낌 동 느끼다
47	姐	jiě	명 누나, 언니

부록

48	今	jīn	명 지금, 이제, 오늘 형 지금의, 현재의
49	九	jiǔ	수 9, 아홉

K

50	开	kāi	동 열다, 켜다 / 개업하다, 개설하다
51	看	kàn	동 보다 / ~라고 생각하다 / 방문하다
52	客	kè	명 손님
53	块	kuài	양 덩이, 조각, 장, 위안 [위안화의 기본 단위] 부 함께

L

54	来	lái	동 오다
55	老	lǎo	형 늙다 / 오래된, 예부터의
56	了	le	조 행위의 완성을 나타냄
57	冷	lěng	형 춥다
58	里	lǐ	명 가운데, 안쪽, 내부 양 리 [500m를 1리(里)로 함]
59	六	liù	수 6, 여섯

M

60	妈	mā	명 엄마, 어머니
61	吗	ma	조 의문의 어기를 나타냄
62	买	mǎi	동 사다, 구매하다
63	么	me	접미 접미사의 하나
64	没	méi	동 없다 부 ~않다
65	们	men	접미 ~들 [사람을 지칭하는 명사나 대명사의 뒤에 쓰여 복수를 나타냄]
66	米	mǐ	명 쌀 양 미터(m)
67	面	miàn	접미 쪽, 측면, 측 명 (곡물의) 가루, 분말
68	名	míng	명 이름, 명칭
69	明	míng	명 (올해 · 오늘의) 다음 형 밝다, 환하다 / 명백하다, 분명하다

N

70	哪	nǎ	대 어느, 어느 것
71	那	nà	대 저, 그, 저것, 그것
72	呢	ne	조 의문 · 지속을 나타냄
73	能	néng	조동 ~할 수 있다 명 재능, 재간
74	你	nǐ	대 너, 당신

75	年	nián	[명] 년, 해 / 나이, 연령
76	女	nǚ	[명] 여자
		P	
77	朋	péng	[명] 벗, 동무, 친구
		Q	
78	七	qī	[수] 7, 일곱
79	气	qì	[명] 기체, 가스 / 공기 / 기후 / 기질 [명][동] 성(내다), 화(내다)
80	前	qián	[명] (공간 · 순서의) 앞 / (시간) 전, 그전
81	钱	qián	[명] 돈
82	请	qǐng	[동] 청하다 / 초청하다
83	去	qù	[동] 가다, 떠나다 [형] (시간적으로) 과거의, 이전의
		R	
84	热	rè	[형] 덥다, 뜨겁다 [동] 가열하다 [명] 열
85	人	rén	[명] 사람, 인간
86	认	rèn	[동] (물건 · 사람 · 글자 등을) 분간하다, 식별(분별)하다 / 인정하다
		S	
87	三	sān	[수] 3, 셋
88	商	shāng	[명] 상업, 장사 [동] 상의하다, 토의하다
89	上	shàng	[명] 위 [형] (시간상) 지난 [동] (어떤 곳으로) 가다 / 올라가다
90	少	shǎo	[형] 적다 [동] 부족하다, 빠지다
		shào	[형] 젊다, 어리다
91	谁	shéi	[대] 누구
92	什	shén	[대] 무엇, 무슨
93	生	shēng	[동] 낳다, 태어나다 / 생기다, 자라다 [명] 배우는 사람, 생도
94	师	shī	[명] 스승, 선생 [접미] ~가, ~사 [전문적인 지식 또는 기술을 가진 사람]
95	十	shí	[수] 10, 열 [형] 완전한
96	时	shí	[명] 때, 시기, (정해진) 시간
97	识	shí	[명] 견식, 지식, 식견 [동] 알다, 식별하다
98	视	shì	[동] 보다 / 간주하다, 대하다
99	是	shì	[동] ~이다 [형] 맞다, 옳다
100	书	shū	[명] 책

101	水	shuǐ	명 물
102	睡	shuì	동 (잠을) 자다 / 눕다 명 잠, 수면
103	说	shuō	동 말하다, 설명하다
104	四	sì	수 4, 넷
105	岁	suì	양 살, 세
			T
106	他	tā	대 그, 그 사람 / 다른
107	她	tā	대 그녀
108	太	tài	부 대단히, 매우, 지나치게 형 크다, 넓다
109	天	tiān	명 하늘 / 하루, 날, 일 형 타고난
110	听	tīng	동 듣다, 듣고 따르다
111	同	tóng	형 같다 동 ~와(과) 같다
			W
112	我	wǒ	대 나, 저
113	五	wǔ	수 5, 다섯
114	午	wǔ	명 정오
			X
115	下	xià	명 밑, 아래 / 나중, 다음 동 내려가다 / (비 · 눈 등이) 내리다
116	先	xiān	부 먼저
117	现	xiàn	명 현재, 지금 동 나타나다
118	想	xiǎng	동 생각하다, 그리워하다 조동 ~하고 싶다
119	小	xiǎo	형 작다, 어리다
120	校	xiào	명 학교
121	些	xiē	양 조금, 약간
122	写	xiě	동 글씨를 쓰다, 글을 짓다
123	谢	xiè	명 동 감사(하다)
124	学	xué	동 배우다, 학습하다 명 학문, 학술
			Y
125	样	yàng	명 모양, 꼴 / 본보기, 견본 양 종류, 형태
126	一	yī	수 1, 하나
127	衣	yī	명 옷, 의복

2급 중국어 상용한자표 150자

		B	
1	吧	bā	명 바(bar)
		ba	조 문장 끝에 쓰여 상의 · 제의 · 청유 · 기대 · 명령 등의 어기를 나타냄
2	白	bái	형 하얗다, 희다 / 명백하다, 분명하다
3	百	bǎi	수 100, 백 / 많은 수 [비유]
4	班	bān	명 조, 그룹 / 반 / 근무
5	帮	bāng	동 돕다, 거들어 주다
6	报	bào	동 알리다, 전하다, 보고하다 명 신문
7	比	bǐ	전 ~에 비해, ~보다 동 비교하다 / 비유하다
8	笔	bǐ	명 붓, 필기구 동 글자를 쓰다, 글을 짓다
9	边	biān	명 변, 가장자리 / 주위, 근방 부 ~하면서 ~하다
10	便	biàn	형 편리하다 명 편리한 때
11	表	biǎo	명 겉, 표면 / 용모 / 시계 동 (생각 · 감정을) 드러내다
12	别	bié	부 ~하지 마라 형 별개의, 다른 명 종류 / 차별, 차이
13	病	bìng	명 병 / 결함, 과실, 흠
14	步	bù	명 걸음, 보폭 / (일의 진행되는) 단계, 순서 동 걷다
		C	
15	长	cháng	형 (길이가) 길다
		zhǎng	동 자라다, 생기다
16	常	cháng	형 일반적인, 보통의 부 자주, 언제나, 늘
17	场	chǎng	명 장소, 곳 양 회, 번, 차례
18	唱	chàng	동 노래하다
19	出	chū	동 나가다, 나오다
20	穿	chuān	동 (옷을) 입다, (신발 · 양말 등을) 신다
21	床	chuáng	명 침대 양 자리, 채 [침구를 세는 단위]
22	次	cì	양 차례, 번, 회
23	从	cóng	전 ~부터, ~을 기점으로
24	错	cuò	동 틀리다, 맞지 않다 / (기회 · 차 등을) 놓치다 명 잘못

부록

48	黑	hēi	형 검다, 까맣다
49	红	hóng	형 붉다, 빨갛다
50	欢	huān	동 좋아하다 형 즐겁다, 유쾌하다
51	火	huǒ	명 불, 화염
			J
52	鸡	jī	명 닭
53	间	jiān	명 사이, 중간 / 방, 간, 실
54	件	jiàn	양 건, 개 [일 · 사건 · 개체의 사물을 세는 단위] 명 문서, 서류
55	教	jiāo	동 가르치다, 전수하다
		jiào	동 가르치다, 지도하다
56	进	jìn	동 (밖에서 안으로) 들다 / 나아가다, 전진하다
57	近	jìn	형 가깝다 / 가까이 하다, 접근하다
58	经	jīng	동 경과하다, 지나다 / 겪다 / 경영하다, 관리하다
59	就	jiù	부 바로, 즉 동 종사하다
			K
60	考	kǎo	명 동 시험(보다), 테스트(하다) 동 연구하다, 고증하다
61	可	kě	동 허가 · 가능을 나타냄 접 역접을 나타냄
62	课	kè	명 수업, 강의 / 과
63	快	kuài	형 빠르다 / 유쾌하다, 즐겁다 부 곧
			L
64	乐	lè	형 즐겁다, 기쁘다 동 즐기다, 좋아하다
		yuè	명 음악
65	累	lèi	형 지치다, 피곤하다
66	离	lí	전 ~로부터 동 분리하다, 헤어지다
67	两	liǎng	수 2, 둘
68	路	lù	명 길, 도로, 노선
			M
69	卖	mài	동 팔다, 판매하다
70	慢	màn	형 느리다
71	忙	máng	형 바쁘다 명 긴박감, 성급함
72	猫	māo	명 고양이

73	每	měi	대 매, 각, ~마다
74	妹	mèi	명 여동생, 누이동생
75	门	mén	명 문 양 과목

N

76	奶	nǎi	명 젖, 유방
77	男	nán	명 남자
78	您	nín	대 당신 ['你'의 높임말]
79	牛	niú	명 소

P

80	旁	páng	명 옆, 가, 곁
81	跑	pǎo	동 달리다, 뛰다
82	票	piào	명 표

Q

83	起	qǐ	동 일어서다, 일어나다
84	汽	qì	명 (수)증기, 김 / 기체
85	千	qiān	수 천 [단위] / 많은 수량 [비유]
86	情	qíng	명 감정
87	晴	qíng	형 하늘이 맑다
88	球	qiú	명 구, 공

R

89	然	rán	접 그러나, 그렇지만 접미 ~한, ~같은, ~처럼
90	让	ràng	동 사양하다, 양보하다 / ~하도록 시키다
91	日	rì	명 해, 일, 날
92	肉	ròu	명 고기

S

93	色	sè	명 색 / 정경, 경치
94	身	shēn	명 몸, 신체
95	事	shì	명 일 / 사고, 사건
96	试	shì	동 시험 삼아 해 보다, 시험하다
97	室	shì	명 방 / 기관 · 단체의 업무 단위로서의 실
98	手	shǒu	명 손

99	司	sī	동 주관하다, 관장하다 명 국(局), 부(部)
100	思	sī	동 생각하다, 고려하다 / 그리워하다
101	送	sòng	동 보내다 / 선물하다 / 배웅하다
102	诉	sù	동 알리다 / 고발하다
103	虽	suī	접 비록 ~하지만 / 설령 ~라하더라도
104	所	suǒ	명 장소, 곳 양 채, 곳 [집 · 건물 등을 세는 단위]

T

105	它	tā	대 그, 저, 그것, 저것 [사람 이외의 것]
106	题	tí	명 제목 / 문제
107	体	tǐ	명 몸, 신체 / 물체
108	跳	tiào	동 뛰다, 도약하다

W

109	外	wài	명 밖, 바깥 / 외국 / ~이외
110	完	wán	형 완전하다, 완벽하다 동 마치다, 끝나다
111	玩	wán	동 놀다, 놀이하다
112	晚	wǎn	명 저녁, 밤 형 늦은, 끝나가는, 말(末)의
113	往	wǎng	동 가다 형 이전의, 옛날의 전 ~쪽으로, ~(을) 향해
114	为	wéi	동 ~이다 / ~이 되다
		wèi	전 ~때문에 / ~을 위하여
115	问	wèn	동 묻다, 질문하다

X

116	洗	xǐ	동 씻다 / 빨다
117	笑	xiào	동 웃다
118	新	xīn	형 새로운
119	姓	xìng	명 성, 성씨 동 성이 ~이다
120	休	xiū	동 휴식하다, 쉬다 / 그만두다
121	雪	xuě	명 눈 형 (눈처럼) 흰, 새하얀

Y

122	眼	yǎn	명 눈 [신체]
123	羊	yáng	명 양 [동물]
124	药	yào	명 약, 약물

125	要	yào	조동 ~하려고 하다 동 필요하다, 원하다 / 요구하다 형 중요하다 접 만약
126	也	yě	부 ~도
127	已	yǐ	동 그치다, 끝나다 부 이미, 벌써
128	以	yǐ	동 ~라고 여기다 전 ~로써, ~에 의거하여
129	意	yì	명 생각, 마음 / 의미 / 의견
130	因	yīn	명 이유, 원인 접 ~때문에
131	阴	yīn	형 흐리다 명 음 [↔阳]
132	泳	yǒng	동 수영하다, 헤엄치다
133	游	yóu	동 이리저리 다니다, 유람하다 / 헤엄치다
134	右	yòu	명 우측, 오른쪽
135	鱼	yú	명 물고기
136	员	yuán	명 (단체의) 구성원 / 어떤 분야에 종사하고 있는 사람
137	远	yuǎn	형 (시 · 공간의 거리가) 멀다, (관계 · 사이가) 멀다
138	运	yùn	동 운동하다 / 운반하다 명 운, 운세, 운명

Z

139	早	zǎo	명 아침 형 (때가) 이르다 부 일찍이
140	站	zhàn	동 서다, 일어서다 명 정거장, 역 / (어떤 업무를 위해 설치된) 소
141	着	zháo	동 동사 뒤에서 목적이 달성되었거나 결과가 있음을 표시함
		zhe	조 ~하고 있다
142	找	zhǎo	동 찾다, 구하다
143	真	zhēn	형 진실하다 부 확실히, 진정으로
144	正	zhèng	형 바르다 부 마침
145	知	zhī	동 알다, 이해하다 명 지식, 학문
146	纸	zhǐ	명 종이
147	助	zhù	동 돕다, 협조하다
148	走	zǒu	동 걷다 / 가다 / 떠나다
149	最	zuì	부 가장, 제일
150	左	zuǒ	명 좌측, 왼쪽

3급 중국어 상용한자표 300자

			A
1	阿	ā	접두 이름 · 호칭 앞에 쓰임
2	啊	a	조 문장 끝에 쓰여 감탄 · 찬탄을 나타냄
3	安	ān	형 안전하다 / 안정되다, 편안하다
			B
4	把	bǎ	양 자루, 개 [손잡이가 있는 물건을 세는 단위] 동 (손으로) 쥐다, 잡다 전 ~을(를) [목적어를 동사 앞으로 옮길 때 쓰임]
5	般	bān	형 보통의, 일반의
6	搬	bān	동 운반하다 / 이사하다, 옮겨가다
7	板	bǎn	명 판자, 널빤지
8	办	bàn	동 (일 등을) 하다, 처리하다
9	半	bàn	수 절반, 2분의 1
10	包	bāo	명 주머니 가방 동 (종이 · 베 등 얇은 것으로) 싸다 / 포함하다, 포괄하다
11	饱	bǎo	형 배부르다
12	北	běi	명 북, 북쪽
13	备	bèi	동 갖추다 / 준비하다 명 설비
14	被	bèi	명 이불 전 (~에게) 당하다 [동사 앞에 쓰여서 피동을 나타냄]
15	必	bì	부 반드시, 꼭
16	变	biàn	동 변하다, 달라지다
17	宾	bīn	명 손님
18	冰	bīng	명 얼음
			C
19	才	cái	부 금방 / 비로소 / 겨우 명 재능
20	参	cān	동 참여하다, 가입하다 / 참고하다
21	草	cǎo	명 풀
22	层	céng	양 층, 겹 명 층, 계층, 계급
23	差	chā	명 차이, 상이점
		chà	형 부족하다 / 다르다 / 나쁘다
		chāi	동 파견하다

24	查	chá	동 검사하다 / 찾아보다 / 조사하다
25	超	chāo	동 넘어서다, 초월하다 [접두] 초(super)
26	衬	chèn	명 안감
27	成	chéng	동 이루다 / 성숙하다 명 성취, 성과
28	城	chéng	명 도시 / 성벽
29	迟	chí	형 늦다, 더디다
30	重	chóng	동 중복하다
		zhòng	형 무겁다 / 중요하다
31	除	chú	동 없애다, 제거하다 / 제외하다
32	楚	chǔ	형 분명하다
33	船	chuán	명 선박, 배
34	春	chūn	명 봄
35	词	cí	명 단어
36	聪	cōng	형 영리하다, 총명하다
			D
37	答	dā	동 대답하다
		dá	동 대답하다
38	带	dài	동 휴대하다, 지니다 / 이끌다 명 띠, 벨트, 끈
39	担	dān	동 (책임 · 일을) 맡다, 담당하다
40	单	dān	형 홑의, 하나의 / 혼자의 / 간단하다
41	蛋	dàn	명 (동물의) 알
42	当	dāng	동 ~이(가) 되다 / 맡다, 담당하다 / 마땅히 ~해야 한다
		dàng	형 적합하다, 알맞다
43	地	de	조 ~하게 [부사어로 쓰이는 단어 · 구 뒤에 쓰임]
		dì	명 땅, 지구, 지면 / 지역, 지점, 장소
44	灯	dēng	명 등, 등불
45	典	diǎn	명 (표준이 되는) 서적
46	调	diào	동 이동하다 명 어조
		tiáo	동 조절하다, 조정하다
47	定	dìng	부 반드시, 꼭 형 확정된, 규정된 동 정하다, 결정하다 / 안정시키다
48	东	dōng	명 동쪽

49	冬	dōng	명 겨울
50	短	duǎn	형 (시공간의 거리가) 짧다
51	段	duàn	양 일정한 시간 · 공간의 거리 또는 구간 명 단락, 단계 / 방법
52	朵	duǒ	양 송이, 조각 [꽃 · 구름 등을 세는 단위]

E

53	饿	è	형 배고프다 동 굶다, 굶주리다
54	而	ér	접 그리고 [순접] / ~지만 [역접]
55	耳	ěr	명 귀, 귀처럼 생긴 것

F

56	发	fā	동 보내다 / 발생하다 / 발견하다, 드러내다
		fà	명 머리카락
57	法	fǎ	명 법, 법률 / 방법
58	方	fāng	형 사각형의 명 방법 / 방향 / 방면
59	放	fàng	동 놓다 / 휴가를 주다
60	风	fēng	명 바람 / 풍경 / 자태, 풍모
61	夫	fū	명 성인 남자 / 남편
62	服	fú	동 종사하다, 담당하다 / (약을) 먹다, 복용하다 명 옷
63	附	fù	동 접근하다 / 부착하다 / 덧붙이다
64	复	fù	동 반복하다, 돌아오다 형 복잡한

G

65	该	gāi	조동 ~해야 한다
66	干	gān	형 건조하다, 마르다 / 텅비다, 아무것도 없다
		gàn	동 하다, 종사하다
67	感	gǎn	동 느끼다 / 감기에 걸리다 명 감정, 감각, 느낌
68	刚	gāng	부 막, 바로 / 마침, 꼭
69	根	gēn	명 뿌리, 근원, 근거
70	跟	gēn	전 ~와(과) 동 따라가다 명 (발 · 구두 · 양말 등의) 뒤꿈치
71	更	gēng	동 바꾸다, 고치다
		gèng	부 더욱, 더
72	故	gù	형 원래의, 종래의, 오래된 명 원인 / 사고 부 고의로, 일부러
73	顾	gù	동 돌보다 / 뒤돌아보다, 돌이켜보다 명 손님

부록

102	检	jiǎn	동 검사하다, 조사하다
103	简	jiǎn	형 간단하다 동 간단하게 하다
104	健	jiàn	형 건강하다, 튼튼하다 동 강하게 하다
105	讲	jiǎng	동 말하다 / 중시하다
106	角	jiǎo	명 (짐승의) 뿔 / 각, 각도 / 모서리, 구석
107	脚	jiǎo	명 발 / (물건의) 밑동, 굽
108	较	jiào	동 비교하다 / 따지다 부 비교적
109	接	jiē	동 접근하다, 접촉하다 / 잇다, 연결하다 / 받다, 접수하다
110	街	jiē	명 길, 거리
111	节	jié	양 절, 마디, 단락 동 절약하다 명 명절, 기념일, 축제일
112	结	jié	동 매다, 묶다 / 맺다, 결합하다 / 끝맺다, 종결하다
113	解	jiě	동 나누다, 분리하다 / 해석하다, 풀다 / 이해하다
114	介	jiè	동 소개하다 / 끼(이)다
115	界	jiè	명 지경, 범위, 분야, 계
116	借	jiè	동 빌다, 빌려주다 / 의지하다
117	斤	jīn	양 근 [무게의 단위]
118	京	jīng	명 수도, 서울 / '北京(베이징)'의 약칭
119	睛	jīng	명 눈, 눈동자
120	净	jìng	형 깨끗하다 동 깨끗하게 하다
121	静	jìng	형 조용하다, 움직이지 않다 동 조용히 하다
122	境	jìng	명 경계, 곳, 형편, 경지
123	久	jiǔ	형 오래다, (시간이) 길다
124	酒	jiǔ	명 술
125	旧	jiù	형 옛날의, 이전의 / 낡다
126	居	jū	동 살다, 거주하다 명 거처, 주소
127	句	jù	명 문장 양 마디, 편 [말 · 글의 수를 세는 단위]
128	据	jù	명 증거 동 의거하다 전 ~에 따르면
129	决	jué	동 정하다, 결정하다 부 결코, 절대로

K

130	卡	kǎ	명 카드
131	康	kāng	형 건강하다 / 풍족하다

132	渴	kě	형 목 타다 / 간절하다
133	刻	kè	동 새기다 양 15분 명 시간, 시각
134	空	kōng	형 텅 비다 명 하늘, 공중
		kòng	동 비우다 형 비다 명 여백, 틈
135	口	kǒu	명 입 / 출입구 양 식구 / 마리 / 입, 모금
136	哭	kū	동 (소리 내어) 울다
137	裤	kù	명 바지
138	筷	kuài	명 젓가락

L

139	蓝	lán	형 남빛의, 남색의
140	篮	lán	명 바구니 / 농구
141	礼	lǐ	명 예 / 예식 / 선물, 예물
142	李	lǐ	명 자두, 자두나무 / 성(姓)
143	理	lǐ	동 정리하다, 다스리다 명 도리, 이치, 사리
144	力	lì	명 힘, 능력, 체력 동 힘을 다하다
145	历	lì	동 경험하다 / (세월 · 시간이) 흐르다, 지나다 형 과거의 명 역법, 역서
146	脸	liǎn	명 얼굴 / 체면
147	练	liàn	동 연습하다, 훈련하다 형 경험이 풍부하다, 노련하다
148	亮	liàng	형 밝다 / (소리가) 크고 맑다
149	辆	liàng	양 대 [차량을 셀 때 쓰는 양사]
150	聊	liáo	동 한담하다, 잡담하다
151	料	liào	동 예상하다 명 재료, 원료
152	邻	lín	명 이웃 형 인접한, 근접한
153	留	liú	동 머무르다, 묵다 / 남기다 / 유학하다
154	楼	lóu	명 층집, 다층 건물 양 층
155	旅	lǚ	동 여행하다
156	绿	lǜ	명 초록색 형 푸르다

M

157	马	mǎ	명 말 [동물]
158	满	mǎn	형 가득하다 / 만족하다 동 가득하게 하다
159	冒	mào	동 (위험 · 악조건 등을) 개의치않다, 무릅쓰다

160	帽	mào	명 모자 / 뚜껑
161	末	mò	명 형 최후(의), 마지막(의)
162	目	mù	명 (세분된) 작은 조항 / 목록, 목차, 종목
			N
163	拿	ná	동 (손으로) 잡다, (손에) 쥐다, 가지다
164	南	nán	명 남, 남쪽
165	难	nán	형 어렵다, 곤란하다, 힘들다 동 어렵게 하다, 곤란하게 하다
166	脑	nǎo	명 뇌, 머리
167	鸟	niǎo	명 새
168	努	nǔ	동 힘쓰다, 노력하다
			P
169	爬	pá	동 기다, 기어오르다
170	怕	pà	동 무서워하다, 두려워하다 부 아마 (~일 것이다, ~일지 모른다)
171	盘	pán	명 큰 접시 양 판, 대, 그릇 동 빙빙 돌다
172	胖	pàng	형 뚱뚱하다, 살찌다
173	皮	pí	명 피부, 가죽 / 포장 형 장난이 심하다
174	片	piàn	명 (평평하고 얇은) 조각, 판, 편 양 얇고 작은 사물이나 작게 잘라진 부분을 세는 단위
175	漂	piāo	동 (물 위에) 뜨다
		piǎo	동 표백하다
176	平	píng	형 평평하다, 균등하다 동 평평하게 만들다
			Q
177	妻	qī	명 (정식으로 장가든) 처, 아내
178	期	qī	명 시기, 기일 / 기간 동 기대하다
179	其	qí	대 그(의), 그러한 것
180	奇	qí	형 기이하다 동 이상하게 여기다
181	骑	qí	동 (동물 · 자전거 등에 다리를 벌리고) 올라타다
182	且	qiě	접 또한 / ~마저도, ~조차(도)
183	轻	qīng	형 (중량 · 정도 · 기분 · 일 · 행동이) 가볍다 동 경시하다
184	清	qīng	형 깨끗하다, 분명하다 동 청산하다
185	秋	qiū	명 가을, 가을철
186	求	qiú	동 청하다, 부탁하다 / 추구하다, 구하다

187	趣	qù	명 취미, 흥미, 재미 형 재미있다
			R
188	容	róng	명 용모, (얼굴의) 표정 동 받아들이다 / 관용하다 / 허락하다
189	如	rú	동 ~와 같다 / 예를 들다 접 만일, 만약
			S
190	赛	sài	동 시합하다, 경쟁하다 명 시합, 경쟁
191	伞	sǎn	명 산, 산과 같은 모양을 한 것
192	扫	sǎo	동 쓸다 / 없애다, 제거하다
193	山	shān	명 우산, 우산 모양의 물건
194	衫	shān	명 홑 윗옷, 적삼 / 셔츠
195	烧	shāo	동 태우다, 불사르다 / 굽다 명동 열(이 나다)
196	绍	shào	명동 소개(하다)
197	声	shēng	명 소리 / 명성 동 소리를 내다
198	实	shí	형 진실한, 참된, 성실한 명 실제, 사실 부 확실히, 실제로
199	史	shǐ	명 역사
200	始	shǐ	동 시작하다 명 처음
201	世	shì	명 세대 / 세상 / 생애 / 시대
202	市	shì	명 시장 / 도시
203	瘦	shòu	형 마르다, 여위다
204	叔	shū	명 숙부, 작은 아버지 / 아저씨
205	舒	shū	동 펴다, 늘이다 형 느리다, 여유 있다
206	数	shǔ	동 세다, 헤아리다
		shù	명 수, 숫자
207	束	shù	양 묶음, 다발 명 끝, 결말 동 묶다, 매다 / 속박하다
208	树	shù	명 나무, 수목 동 심다, 재배해다
209	刷	shuā	명 솔, 브러시 동 솔로 닦다 / 인쇄하다
210	双	shuāng	양 쌍, 짝, 켤레
211	算	suàn	명동 (숫자를) 계산(하다) 동 계획하다
			T
212	特	tè	형 특수하다, 특별하다 부 특히, 아주, 유달리
213	疼	téng	형 아프다 / 몹시 아끼다, 매우 사랑하다

214	梯	tī	명 사다리, 계단
215	踢	tī	동 차다, 발길질하다
216	提	tí	동 (고리 · 손잡이 등을 손에) 들다 / 들어올리다, 끌어올리다 / (정해진 기한을) 앞당기다
217	甜	tián	형 (맛이) 달다, (말이) 달콤하다
218	条	tiáo	명 가늘고 긴 것 양 가늘고 긴 것을 셀 때 쓰임
219	铁	tiě	명 쇠, 철
220	头	tóu	명 머리
		tou	접미 명사 뒤에 쓰이는 접미사
221	突	tū	부 갑자기, 돌연히 형 두드러지다 동 돌파하다, 충돌하다
222	图	tú	명 그림, 도표
223	腿	tuǐ	명 다리

W

224	万	wàn	수 10,000, 만 부 (긍정문에서) 매우 / (부정문에서) 전혀
225	网	wǎng	명 그물, 그물처럼 생긴 것 / 인터넷, 온라인 [약칭]
226	忘	wàng	동 잊다, 망각하다
227	望	wàng	동 (멀리) 바라보다 / 바라다, 희망하다
228	喂	wéi	감 (전화 상에서) 여보세요
		wèi	감 야, 어이 동 기르다, 먹이다
229	位	wèi	양 분, 명 [사람을 세는 단위] 명 곳, 자리 / 지위, 직위 동 위치하다, 자리잡다
230	文	wén	명 문장, 글 / 문화, 문명 / 언어, 국어
231	闻	wén	동 듣다 / 냄새를 맡다
232	舞	wǔ	명 춤, 무용 동 춤추다
233	务	wù	명 일, 업무, 임무
234	物	wù	명 물건, 물체

X

235	西	xī	명 서쪽
236	希	xī	동 바라다, 희망하다
237	息	xī	동 쉬다, 휴식하다 명 숨, 호흡 / 소식
238	习	xí	동 배우다, 연습하다 / 익숙하다, 능하다
239	喜	xǐ	형 기쁘다, 즐겁다 명 기쁜 일, 경사
240	戏	xì	명 놀이, 장난, 유희 / 연극, 극 동 놀다, 장난치다

241	系	xì	명 계통, 계열 / 학과
		jì	동 매다, 묶다
242	夏	xià	명 여름
243	鲜	xiān	형 신선하다, 싱싱하다 / (색채가) 선명하다 명 수산물
244	相	xiāng	부 서로, 함께
		xiàng	명 외모, 생김새, 용모
245	香	xiāng	형 향기롭다 / 맛이 좋다
246	箱	xiāng	명 상자, 트렁크
247	响	xiǎng	명 소리, 음향 동 울리다, 소리를 내다 명동 메아리(치다), 반향(하다)
248	向	xiàng	명 방향 동 (앞을) 향하다 전 ~을(를) 향하여
249	像	xiàng	명 형상, 모양 동 마치 ~와 같다
250	鞋	xié	명 신(발)
251	心	xīn	명 심장 / 마음, 생각 / 감정
252	信	xìn	명 신용, 신의, 믿음 / 편지 동 믿다, 신임하다
253	兴	xīng	동 흥성하다, 성행하다
		xìng	명 흥(미), 재미, 취미
254	星	xīng	명 (지구 · 달 · 태양 등 을 제외한) 별 / (연예계 · 스포츠 등의) 스타
255	熊	xióng	명 곰
256	须	xū	동 반드시 ~하여야 한다, 마땅히 ~해야 한다 명 수염
257	需	xū	동 필요로 하다, 요구되다 명 필수품, 수요
258	选	xuǎn	동 고르다, 뽑다, 선택하다

Y

259	牙	yá	명 이, 치아
260	颜	yán	명 얼굴, 얼굴 표정 / 색, 색채
261	阳	yáng	명 태양
262	爷	yé	명 조부
263	业	yè	명 일, 업무 / 학업, 학습 / 직업
264	宜	yí	형 적합하다, 알맞다
265	议	yì	명 의견, 주장 동 의논하다, 토의하다
266	易	yì	형 쉽다, 용이하다, 간편하다 동 교환하다, 교역하다
267	音	yīn	명 음, 소리

268	银	yín	명 은, 은화, 은색
269	饮	yǐn	동 마시다
270	应	yīng	동 응답하다, 대답하다 / 응하다, 허락하다 / 당연히 ~해야 한다
		yìng	동 응답하다, 대답하다 / 순응하다, 적응하다
271	迎	yíng	동 영접하다, 맞이하다
272	用	yòng	동 쓰다, 사용하다 명 쓸모, 용도
273	邮	yóu	동 우편으로 부치다 형 우편(업무)의
274	又	yòu	부 또, 다시
275	于	yú	전 ~에, ~에서 [장소나 시간, 방향이나 대상을 나타냄]
276	育	yù	동 양육하다, 기르다 명동 교육(하다)
277	遇	yù	동 만나다, 상봉하다 / 대접하다, 대우하다 명 기회
278	元	yuán	양 위안 [중국 본위 화폐 단위] 명형 처음(의)
279	园	yuán	명 (채소 · 과목 · 화초 등을 가꾸는) 밭 / (관람 · 오락 등을 위한) 공공 장소
280	愿	yuàn	동 원하다, 바라다 명 염원, 바람
281	越	yuè	부 점점 ~하다 동 뛰어넘다

Z

282	澡	zǎo	동 (몸을) 씻다, 목욕하다
283	择	zé	동 선택하다, 고르다
284	张	zhāng	양 장 [종이 · 책상 · 의자 · 침대 등 넓은 표면을 가진 것을 셀 때 쓰임] 동 열다, 펼치다 / 확대하다, 과장하다
285	丈	zhàng	명 (친족의) 남편
286	照	zhào	동 비치다, 비추다 / (사진 · 영화를) 찍다 전 ~대로, ~에 따라
287	者	zhě	조 자 , 것 [형용사(구) · 동사(구) 뒤에 쓰여 그러한 성질을 가지고 있거나 동작을 하는 사람 · 사물을 가리킴]
288	只	zhī	양 마리 [동물을 셀 때]
		zhǐ	부 단지, 다만, 오직
289	直	zhí	형 곧다, 똑바르다 / 바르다, 공정하다 동 펴다 부 줄곧, 내내
290	终	zhōng	명동 끝(나다), 마감(짓다) 부 결국, 마침내
291	种	zhǒng	명 씨앗, 종자 / 종, 품종, 인종 양 종, 종류
		zhòng	동 (씨를) 뿌리다, (모를) 심다, 기르다
292	周	zhōu	명 주, 주일, 요일 / 주위, 주변, 둘레 형 주도 면밀하다, 세심하다
293	主	zhǔ	명 주인, 소유자 형 가장 주요한, 가장 기본적인

294	注	zhù	동 쏟다, 주입하다 / 기재하다, 등록하다 / (정신 · 힘 등을) 한 곳에 모으다, 집중하다
295	准	zhǔn	동 허락하다, 허가하다 명 표준, 기준, 규격 형 정확하다, 확실하다
296	自	zì	명 자기, 자신 부 몸소, 스스로
297	总	zǒng	동 총괄하다, 종합하다 형 전부의, 전면적인, 전체의 부 늘, 언제나
298	租	zū	동 세내다, 임차하다 / 세놓다, 임대하다
299	足	zú	명 다리 / 발 형 풍요롭다, 충분하다
300	嘴	zuǐ	명 입

MEMO